Frisch gepflückt:
Mein Blumengarten

Frisch gepflückt:
Mein Blumengarten

Sarah Raven

Mit einem Vorwort von
Penelope Hobhouse

Fotografien von
Pia Tryde

DUMONT

für Adam, Rosie, Molly und Louise

Die Deutsche Bibliothek – CIP-Einheitsaufnahme
Frisch gepflückt: mein Blumengarten ; mit einem Lexikon der schönsten Schnittblumen / Sarah Raven. [Aus dem Engl. von Dieter Burmann].
- Köln : DuMont, 1998
Einheitssacht.: The cutting garden <dt.>
ISBN 3-7701-4174-1

Originaltitel: The Cutting Garden

Aus dem Englischen von Dieter Burmann

Redaktion der deutschsprachigen Ausgabe: Gaile & Partner, Wiesbaden
Satz: Das DTP-Studio Moeres und Karg, Wiesbaden

Printed in Hongkong by Kwong Fat Offset Printing Co. Ltd

ISBN 3-7701-4174-1

Seite 1: *Die hellgrüne, gefüllte Zinnie 'Envy' ist eine sehr gute Schnittblume.*

Seite 2: *Im zeitigen Herbst zeigt der Schnittblumengarten seine leuchtenden Farben und interessantesten Formen. Zwischen rosa Zinnien, Sonnenhut, Ähren des Amarant und Schmuckkörbchen finden sich Eimer mit frisch gepflückten Holzäpfeln sowie weißem Phlox.*

Seite 3: *Tithonie* (Tithonia rotundifolia *'Torch'*) *und Gemeiner Schneeball* (Viburnum opulus).

Seite 6: *Ein oder zwei kostbare Pflanzen, zum Beispiel Winterling oder goldgerandete Primeln, Zaubernuß oder Kirschzweige mit Winterblüten, verleihen selbst am trübsten Morgen im Spätwinter oder zeitigen Frühjahr Ihrem Schreibtisch einen Hauch Poesie.*

Inhalt

Vorwort

Ich blättere in einem Buch, das nicht nur schön und anregend zu lesen ist, es ist auch ungemein nützlich. Sarah Raven beschreibt darin fachkundig und mit ihrer ganzen Freude, wie sie ihre Blumen und Blattpflanzen kultiviert. Unweigerlich bekommen wir Lust darauf, uns fortan selbst an einem Schnittblumengarten zu versuchen. Ihr Grundsatz lautet, sich an den Ablauf der Jahreszeiten zu halten. So wie die Blumen nebeneinander im Garten gedeihen und blühen, so sollen sie später auch zusammen in der Vase stehen. Der Leser erfährt nicht nur in einfachen Worten und Erklärungen, wie man die Pflanzen züchtet, sondern lernt auch, wie man die Blumen pflücken und für ein Arrangement vorbereiten muß. Vielfach bestehen die Arrangements aus einer verschwenderischen Farbenpracht, oder sie setzen leisere Akzente.

Professionelle Floristen können den Gartenfreund manchmal fast mutlos machen. Sie scheinen häufig ein ausgeklügeltes Lehrbuch im Kopf zu haben, was die Auswahl der Blumen angeht und die Regeln, nach denen sie zusammengestellt werden. Diese Regeln dienen wohl dazu, das doch so Einfache schwierig aussehen zu lassen. Sie geben der Kreativität kaum Raum und wollen Fragen des persönlichen Geschmacks geradezu zur Norm erheben. Sarah Raven ist eine phantasievolle und begabte Praktikerin, die ihre Blumen ohne Künsteleien arrangiert. Sie setzt sich dafür ein, mit den alten, starren Regeln zu brechen, denen die meisten Floristen immer noch verhaftet sind. Sie stellen ihre Arrangements häufig mit kostbaren Exemplaren zusammen, die aus der ganzen Welt eingeflogen werden, und achten somit nicht auf den natürlichen Kreislauf der Jahreszeiten. Sarah Raven hingegen verwendet nur einheimische Pflanzen: Äste mit Kirschblüten, duftende Zweige des Schneeballs oder Seidelbasts, das Grün der Wolfsmilch oder des Frauenmantels, das Weinrot der Stauden und der sommerblühenden, häufig auch unbekannteren einjährigen Pflanzen. Deren erfri schender Anblick vermag die oft künstlich wirkenden tropischen Blumen der Floristen oder die allzu gängigen immergrünen Pflanzen und ewig gleichen Chrysanthemen mit gefüllten Blüten zu ersetzen. Mit Pflanzen wie der Waldrebe und der Karde oder mit Binsen greift sie weit über das im Blumengarten Übliche hinaus. Sie stellt uns für die Praxis des Arrangierens eine große Auswahl zur Verfügung. Obgleich ihr Ansatz einfach ist und ihre Leitlinien sich wohltuend von den ausgefeilten Regeln professioneller Floristen abheben, führt ihre Umsetzung gleichwohl zu einer erlesenen Farbenpracht, zu Harmonien und Dissonanzen, wie sie dem Farbenspiel der Natur abgeschaut wurden.

Sarah Raven versteht es, ihr großes Wissen an den Leser weiterzugeben und ihn zu inspirieren. Ihre Sprache ist lebendig und zeitgemäß. Einer der Reize dieses Buches rührt von den sachlichen Empfehlungen her. Die Lebendigkeit der Darstellung unterscheidet es von allem, was bisher erschienen ist. Sarah Raven zeigt das Arrangieren von Blumen in höchster Perfektion und wendet sich an Leser, für die Blumen keine toten Gegenstände sind, sondern lebende Wesen. Sie beschreibt ihre Tätigkeit als ein modernes Kunsthandwerk, bei dem nicht die Massenprodukte der Blumenindustrie zählen, sondern die Blumen selbst, die, gewissenhaft im eigenen Garten gezogen, mit Laub und Blattwerk arrangiert und mit Kunstsinn zur Schau gestellt werden.

Einführung

Was gleicht der Freude eines Gärtners, der sein Haus mit selbstgezogenen Blumen schmücken kann? Vielleicht die Zufriedenheit, mit der man morgens die frisch gelegten Frühstückseier aus dem eigenen Hühnerstall holt. Auf jeden Fall ist es das Vergnügen am eigenen Tun und Machen, denn man hat die Möglichkeit, für eine Bereicherung des Lebens selbst zu sorgen.

Wie jeder weiß, der sich schon einmal der Gartenarbeit gewidmet hat, hat das Gärtnern nicht nur mit den schönen Dingen des Lebens zu tun. Es ist mit viel Planung, Vorbereitung, Geduld und natürlich auch harter Arbeit verbunden, wenn erreicht werden soll, was man sich vorgenommen oder gar erträumt hat. Eine Blume zu pflücken ist beglückend, aber auch ein Stück Erinnerung an all die Mühen, die nötig waren, um diesen Augenblick zu ermöglichen. In ihm gipfelt alles Schaffen, das oft schon Monate zuvor begonnen hat. In diesem Sinne wird man beim Pflücken mit der Natur in einer Weise eins, wie es der schlichte Genuß beim Anblick einer Pflanze, die in einem fremden Garten wächst, nicht annähernd auszudrücken vermag.

Vielen, die in ihrem Garten Gemüse ziehen, ist diese Freude geläufig, ich aber empfinde mein Glück mit den eigenen Schnittblumen noch viel intensiver. Wenn man das Gemüse geerntet, gekocht und verspeist hat, ist es verschwunden. Schnittblumen hingegen sind weniger »flüchtig«. Sie schmücken für Tage, manchmal für Wochen die schönsten Plätze im Haus. So kann man die Räume durchstreifen und sich am Anblick und Duft eigener Pflanzen erfreuen.

Natürlich gilt es auch andere Aspekte zu sehen: Da wäre zuerst die Frage nach den Kosten. Es steht außer Zweifel, daß die Ausschmückung des Hauses mit gekauften Blumen sehr teuer sein kann. Auch die selbstgezogenen Blumen sind nicht ganz kostenlos, aber ihr Preis beträgt nur einen Bruchteil dessen, was Sie beim Blumenhändler zu zahlen hätten. Natürlich haben Sie auch selbst Einfluß darauf, wieviel Sie ausgeben wollen – vielleicht entscheiden Sie sich anfänglich dafür, zunächst nur die als pflegeleicht empfohlenen Blumen in ein oder zwei Reihen in Ihrem Gemüsebeet zu ziehen. Doch gewiß kommt der Augenblick, wo Ihnen der Sinn nach mehr steht. Vielleicht planen Sie ja auch eine größere Feier, oder Sie wollen aus diversen anderen Gründen mehr Blumen um sich haben. Und schon gesellt sich Blume zu Blume, und die Zahl der Reihen steigt. Entscheidender aber als dieses ist, daß die im eigenen Garten gezogenen Blumen allemal jedem Vergleich mit den käuflich erworbenen standhalten können.

Die Blumen aus der Massenproduktion müssen einheitlich aussehen und zuverlässig sein. Diese Normung nimmt ihnen alles, was Blumen aus dem Garten auszeichnet, nämlich Duft, Individualität und Charakter. Ein Strauß mit gekauften Wicken mag ebenmäßigere Stiele und eine identische Farbgebung aufweisen, aber es fehlt der betörende Duft, der doch die Räume Ihres Hauses erfüllen soll. Eine pralle, betäubend duftende Blüte von Rosen zum Beispiel der Sorte 'Nuits de Young' oder 'Souvenir du Docteur Jamain' findet keine Entsprechung in dem stocksteif gewachsenen Verwandten aus dem Gewächshaus, dessen Blütenkopf mit eherner Regelmäßigkeit bleischwer herabhängen wird, sobald man die Folie entfernt.

Schließlich haben selbst gezogene Blumen noch einen weiteren Vorteil: Man steckt nicht in dem Korsett, das die meisten kommerziellen Gartenbauer so sehr einengt, nämlich sich allein auf eine begrenzte Zahl zuverlässiger Blumen beschränken zu müssen – auf Levkojen, Inkalilien, Chrysanthemen, Nelken etc. Diese winterharten und mit zahlreichen Blüten bestückten Pflanzen halten lange und bereiten kaum Probleme, handelt es sich dabei doch um Blumen, von denen der Händler weiß, daß sie sich halten werden, bis sie verkauft sind.

Schließlich muß ich auch die Frage nach der Größe der Blume ins Spiel bringen. Die meisten Blumen im Geschäft sind mittelmäßig im eigentlichen Sinne des Wortes. Sie haben das Maß zum Binden eines mittelgroßen Straußes. Das Reizvolle an den eigenen Schnittblumen besteht aber gerade darin, daß man bei der Größenwahl freie Hand hat. Sie können sich das Zimmer mit dem ganzen

Ast eines blühenden Baumes schmücken und dessen schwungvolle Linienführung dabei ebenso genießen wie den spezifischen Duft frisch geschlagenen Holzes; Sie können aber auch ein Gesteck mit flammenden Lilien oder Schmucklilien aufstellen, sich mit dem betörenden Schmelz einer einzelnen Zinnie zufrieden geben oder noch schlichter einige Seerosen in einer Glasschüssel schwimmen lassen. Gewöhnlich wird der Blumenhändler keine Zweige der Eßkastanie oder eine so aufsehenerregende Pflanze wie den Akanthus im Sortiment haben, von Binsen und Karden ganz zu schweigen. Diese sind aber für das Bemühen, etwas Erlesenes zu kreieren, von unschätzbarem Wert. Im Angebot Ihres Händlers werden mit Sicherheit auch die kleinen und empfindlichen Pflanzen fehlen, die Sie kreativ zusammenstellen wollen, wie die Küchenschelle mit einem Zweig der Kleinen Sternmagnolie oder mit der schokoladenbraunen Herbstblüte des Schmuckkörbchens. Für all dies und vieles mehr können nur Sie selbst sorgen.

Es mag sein, daß Ihr Garten mit diesen Pflanzen bereits bestückt ist. Welchen Sinn macht dann ein eigener Schnittblumengarten oder zumindest ein eigenes Beet voller Schnittblumen? Natürlich ist gegen die Verwendung des Hauptgartens als Versorgungsquelle für Ihre Blumen im Haus nichts einzuwenden. Dafür müßten Sie dann aber einige Kompromissen eingehen. Sie werden beispielsweise davor zurückschrecken, Ihre Kaiserkronen zu pflücken, weil das Beet mit Knäuelgras ohne sie entblößt aussehen würde. Auch werden Sie sich scheuen, jene Pflanzen von königlicher Statur wie Lilien, Schwertlilien und Steppenkerzen zu pflücken, weil sie im Garten doch einen so pachtvollen Eindruck machen. Also bleiben diese Pflanzen, wo sie sind, was bedeutet, daß diese Ihnen als Schnittblumen nicht zur Verfügung stehen. So liegt der Vorteil eines Schnittblumengartens auf der Hand. Betrachten Sie Ihre Blumen als Ernte. Was im Hauptteil des Gartens als »unantastbar« gilt, können Sie hier ohne Schuldgefühle einbringen.

Ein Schnittblumengarten ist darum der Ort, wo Sie nach Herzenslust pflücken dürfen, weil er im Dienste des Hauses steht; er verbindet Garten und Haus. Man könnte ihn als Vorzimmer ansehen, wo diejenigen Dinge sorgfältig vorbereitet werden, die der Verschönerung der eigentlichen Räume dienen sollen. Wenn Sie später dann die Ergebnisse bewundern dürfen, dann haben Sie tatsächlich den Garten im Haus! Lassen Sie es mich so sagen: Die Wände, die zwischen Heim und Garten aufgerichtet sind, werden unsichtbar, und die Natur hält Einzug in Ihren Wohnbereich. Ein mit Blumen erfülltes Haus wirkt lebendig. Es scheint fortan ein Lächeln auf den Lippen zu tragen.

Und noch etwas sollten Sie nicht vergessen: wer seine Blumen pflücken darf, hat sie auch des öfteren im Blick. Eine Blume in der Vase wird häufiger und aus größerer Nähe angeschaut als die Blume, die im Beet blüht und verwelkt. Wenn Sie die riesige gelbe Tulpe der Sorte 'Jewel of Spring' in Erstaunen zu versetzen vermag, werden Sie niemals achtlos an dem Arrangement vorübergehen, statt dessen immer und immer wieder bewundernd den Blick ruhen lassen auf ihren majestätisch großen, gleichzeitig aber hauchdünnen und makellos gelben Kronblättern – mit einem Rand, der vom feinsten aller möglichen Pinsel rot gestrichen scheint. Unmöglich auch, sich nicht von der prallen Blütenfülle der Pfingstrosen einfangen zu lassen, oder von den herabhängenden Blüten der Schachbrettblume, deren Muster wie das dunkel getönte Netzwerk einer Schlangenhaut aussieht. Solcherlei Details, auf die im Garten selbst keiner achten mag, rücken erst ins Blickfeld, wenn die Blume in Ihrer Vase auf dem Tisch steht und so ihre volle Wirkung entfalten kann.

Was also kann der Schnittblumengarten bieten? Er bringt uns die unverfälschte Natur ins Haus, versorgt uns in Hülle und Fülle mit Blumen, die wir ohne schlechtes Gewissen pflücken dürfen, auch mit Blüten, die verzeihliche Fehler aufweisen, und solchen von ungewohnter Prachtentfaltung – Blumen also, die die Vielfalt und Launen zeigen wie die Natur selbst.

Wie könnte man der Natur näher sein, als mit Blumen, die man selbst gezogen hat. Ich mag mir heute nicht mehr vorstellen, wie ein Leben ohne meinen Schnittblumengarten aussehen sollte. Er ist in gewisser Weise zum Mittelpunkt meines Lebens geworden, eine Tatsache, die mich immer wieder von neuem in Erstaunen versetzen kann.

Allium sphae
Sunflower
N. Mrs R.O.Backhouse

Den Garten planen und bepflanzen

Wenn Sie eigene Schnittblumen kultivieren möchten, müssen Sie überlegen, wieviel Platz Sie dafür zur Verfügung stellen können. Ihre Entscheidung hängt vor allem von der Größe des Gartens ab.

Bei einem Garten mit viel Platz bieten sich vielerlei Möglichkeiten: Sie können beispielsweise ein kleines Stück dicht mit einjährigen Blumen bepflanzen (siehe S. 24-27), oder Sie gehen aufs Ganze und schaffen einen geschlossenen Schnittblumengarten (siehe S. 14-23). Wenn Ihr Garten aber sozusagen aus allen Nähten platzt und Sie nicht nur ein Schnittblumen-, sondern auch ein Gemüse- sowie ein Kräuterbeet haben wollen und überdies einen Kinderspielplatz sowie einen Rasen integrieren möchten, sind Ihre Möglichkeiten eingeschränkt. Dann reservieren Sie sich einen Platz für Schnittblumen oder bringen diese in einer gemischten Kultur unter (siehe S. 28-31).

Als nächstes werden Sie an Ihr Portemonnaie denken, aber die zur Verfügung stehende Zeit ist gleichfalls zu berücksichtigen. Glauben Sie nicht, daß die Pflege Ihres Schnittblumengartens im Handumdrehen erledigt werden kann! Sobald die Tage länger werden, gilt es zurückzuschneiden, auszusäen, zu teilen, Unkraut zu jäten und zu wässern. Der Abschnitt *Tips für die erfolgreiche Pflanzenkultur* (S. 32-43) informiert, wie Sie das Beste aus Ihrer Zeit machen können und dabei gleichzeitig fachgerecht vorgehen.

Im Spätsommer bevölkern Tabak, Schmuckkörbchen, Dahlien, Montbretien, Phlox etc. den Schnittblumengarten. Das an Messing erinnernde Orange der Montbretien konnte ich früher nicht leiden; aber inzwischen habe ich diesen Farbton in Arrangements mit dunkel weinroten Dahlien und dem Sonnenhut schätzen gelernt.

Einen Schnittblumengarten planen

Bevor Sie Bleistift und Papier zur Hand nehmen und Ihren Schnittblumengarten planen, müssen Sie seine Lage und genaue Größe festlegen. So treffen Sie bereits eine erste Entscheidung über das Aussehen des Gartens und über die Pflanzen, die Sie dort kultivieren möchten.

Einen Platz auswählen

Entscheiden Sie sich für eine erstklassige, sonnige Lage mit gutem Boden; denn diesem kleinen Stück Land wird nun vieles abverlangt. Der Platz Ihrer Wahl sollte keine grundlegenden Probleme aufweisen, er sollte nicht exponiert sein, was die Vegetationsperiode verkürzen könnte, auch nicht durch ein nahestehendes Gebäude im Regenschatten liegen, wodurch Sie noch stärker wässern müßten, als es bei einem Schnittblumengarten ohnehin nötig ist. Auch benötigen Sie eine geeignete Wasserquelle, im Idealfall ein Bewässerungssystem. Selbst ein mit Löchern versehener Gartenschlauch entlang der Beete, der aus einer Wassertonne gespeist wird, kann gute Dienste leisten.

Den Boden prüfen und einen Plan anfertigen

Sobald Sie den Standort festgelegt haben, sollten Sie einen möglichst genauen Plan erstellen. Es gilt dabei, vielerlei Details zu prüfen, auch in Bezug auf das Verhältnis zu anderen Teilen des Gartens und benachbarten Gebäuden. Vermerken Sie auf Ihrer Zeichnung auch alle erkennbaren Trocken- oder Feuchtstellen. Hecken und Bäume entziehen dem Boden in einem größeren Umkreis Wasser sowie Nährstoffe. Außerdem sollten Sie alle schattigen Stellen festhalten, ebenso solche in der vollen Sonne. Auch den Schattenwurf zu den verschiedenen Tageszeiten von umgebenden Gebäuden, Sträuchern und Bäumen sollten Sie einzeichnen. Ideal wäre es, wenn Sie sich genug Zeit nehmen könnten, das Gelände über ein ganzes Jahr hindurch zu beobachten – um dann an verschiedenen Stellen des Gartens Regenmessungen vornehmen zu können und um festzuhalten, welche Wirkungen Wind und Wetter auf Ihre Pflanzen haben. Die meisten sind dafür freilich zu ungeduldig; aber ein solches Vorgehen sollte unser Ziel bleiben. Schließlich sei noch daran erinnert, daß Sie eine Bodenprüfung durchführen müssen. Dazu graben Sie den Boden gut einen Spatenstich tief um und nehmen eine Probe für den pH-Test. All diese Informationen haben einen direkten Einfluß auf Ihre Bepflanzung.

Sobald diese Basisinformationen in Ihrem Plan vermerkt sind, sollten Sie die Form Ihrer Beete und die dauerhafte, strukturgebende Bepflanzung einzeichnen, zum Beispiel neue Hecken oder Bäume, sowie ggf. Wege und Zäune.

Beete und Wege

Beete, die einen klaren geometrischen Zuschnitt aufweisen, sind grundsätzlich allen unregelmäßigen Formen vorzuziehen. Für einen leichten Zugang zu den Beeten benötigen Sie Wege. Vielleicht verwenden Sie bei Ihrer schweren Gartenarbeit einen Schubkarren. Achten Sie dann darauf, daß diese entsprechend beschaffen sind. Aus demselben Grund ist es anzuraten, Wege mit Stufen zu vermeiden.

Mauern, Hecken und Zäune

An einem geschützten Ort können Ihre Pflanzen besser gedeihen. Langfristig sollten Sie darum den Bau einer Mauer ins Auge fassen oder, als preiswertere Alternative, eine Hecke anpflanzen. So schützen Sie das gesamte Areal. Als vorübergehende Lösung bietet sich ein Haselgeflecht oder ein dichter Lattenzaun an.

Ein Pflanzschema auswählen

Nach diesen grundlegenden Entscheidungen läßt sich die Bepflanzung planen. Sie müssen sich nun fragen, ob Sie sowohl Sträucher als auch mehrjährige und einjährige Pflanzen anpflanzen möchten oder ob Sie sich auf eine dieser Gruppen konzentrieren. Wenn der Platz begrenzt ist und Sie eine kostengünstige Lösung suchen, sollten Sie nur einjährige Pflanzen einsetzen; diese erfordern zwar mehr Arbeit, sind aber äußerst preiswert. Allerdings blühen sie nur im Sommer und Herbst. Auch wenn Ihr Garten hauptsächlich mit einjährigen Pflanzen bestückt ist, sollten Sie daran denken, diese regelmäßig zu pflükken, da sie nach einsetzender Samenproduktion keine Blüten mehr hervorbringen. Im übrigen sind mehrjährige Pflanzen und Sträucher allemal die bessere Wahl, sollten Sie im Sommer für eine längere Zeit verreisen. Denn sie blühen meist weiter, auch wenn Verblühtes nicht regelmäßig entfernt wird.

Selbstverständlich lassen sich die Kosten für einen ertragreichen Schnittblumengarten auch auf einen längeren Zeitraum verteilen, damit Sie in den ersten beiden Jahren den größten Teil Ihres Budgets in Sträucher investieren können. Den für krautige Pflanzen vorgesehenen Platz füllen Sie dann vorübergehend mit einjährigen Pflanzen.

Für das Kultivieren Ihrer eigenen Blumen spricht vor allem, daß sich Ihnen so viele Möglichkeiten bieten. Meine Lieblingsblumen stelle ich Ihnen im Kapitel *Blüten und Laub im Jahreslauf* vor (siehe S. 94-163). Aber natürlich gibt es für Sie keinen Grund, sich auf meine Vorschläge zu versteifen. Doch immer gilt der Grundsatz: Wenn Sie eine Blume sehen, die Ihnen zusagt, müssen Sie ihre Licht- und Bodenansprüche prüfen.

Machen Sie sich unbedingt Notizen, wenn Sie in einer Gärtnerei auf Pflanzen stoßen, die Ihnen besonders zusagen. Es gehört übrigens zu den schönsten Freuden, in einem speziellen Schnittblumengarten Pflanzen zu kultivieren, die im normalen Garten viel zu protzig erscheinen würden, in der Vase aber phantastisch zur Geltung kommen (zum Beispiel geflammte, wellig gedrehte Papageientulpen, vielfarbige kaktusköpfige Zinnien oder schön gefärbte leuchtende Dahlien).

Zur Auswahl Ihres Pflanzschemas gehören neben den Blumen auch viele Blattpflanzen. Allzu leicht vergißt man die Bedeutung von hübschem Laub in einem Blumenarrangement. Auch die strukturgebenden Pflanzen müssen Sie gebührend berücksichtigen. Denn sie geben einem Blumenstrauß die besondere Note. Akanthus, Disteln, Karden, Rohrkolben, Artischocken und – im Winter – die Zweige des Hartriegels oder der Weidenkätzchen können Ihrem Arrangement so das »gewisse Etwas« verleihen.

Bevor Sie endgültig eine Entscheidung über Ihre Pflanzen treffen, vergewissern Sie sich, daß sie in Ihrem Garten auch tatsächlich gut gedeihen. Wichtige Kriterien Ihrer Wahl sind die Bodenbeschaffenheit, die Sonnenintensität und die Extremwerte der Temperatur. Es ist beispielsweise nicht zu erwarten, daß ein sonnenliebender, die Trockenheit tolerierender Beifuß in feuchtem Schatten gedeiht. Aus diesem Grund macht es Sinn, alle Ihre Pflanzen nach ihrem Standort in Gruppen zusammenzufassen – solche, die am besten in der Sonne oder im Schatten gedeihen, solche, die feuchte oder trockene Bedingungen benötigen etc.

Ausgewogenheit der Pflanzen und Farben

Wollen Sie in Ihrem Garten die volle Farbpalette zur Entfaltung kommen lassen? Dann stimmen Sie die Farben sorgfältig aufeinander ab. Setzen Sie die kräftigeren Farben in den Vordergrund, dahinter die weißen und schwächeren Farbtöne, die in der Entfernung dann effektvoll verblassen. Seien Sie aber nicht darauf aus, in einem geschlossenen Areal zu viele verschiedene Wirkungen zu erzielen. Es lohnt sich, den Plan grob mit den entsprechenden Farben so auszumalen, wie das Farbschema im Jahreslauf Monat für Monat aussehen wird. Sie werden dann feststellen, daß es zu manchen Zeiten große Löcher in der Anpflanzung gibt oder daß im selben Monat beispielsweise eine kräftig rosafarbene Blume mit einer scharlachroten zusammentrifft. Jetzt haben Sie noch die Möglichkeit, Korrekturen vorzunehmen.

Die dauerhafte Bepflanzung

Abgesehen von den großen Sträuchern sollten Sie alle Pflanzen grundsätzlich in Gruppen anpflanzen. So wirkt das Erscheinungsbild geschlossener. Im übrigen gilt: Wenn viele Blüten zusammenstehen (und nicht nur zwei oder drei), hinterläßt das Pflücken keine Löcher. Kaufen Sie deshalb von den größeren Pflanzen jeweils drei, von den kleineren fünf oder sieben.

Nehmen Sie eine dichtere Bepflanzung vor, als Sie es sonst in Ihrem Garten tun würden. Wenn Sie Ihre Blumen regelmäßig pflücken und dabei das allgemeine Aussehen im Blick behalten, können Sie auch solche Sträucher einsetzen, die für Ihren Garten ansonsten zu groß wären. Selbst auf einem kleinen Flecken läßt sich zum Beispiel ein Gemeiner Schneeball (*Viburnum opulus* 'Roseum') zusammen mit einem Perückenstrauch gut zur Geltung bringen. Bei der Planung Ihrer Anpflanzung sollten Sie die Höhe und Ausbreitung genau beachten und Ihre Pflanzen dann einfach etwas dichter als empfohlen setzen. Der noch unerfahrene Gartenliebhaber macht häufig den Fehler, daß er die endgültige Größe unterschätzt, die eine Pflanze nach einigen Jahren erreichen kann. Auch ein anderer Fehler wird häufig gemacht, nämlich eine große kräftige Pflanze neben eine viel kleinere, empfindlichere zu setzen, die dann meist erdrückt wird und nach ein oder zwei Jahren zwangsläufig eingeht.

Pflanzen aus der Gärtnerei

Lassen Sie sich nicht dazu verleiten, für teures Geld große, im Topf gezogene Sträucher oder Stauden zu kaufen. Vielleicht glauben Sie, so schneller einen stattlichen Garten zu erhalten und sofort Erträge erzielen zu können. Tatsächlich vertragen viele ausgewachsene Pflanzen aber keine Störung und bringen in den ersten Jahren nach der Anpflanzung kaum neuen Wuchs hervor; in dieser Zeit kann eine kleinere, viel preiswertere Pflanze durchaus dieselbe Größe erreichen.

Der Schnittblumengarten

Ist ein Teil Ihres Gartens ausschließlich für Schnittblumen vorgesehen, sollte dieser Bereich groß genug für ein Ensemble aus blühenden Bäumen, Sträuchern, einjährigen Pflanzen, Stauden, Kletter- und Zwiebelpflanzen sein. Denn so stellen Sie sicher, daß Sie das ganze Jahres über etwas pflücken können. Mein eigener Schnittblumengarten, den ich auf den folgenden Seiten vorstelle, mißt 12 × 24 m.

Der Entwurf

Die rechteckige Fläche wird durch Ziegelsteinwege in acht Pflanzzonen aufgeteilt: vier mittlere Beete und vier L-förmige Randbeete. Sie wird an zwei Seiten von immergrünen Hecken begrenzt, an der dritten von einem Haselgeflecht, am sonnigsten Ende von einer wärmespeichernden Mauer. Die mittleren Beete sind großzügig bemessen; zwischen den Pflanzen sollte gerade genug Platz bleiben, um auch in der Mitte pflücken zu können. Zu den immergrünen Pflanzen gehören vier kegelförmig gestutzte Eiben an der Kreuzung und Lavendelhecken entlang der mittleren Wege. Die Bäume geben der Fläche Struktur und vermitteln überdies den Eindruck von Dauer und Höhe.

Die Bepflanzung

Die mittleren Beete sind Pflanzen vorbehalten, die während des Jahres ausgetauscht werden. Auf Zwiebelpflanzen folgen ein- und zweijährige, die in lockeren Gruppen zwischen den Reihen wachsen. Am Ende der Reihen sind Schilder angebracht, die die Zwiebeln auch nachdem deren Laub abgestorben ist kennzeichnen. So werden sie nicht versehentlich ausgegraben.

Die L-förmigen Beete enthalten eine eher dauerhafte Bepflanzung – mit Sträuchern, Kletterpflanzen und Stauden. Dazu gehören winterblühende Sträucher, die mit im Frühjahr blühenden Zwiebelpflanzen unterpflanzt wurden; daneben befinden sich einige immergrüne Pflanzen für das Laub im Winter.

Die Pflege

Um den Pflegeaufwand gering zu halten, wird ein dicker Mulch aus Kompost oder gut verrottetem Stallmist aufgetragen, sobald im Frühjahr die Temperaturen steigen und die einjährigen Unkräuter zu keimen beginnen (siehe auch S. 37). Durch den Mulch ist der Wasserverbrauch niedriger; regelmäßiges Wässern und Düngen bleibt freilich unabdingbar, weil an Boden und Pflanzen doch hohe Anforderungen gestellt werden.

Der Schnittblumengarten im Frühjahr

Oben und Mitte: *Diese beiden Lilienblütigen Tulpen, die scharlachrote Tulpe 'Dyanito' (oben) und die gelbe Tulpe 'West Point' (Mitte), haben spitz nach außen gebogene Blätter. Sie verleihen ihnen ihr typisches Aussehen. Sie sind hochgewachsen, schlank und elegant wie ein graziles Model der 50er Jahre. Diese Form vermittelt immer ein besonderes Flair und kann jedes Frühlingsarrangement auflockern.*

Unten: *Die großkronige Narzisse 'Professor Einstein' kann gut für sich alleine bestehen, läßt sich aber auch mit blauen Traubenhyazinthen kombinieren.*

Folgeseite: *Der Schnittblumengarten in seinem ersten Jahr im Frühjahr. Die mittleren Beete sind mit vielfarbigen Tulpen, Narzissen und Anemonen gefüllt, ebenso mit gelber Wolfsmilch. Alle diese Blumen können jetzt gepflückt werden.*

In der Mitte jedes Beetes, noch nicht in der Blüte, stehen hohe, stattliche Zwiebelpflanzen, zum Beispiel Lilien; sie werden später den Eindruck von Höhe vermitteln. Am äußeren Rand der Beete befinden sich Goldlack und Vergißmeinnicht, die sich hervorragend mit den Zwiebelpflanzen kombinieren lassen.

In dem schattigen Beet an der hinteren Hecke wurden für den Winter und das Frühjahr Christrosen, Lungenkraut und frühblühende Primeln gepflanzt; später im Jahr sollen Salomonssiegel und Blausternchen die Lücken um die Rosenbüsche und jungen Stauden füllen.

Bepflanzung für Winter und Frühjahr

Rosa 'Iceberg'
Convallaria majalis
Rosa glauca
Sarcococca humilis
Rosa 'New Dawn'
Cyclamen
Polygonatum
Muscari azureum 'Album'
Digitalis
Primula-Hybriden
Viburnum tinus 'Eve Price'
Helleborus orientalis-Hybriden
Smyrnium perfoliatum
Arum italicum
Daphne odora
ureomarginata'
Alchemilla mollis
Euphorbia amygdaloides var. robbiae
Hecke
Zurückgeschnittene Rosen und Sträucher, im Frühjahr unterpflanzt mit einem Teppich aus Blaustern, Anemonen und kleinen Miniaturnarzissen sowie mit Veilchen, Vergißmeinnicht und Traubenhyazinthen.
Alchemilla mollis
Malus 'John Downie'
Cheiranthus cheiri 'Cloth of Gold'
Cheiranthus cheiri 'White Dame'
Myosotis
Hyacinthus 'Ostara'
Myrrhis odorata
Viburnum × bodnantense
Narcissus poeticus
Narcissus 'Trewithian'
Narcissus 'Mrs R.O. Backhouse'
Tulipa 'Pimpernel'
Tulipa 'Gudoshnik'
Tulipa clusiana 'Cynthia'
Tulipa 'Estella Rijnveld'
Tulipa 'Rococo'
Tulipa 'Queen of Night'
T
Tulipa 'Carnaval de Nice'
Tulipa 'Flaming Parrot'
A
Tulipa 'Spring Green'
Tulipa 'Pimpernel'
Euphorbia characias ssp. wulfenii
Euphorbia cyparissias
Euphorbia polychroma
Euphorbia schillingii
Euphorbia seguieriana
Eryngium
QN
R
Lavandula angustifolia 'Hidcote'
Lavandula angustifolia 'Hidcote'
JS = Tulipa 'Jewel of Spring'
QN = Tulipa 'Queen of Night'
OF = Tulipa 'Orange Favourite'
OF
R
Lavandula angustifolia 'Hidcote'
Lavandula angustifolia 'Hidcote'
Euphorbia cyparissias
Euphorbia polychroma
Euphorbia schillingii
Euphorbia seguieriana
Eryngium
Euphorbia characias ssp. wulfenii
A
Tulipa 'Spring Green'
Tulipa 'Hummingbird'
T
Tulipa 'Mount Tacoma'
Hyacinthus orientalis 'L'Innocence'
Tulipa acuminata
Tulipa 'Angélique'
Tulipa 'Orange Favourite'
Tulipa 'Ballerina'
Rosa 'Nuits de Young'
Tulipa 'Queen of Night'
Narcissus poeticus
Helleborus foetidus
Myrrhis odorata
Hecke
Tulipa turkestanica
Narcissus 'Thalia'
Narcissus 'Canaliculatus'
Muscari armeniacum
Smyrnium olusatrum
Anemone coronaria 'The Bride'
Cheiranthus cheiri 'Fire King'
Cheiranthus cheiri 'Blood Red'
Myosotis
Leucojum aestivum
Elaeagnus angustifolia
Prunus avium
Sorbus aria 'Lutescens'
Iris germanica
Lavandula stoechas
Acanthus mollis
Hesperis matronalis
Rosa 'Felicia'
Philadelphus 'Belle Etoile'
Lonicera × purpusii
Euphorbia griffithii
Ceanothus
Rosa banksiae var. banksiae
Cornus alba 'Elegantissima'
Salix daphnoides
Syringa 'Maud Notcutt'

Bepflanzung für Sommer und Herbst

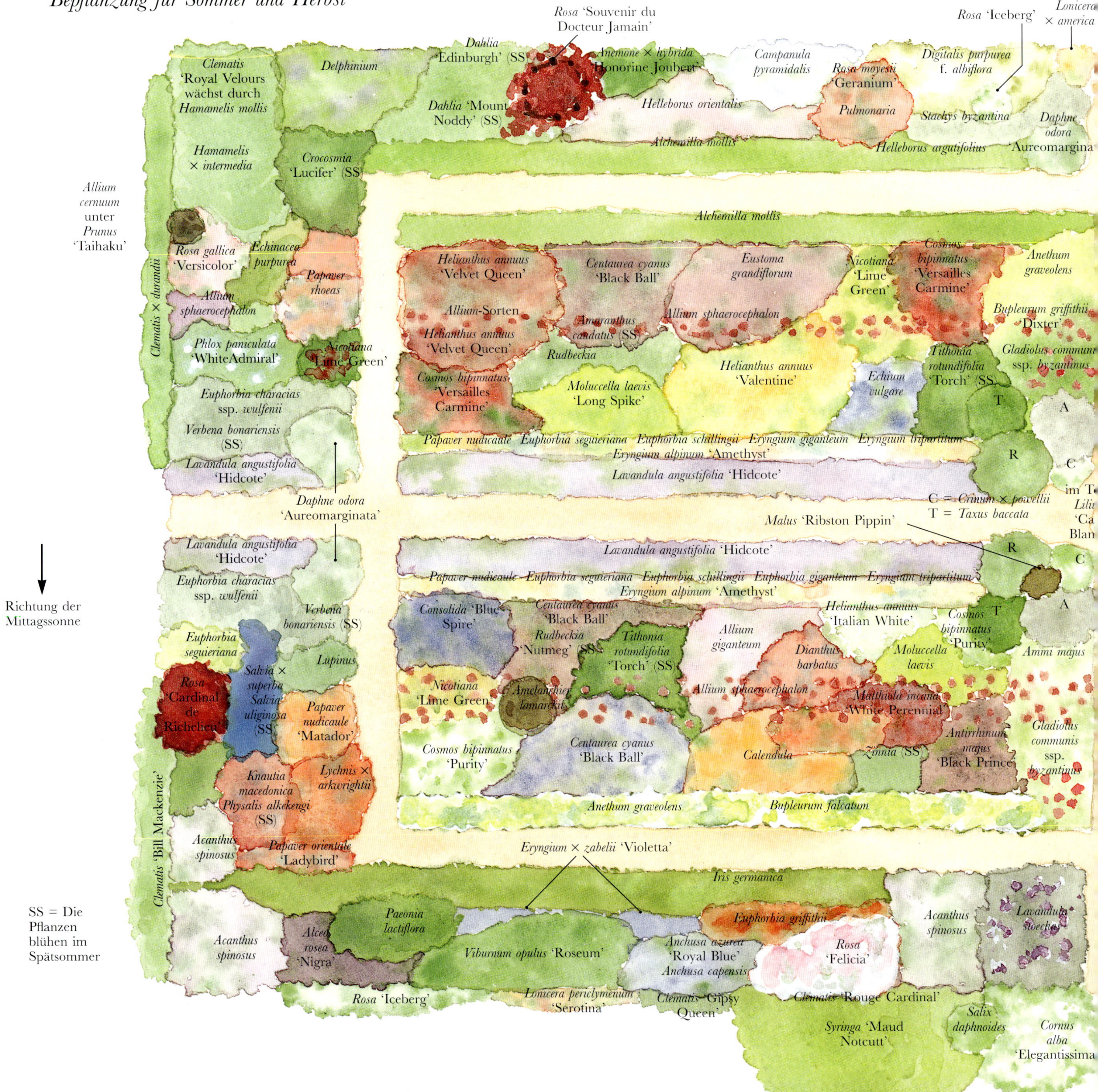

Lonicera americana
Rosa 'Iceberg'
Hecke
Digitalis purpurea f. albiflora
Digitalis purpurea f. albiflora
Campanula pyramidalis
Rosa glauca
Sarcococca humilis
Rosa 'New Dawn'
Digitalis grandiflora
Viburnum tinus
Stachys byzantina
Daphne odora 'Aureo-marginata'
Allium cernuum
Helleborus orientalis
Astrantia major
Myrrhis odorata
Alchemilla mollis
Euphorbia amygdaloides var. robbiae
Dipsacus fullonum
Malus 'John Downie'
Alchemilla mollis
Anethum graveolens
Calendula
Papaver rhoeas
Centaurea cyanus 'Blue Diadem'
Dianthus barbatus
Zinnia 'Envy' (SS)
Hecke
Euphorbia griffithii 'Dixter'
Nicotiana sylvestris
Astrantia major
Viburnum tinus
Helianthus annuus 'Valentine'
Alchemilla mollis
Matthiola incana 'White Imperial'
Gladiolus communis ssp. byzantinus
Amaranthus caudatus 'Viridis' (SS)
Lathyrus odoratus
Tithonia rotundifolia
Nigella damascena
Lilium 'Fire King'
T
Salvia patens
A
Papaver rhoeas
Moluccella laevis
Euphorbia characias ssp. wulfenii
Euphorbia
Eryngium variifolium
Papaver nudicaule
R
C
Allium sphaerocephalon
Lavandula angustifolia 'Hidcote'
A = Artemisia arborescens 'Faith Raven'
R = Rosmarinus officinalis 'Sissinghurst Blue'
Lavandula angustifolia 'Hidcote'
Lavandula angustifolia 'Hidcote'
C
R
Euphorbia schillingii
Eryngium variifolium
Papaver nudicaule
Euphorbia characias ssp. wulfenii
Hesperis matronalis
Cosmos bipinnatus 'Purity'
Consolida 'Blue Spire' (SS)
Nicotiana 'Lime Green'
A
Nicandra physalodes
Euphorbia marginata
Echium vulgare
T
Nicotiana sylvestris (SS)
Ammi majus
Helianthus annuus 'Henry Wilde'
Lathyrus odoratus
Salvia farinacea 'Victoria'
Rosa 'Nuits de Young'
Tithonia rotundifolia
Gladiolus communis ssp. byzantinus
Antirrhinum majus 'White Wonder'
Papaver rhoeas
Scabiosa atropurpurea
Arctotis fastuosa 'Zulu Prince'
Hecke
Bupleurum griffithii 'Decor'
Eremurus
Astrantia maxima
Anethum graveolens
Bupleurum falcatum
Elaeagnus angustifolia
Prunus avium
Sorbus aria 'Lutescens'
Iris germanica
Delphinium 'Lilian Basset'
Lavandula stoechas
Acanthus spinosus
Lilium regale
Agapanthus Headbourne-Hybride
Cynara cardunculus
Lonicera × purpusii
Rosa 'Felicia'
Philadelphus 'Belle Etoile'
Euphorbia griffithii
Ceanothus × delileanus 'Gloire de Versailles'
Euphorbia schillingii
Clematis 'Royal Velours'
Rosa banksiae var. banksiae
Cornus alba 'Elegantissima'
Salix daphnoides
Syringa 'Maud Notcutt'

Der Schnittblumengarten im Sommer

Der Schnittblumengarten, bepflanzt nach dem Plan der beiden vorhergehenden Seiten. Im Hochsommer bietet er eine prächtige Vielfalt an Blütenfarben. Stauden in Gruppen liefern reiche Erträge; hinzu kommen die Beete in der Mitte, die jetzt randvoll mit einjährigen Pflanzen bestückt sind. Das üppige Laub der Sträucher, Stauden und einjährigen Pflanzen unterstreicht die Blütenpracht noch zusätzlich.

Strukturgebendes Laub
Zu den großen Sträuchern, deren Laub als Hintergrund wirken soll, gehören die silberblättrigen Ölweiden (*Elaeagnus angustifolia*) und Mehlbeeren (*Sorbus aria* 'Lutescens'), der Weiße Hartriegel (*Cornus alba* 'Elegantissima') mit seinen grün und weiß gefleckten Blättern und hübschen roten Ästen sowie die Gemüseartischocke (*Cynara cardunculus*) mit ihren silbrigen Blättern.

Zusätzliches Laub und Blüten
In dem sonnigen Beet im Vordergrund befindet sich ein graugrüner Gewöhnlicher Schneeball (*Viburnum opulus* 'Roseum'). Nahebei stehen die Ähren von *Acanthus spinosus*. Auf der anderen Seite hat das schattigere L-förmige Beet einen Saum aus Frauenmantel (*Alchemilla mollis*), während beiderseits der Laube der Wollziest (*Stachys byzantina*) gedeiht.

Überall im Garten erstrahlt die Wolfsmilch in den Farben Gelb, Grün und Rot. Zu den Edeldisteln gehören die stahlgraue Elfenbeindistel (*Eryngium giganteum* 'Miss Willmott's Ghost') und die kräftig indigoblaue *E.* × *zabelii* 'Violetta'.

Später im Jahr bis in den Herbst hinein liefern die einjährigen Kelche der Muschelblume (*Moluccella laevis*) sowie die späte Aussaat von *Bupleurum griffithii* hübsches apfelgrünes Laub.

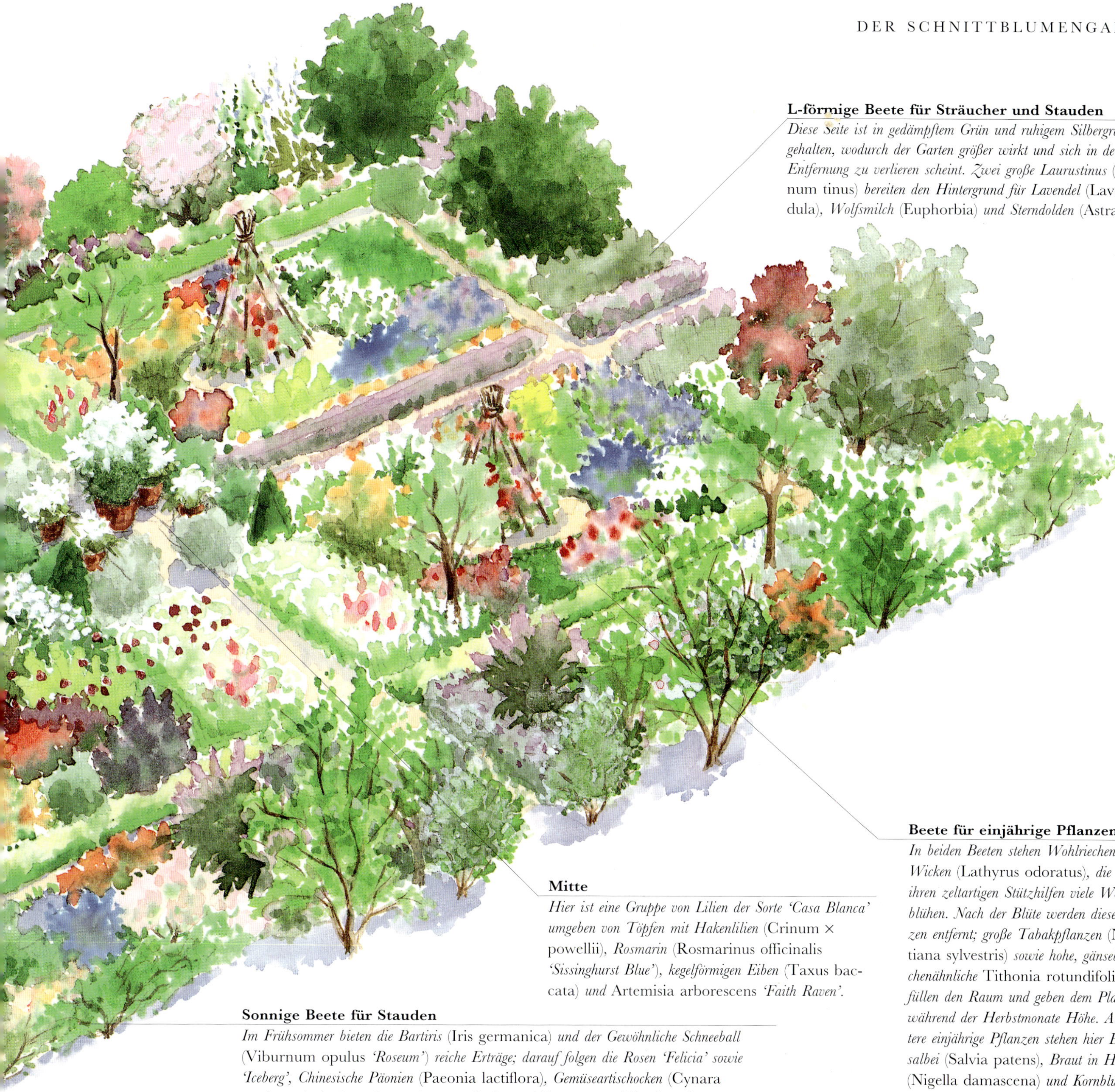

L-förmige Beete für Sträucher und Stauden

Diese Seite ist in gedämpftem Grün und ruhigem Silbergrün gehalten, wodurch der Garten größer wirkt und sich in der Entfernung zu verlieren scheint. Zwei große Laurustinus (Viburnum tinus) *bereiten den Hintergrund für Lavendel* (Lavandula), *Wolfsmilch* (Euphorbia) *und Sterndolden* (Astrantia).

Beete für einjährige Pflanzen

In beiden Beeten stehen Wohlriechende Wicken (Lathyrus odoratus), *die an ihren zeltartigen Stützhilfen viele Wochen blühen. Nach der Blüte werden diese Stützen entfernt; große Tabakpflanzen* (Nicotiana sylvestris) *sowie hohe, gänseblümchenähnliche* Tithonia rotundifolia *füllen den Raum und geben dem Platz während der Herbstmonate Höhe. Als weitere einjährige Pflanzen stehen hier Enziansalbei* (Salvia patens), *Braut in Haaren* (Nigella damascena) *und Kornblumen* (Centaurea cyanus *'Blue Diadem'*), *während Klatschmohn* (Papaver rhoeas) *sowie Islandmohn* (P. nudicaule) *rote, rosa oder weiße Farbtupfer setzen.*

Mitte

Hier ist eine Gruppe von Lilien der Sorte 'Casa Blanca' umgeben von Töpfen mit Hakenlilien (Crinum × powellii), *Rosmarin* (Rosmarinus officinalis *'Sissinghurst Blue'*), *kegelförmigen Eiben* (Taxus baccata) *und* Artemisia arborescens *'Faith Raven'*.

Sonnige Beete für Stauden

Im Frühsommer bieten die Bartiris (Iris germanica) *und der Gewöhnliche Schneeball* (Viburnum opulus *'Roseum'*) *reiche Erträge; darauf folgen die Rosen 'Felicia' sowie 'Iceberg', Chinesische Päonien* (Paeonia lactiflora), *Gemüseartischocken* (Cynara cardunculus), Acanthus spinosus, *Stockrosen* (Alcea rosea *'Nigra'*) *und* Euphorbia griffithii, *bis dann die Beete in der Mitte in voller Blüte stehen.*

Der Schnittblumengarten im frühen Herbst

Links: *Auch wenn es schon spät im Jahr ist, können noch viele Blumen gepflückt werden. Die orangefarbene Lilie 'Fire King' und* Allium sphaerocephalon *(mit großen purpurnen Köpfen) stehen weiterhin in Blüte. Hinter einzelnen weißen* Cosmos bipinnatus *'Purity' spenden spät ausgesäte Wohlriechende Wicken* (Lathyrus odoratus) *dem Garten noch immer Farbe. Die hohe* Tithonia rotundifolia *'Torch' steht jetzt in voller Blüte. Sie erstrahlt in kräftigem herbstlichen Rot.*

Oben: *Der prächtige, samtene Sonnenhut* (Rudbeckia) *und der Amarant, entweder rotblühend (wie hier) oder mit grünen Blüten, sind im Herbst allemal eine Bereicherung. Der Sonnenhut hält sich im Wasser nur drei oder vier Tage, doch lassen sich verwelkte Blumen problemlos durch neue ersetzen, da er überaus reichblühend ist.*

Der Schnittblumengarten im Winter

Ganz links: *Taunasse Schneeglöckchen* (Galanthus).
Links: Winterling (Eranthis hyemalis).
Unten: Die blauen Pfähle, die die Reihen der Zwiebelpflanzen markieren, beleben das Areal, wenn es nicht in Blüte steht. Auf den äußeren Beeten mit Sträuchern und Stauden blühen als erstes die Schneeglöckchen und der Winterling.

Ein kleiner Schnittblumengarten

Diese kleine Fläche von 3 × 4,5 m befindet sich in einem sonnigen Bereich des Gartens. Hier werden einjährige und wenige Arten zweijähriger Pflanzen kultiviert, zum Beispiel Islandmohn. Die Farbe und Beschaffenheit der Pflanzen gewährleisten für nahezu alle Kompositionen ein ausgewogenes Arrangement.

Der Entwurf

Der Plan ist einfach und klar: Es sind vier Rechtecke angeordnet, und in der Mitte befindet sich ein rautenförmiges Beet mit Wicken an einer zeltartigen Stützhilfe. Die rechteckigen Beete werden von 45 cm hohen Zäunen umgeben, die den Wuchs eindämmen und die Pflanzen stützen. Von außen oder von den Mittelwegen aus ist jeder Teilbereich der Beete gut zu erreichen.

Die Pflanzen

Wenn die Pflanzen regelmäßig abgeschnitten oder gepflückt werden, bringen sie vom späten Frühjahr bis zum ersten Frost genügend Laub und Blüten hervor. Diese Pflanzen lassen sich gut aus Samen ziehen; doch wer sie lieber kaufen möchte, kann die meisten auch als Sämlinge bekommen. Sie werden im Abstand von 20-25 cm gepflanzt.

Vorbereitung und Pflege

Bereiten Sie den Boden im Herbst vor. Im Frühjahr sollten die Sämlinge ausgepflanzt werden, sobald kein Frost mehr zu erwarten ist. Eine dichte Anpflanzung in Gruppen schafft hübsche Mosaikstrukturen. So läßt sich auch das Unkraut gut unter Kontrolle halten. Solange die Pflanzen noch klein sind, sollten Sie die Lücken mit einem Mulch füllen. Er hält die Feuchtigkeit besser im Boden und unterdrückt das Unkraut.

Die Blütezeit verlängern

Nach der Vorbereitung des Bodens im Herbst setzen Sie Ihre Zwiebelpflanzen ein. Sie blühen vom zeitigen Frühjahr bis zum Frühsommer. Dann werden sie von den einjährigen Pflanzen abgelöst. Ich empfehle Ihnen, sich für Hyazinthen, *Scilla*, Tulpen und Narzissen aus den Kapiteln *Frühjahr* und *Winter* in *Blüten und Laub im Jahreslauf* (siehe S. 96-113 und 148-159) zu entscheiden. Ohne Bedenken können Sie den Boden auch intensiv nutzen, indem Sie die Bepflanzung verdoppeln. So lassen sich beispielsweise Bartnelken, die zur Sommermitte verblüht sind, durch in Töpfen gezogene Dahlien und Bartfaden ersetzen.

Hasenohr und **Muschelblumen** (*Bupleurum griffithii* und *Moluccella laevis*)
Pflanzen Sie die Sämlinge des Hasenohrs und der Muschelblumen abwechselnd in Gruppen. Diese beiden Pflanzen liefern das unentbehrliche hellgrüne Laub, das einen schönen Kontrast liefert zu leuchtend bunten Blüten in Weiß, Rosa oder Blau.

Schmuckkörbchen und **Gartenlöwenmaul**
(*Cosmos bipinnatus* 'Purity' und *Antirrhinum majus* 'White Wonder')
Pflanzen Sie die Sämlinge des Schmuckkörbchens und des Gartenlöwenmauls zusammen. Diese Cosmos-*Sorte wird bis zu 90 cm hoch und wirkt im Garten wie auch in der Vase sehr eindrucksvoll. Denn weiße Blüten sehen für sich schon hübsch aus, sind aber auch in farblich gemischten Zusammenstellungen gut einsetzbar.*

Knorpelmöhre (*Ammi majus*)
Pflanzen Sie die Sämlinge in Reihen von 25 cm Abstand. Als einjährige Pflanze im Frühjahr ausgesät, gibt sie mit ihren zierlichen Blüten eine hübsche Blume ab; wenn Sie sie aber im Herbst aussäen, erhalten Sie riesige Pflanzen, die sogar eine Höhe von 90 cm -1,2 m erreichen können. Die Blütezeit ist Mitte des Sommers vorbei; Knorpelmöhren können dann durch Zinnien ersetzt werden.

Einjährige Purpurskabiosen
(*Scabiosa atropurpurea*)
Säen Sie in Reihen von 25 cm Abstand aus und vereinzeln Sie Ihre Sämlinge später auf 20-25 cm. Diese rosa, malvenfarbenen, dunkelroten, blauen und weißen Pompons lassen sich gut zusammenstellen. Sie können die Farben aber auch mit anderen Schnittblumen aus Ihrem Garten kombinieren. Die blasseren Töne sehen mit Braut in Haaren, Hasenohr und Knorpelmöhre sehr erfrischend aus.

Bartnelken und **Tabakpflanzen**
(*Dianthus barbatus* und *Nicotiana* 'Lime Green')
Pflanzen Sie die Bartnelken im zeitigen Frühjahr aus, und zwar im Zickzack mit 20 cm Abstand. Wenn kein Frost mehr zu erwarten ist, füllen Sie den freien Raum mit Tabakpflanzen auf, die bis zum späten Herbst blühen. Die Bartnelken können Sie durch die Dahlien 'Mount Noddy' bzw. 'Arabian Night' und den Bartfaden 'Blackbird' ersetzen.

Schmuckkörbchen und **Ackerdill**
(*Cosmos bipinnatus* 'Versailles Carmine' und *Anethum graveolens*)
Pflanzen Sie das Schmuckkörbchen in einer Zickzack- oder Wellenlinie im Abstand von 25 cm. Den freien Raum füllen Sie mit Dillpflänzchen im Abstand von 20 cm (oder Sie säen sie direkt aus und vereinzeln sie später). Das Schmuckkörbchen blüht über viele Monate, aber den Dill müssen Sie vielleicht neu aussäen. Fenchel (Foeniculum vulgare) *stellt eine Alternative zu Dill dar; Sie dürfen die beiden aber nicht zusammenstellen, da sie sich fremdbefruchten können.*

Gartenlöwenmaul und **Bärenohr**
(*Antirrhinum majus* 'Black Prince' und *Arctotis fastuosa*)
Pflanzen Sie dieses Löwenmaul in einer U-förmigen Reihe im Abstand von 20 cm. Der freie Raum wird mit Bärenohr gefüllt. Wenn diese Pflanzen verblüht sind, können Sie sie durch Sonnenhut (Rudbeckia *'Nutmeg'*) *ersetzen, dessen tiefes Orangebraun gut mit dem Löwenmaul harmoniert.*

Dunkle Kornblumen und **Ringelblumen** (*Centaurea cyanus* 'Black Ball' und *Calendula*, Gruppe Art Shades)
Säen Sie beide Pflanzen an Ort und Stelle aus und vereinzeln Sie sie auf 10-15 cm. Auch Ringelblumen und Dill bilden ein hübsches Paar; ebenso passen beide gut zu Enziansalbei (Salvia patens). *Wenn die Kornblumen verblüht sind, können Sie sie durch Schnee-auf-dem-Berge* (Euphorbia marginata) *ersetzen, um die Lücken zu füllen.*

Wolfsmilch und **Islandmohn** (*Euphorbia palustris* und *Papaver nudicaule*)
Pflanzen Sie den Islandmohn in einer V-Form; in den freien Raum dazwischen kommt die Wolfsmilch. Wenn Sie die verblühten einjährigen Pflanzen im späten Herbst entfernen, können Sie die Wolfsmilch in den normalen Garten umpflanzen.

Blaue Kornblumen (*Centaurea cyanus* 'Blue Diadem')
Wir alle lieben die Kornblumen. Säen Sie sie im Frühjahr aus und vereinzeln Sie die Sämlinge auf 10-15 cm. Kornblumen lassen sich gut mit Ringelblumen und Mohn kombinieren, aber sie können auch für sich alleine wachsen. Ich empfehle, sie nach der Blüte durch Enziansalbei oder eine andere einjährige Blütenpflanze zu ersetzen.

Wohlriechende Wicken (*Lathyrus odoratus*)
Pflanzen Sie an jedem Stab der Stützhilfe zwei Wohlriechende Wicken. Ein einfacher Strauß dieser Pflanze, jeden zweiten Tag frisch gepflückt, wird Ihnen jeden Morgen einen köstlichen Duft spenden.

Klatschmohn und **Braut in Haaren**
(*Papaver rhoeas* Gruppe 'Shirley' und *Nigella damascena*)
Säen Sie den Mohn U-förmig aus und die Braut in Haaren in drei etwa dreieckigen Gruppen; später vereinzeln Sie die Sämlinge auf 10-15 cm. Die blühende oder Fruchtstände tragende Braut in Haaren können Sie mit jeder Farbe kombinieren; Die hübschen Samenkapseln des Mohns werden auch noch im späten Sommer und Herbst gepflückt.

Rittersporn (*Delphinium*, Serie Exquisite)
Pflanzen Sie mit 20-30 cm Abstand oder säen Sie direkt; später werden sie vereinzelt. Diese tief königsblaue Blume mit hohen Blütenständen paßt gut zum karmesinroten Schmuckkörbchen und blüht bis zu den ersten Frösten.

Der kleine Schnittblumengarten im Sommer

Links: *Ein reichhaltiges, eindringliches Arrangement aus Tabak 'Lime Green',* Rittersporn (Delphinium, *Serie Exquisite) 'Blue Spire' und dem üppigen Schmuckkörbchen* (Cosmos bipinnatus *'Versailles Carmine'). Dieses Schmuckkörbchen liebe ich sehr. Es eignet sich für den kleinen Schnittblumengarten besonders gut, denn es blüht vom Ende des Frühjahrs bis zum Ende des Herbstes. Im Garten oder in der Vase können Sie es auch mit grünem Dill kombinieren.*

Folgeseite, oben: *Wenn Sie den Garten mit einjährigen Pflanzen bestücken, sollten Sie die Farben so zusammenstellen, wie Sie es auch bei einem Blumenarrangement tun würden. Hier sind Wohlriechende Wicken* (Lathyrus odoratus), *Kornblumen* (Centaurea cyanus) *und Mohn* (Papaver) *die guten Begleiter für Purpurskabiosen* (Scabiosa atropurpurea), *während die dunklen Kornblumen* (Centaurea cyanus *'Black Ball') einen herrlichen Kontrast zu den Ringelblumen* (Calendula, *Gruppe Art Shades) abgeben.*

Folgeseite, unten: *Nahebei stehen Gartenlöwenmaul* (Antirrhinum majus *'Black Prince') und orangefarbenes Bärenohr* (Arctotis fastuosa), *das beinahe schon verblüht ist.* Antirrhinum majus *'White Wonder' kann im Garten oder im Blumenarrangement mit allem zusammenstehen. Interessantes Laub bieten das Hasenohr* (Bupleurum), auch die *Wolfsmilch* (Euphorbia palustris), *die Muschelblumen* (Moluccella laevis) *und Artischocken* (Cynara scolymus).

Der gemischte Garten

Wenn Ihnen für Ihre Schnittblumen keine separate Fläche zur Verfügung steht, schaffen Sie sich Platz an verschiedenen Stellen Ihres Gartens. Sie brauchen einige Stellen in der vollen Sonne, ein paar in schattiger Lage, einen Bereich für Kletterpflanzen, ferner einen für die höheren und einen für die kleineren Pflanzen. Dieser Garten hier weist eine Größe von 9 × 12 m auf und liegt an einer mit Ziegelsteinen gepflasterten Terrasse. Neben den Blumen und Blattpflanzen für das Haus ist im Plan auch Platz für Salate, Kräuter und etwas Gemüse vorgesehen.

Der Plan

Dieser Plan läßt sich an verschiedene Bedürfnisse anpassen. Das Beet in der Mitte kann auch als kleine Rasenfläche gestaltet werden. Wichtig: die Wege sind noch breit genug für einen Schubkarren oder ein Kinderdreirad, und die Maße der Beete und Rabatten erlauben ein bequemes Pflücken der Pflanzen. Hübsche Akzente setzen die vielen Buchsbaumkugeln und die beiden Topfpaare mit den Lorbeerbäumchen.

Die Pflanzen im Jahreslauf

Wir sehen hier den Garten zur Sommerzeit. In den Beeten mit Sträuchern und Stauden sind aber auch viele Frühjahrsblumen gepflanzt: Hyazinthen, Tulpen und Anemonen in Gruppen säumen den Weg; unter dem Apfelbaum stehen Vergißmeinnicht, Goldlack, Blausternchen und Miniaturnarzissen; das schattige Beet ist mit Kaiserkronen und dem Salomonssiegel bestückt.

Die einjährigen Pflanzen für den Sommer lassen sich mit Wolfsmilch, Hasenohr, Muschelblumen sowie mit Dill (wegen des Laubs) kombinieren. Die pinkfarbene Rose 'New Dawn' und die weiße Rose 'Iceberg' können bis zu den stärkeren Frösten blühen. Dazu gehören auch bestimmte karmesinrote, duftende Rosen. Zu den Stauden zählen Lupinen, Ochsenzungen, Pfingstrosen und Kugeldisteln; an der Hecke wächst in großer Zahl weißer oder gefleckter Fingerhut. Viele der einjährigen Pflanzen blühen noch lange im Herbst, vorausgesetzt sie werden regelmäßig gepflückt.

Das Sommergemüse sollte zu den Blumen passen, also kleinwüchsig sein und schmuck aussehen. Es gibt Zwergformen der Dicken Bohne, grünen oder karmesinroten Salat etc. Diese Gemüsepflanzen können zusammen mit der Wohlriechenden Wicke, der Kletternden Kapuzinerkresse und den Veilchen emporwachsen.

Beete für Sträucher und Stauden

Am Flechtzaun klettern Waldreben (Clematis), *einschließlich der vielfarbigen Sorten 'Etoile Violette' und 'Royal Velours'. Zu den weiteren Kletterern gehört die purpurblütige* Akebia quinata. *Sie steht hinter der Rose 'Tuscany Superb'. Die Heckenkirsche* (Lonicera × brownii) *und der Nachtschatten* (Solanum crispum *'Glasnevin'*) *wachsen hinter einer Säckelblume* (Ceanothus), *während das duftende Waldgeißblatt* (Lonicera periclymenum *'Serotina'*) *an einer Reifweide* (Salix daphnoides) klettert.

Das sonnige Terrassenbeet

Entlang dieses Beetes wächst Agapanthus. *Seine purpurblauen Blüten bringen später schöne Fruchtstände hervor. An der niedrigen Mauer stehen tief purpurschwarze Auberginen; rote Farbtupfer setzen die Kirschtomaten. Das blaupurpurne Farbenspiel setzt sich im Herbst mit Lauch- und Salbeiarten fort, im Winter mit Zwergschwertlilien sowie* Iris unguicularis. *Neben einer Gruppe von Frauenmantel wächst grüner und karmesinroter Salat, wobei der Frauenmantel auch auf beiden Seiten der Stufen im Vordergrund steht. In dem kleinen Beet wächst die blaßrosa Rose 'New Dawn', zusammen mit dem hohen* Allium sphaerocephalon.

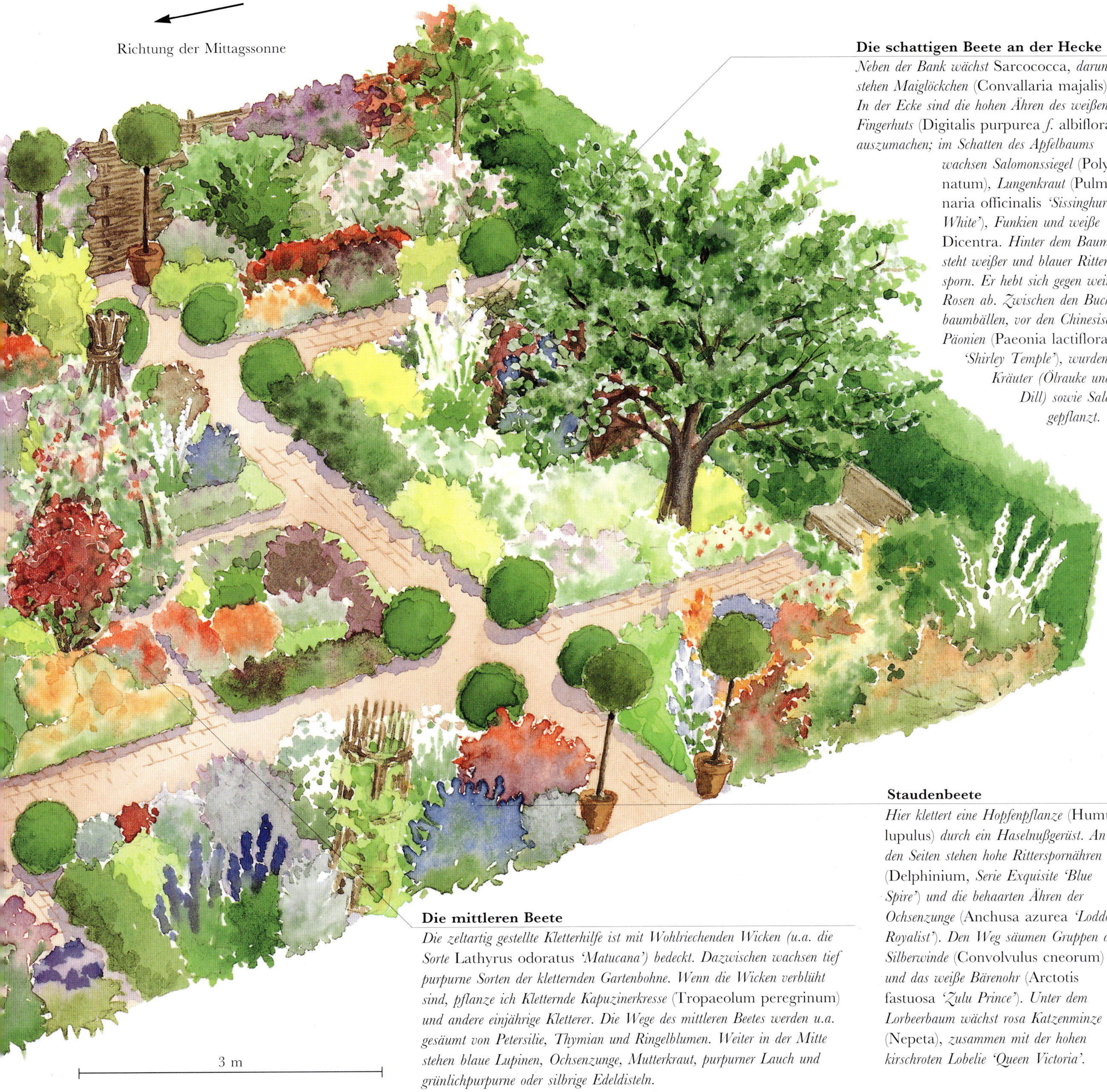

Die schattigen Beete an der Hecke

Neben der Bank wächst Sarcococca, *darunter stehen Maiglöckchen* (Convallaria majalis). *In der Ecke sind die hohen Ähren des weißen Fingerhuts* (Digitalis purpurea *f.* albiflora) *auszumachen; im Schatten des Apfelbaums wachsen Salomonssiegel* (Polygonatum), *Lungenkraut* (Pulmonaria officinalis *'Sissinghurst White'*), *Funkien und weiße* Dicentra. *Hinter dem Baum steht weißer und blauer Rittersporn. Er hebt sich gegen weinrote Rosen ab. Zwischen den Buchsbaumbällen, vor den Chinesischen Päonien* (Paeonia lactiflora *'Shirley Temple'*), *wurden Kräuter (Ölrauke und Dill) sowie Salat gepflanzt.*

Staudenbeete

Hier klettert eine Hopfenpflanze (Humulus lupulus) *durch ein Haselnußgerüst. An den Seiten stehen hohe Ritterspornähren* (Delphinium, *Serie Exquisite 'Blue Spire'*) *und die behaarten Ähren der Ochsenzunge* (Anchusa azurea *'Loddon Royalist'*). *Den Weg säumen Gruppen der Silberwinde* (Convolvulus cneorum) *und das weiße Bärenohr* (Arctotis fastuosa *'Zulu Prince'*). *Unter dem Lorbeerbaum wächst rosa Katzenminze* (Nepeta), *zusammen mit der hohen kirschroten Lobelie 'Queen Victoria'.*

Die mittleren Beete

Die zeltartig gestellte Kletterhilfe ist mit Wohlriechenden Wicken (u.a. die Sorte Lathyrus odoratus *'Matucana') bedeckt. Dazwischen wachsen tief purpurne Sorten der kletternden Gartenbohne. Wenn die Wicken verblüht sind, pflanze ich Kletternde Kapuzinerkresse* (Tropaeolum peregrinum) *und andere einjährige Kletterer. Die Wege des mittleren Beetes werden u.a. gesäumt von Petersilie, Thymian und Ringelblumen. Weiter in der Mitte stehen blaue Lupinen, Ochsenzunge, Mutterkraut, purpurner Lauch und grünlichpurpurne oder silbrige Edeldisteln.*

Der gemischte Garten im Sommer

Ganz links: *Der blaue Rittersporn* (Delphinium, *Gruppe Black Knight*) *blüht von der Mitte des Sommers bis in den Herbst hinein. Wenn Sie den Hauptstengel pflücken, können sich Seitentriebe entwickeln. Diese bringen dann Blüten hervor.*

Links: *In den Lücken zwischen Stauden und Kräutern werden als Schnittblumen geeignete einjährige Pflanzen ausgesät, zum Beispiel diese Sonnenblumen.*

Links: *Große Büschel der Silberwinde* (Convolvulus cneorum) *und Katzenminze, die direkt dahinter steht, finden eine harmonische Entsprechung in der Form des Buchsbaums am Eckplatz. Dazu gesellen sich Blumen, die über eine lange Blütezeit hinweg gepflückt werden können: das Bärenohr* (Arctotis fastuosa *'Zulu Prince'*), *das Gartenlöwenmaul 'Black Prince', ferner bronzefarbenweinrote Veilchen mit gelber Mitte.*

Folgeseite: *In diesem Blumengarten stehen Gemüse und Salatkräuter neben Blumen und Blattpflanzen. Es hat den Anschein, als herrsche ein heilloses Durcheinander. Doch die rechteckig geschnittenen Beete, das Gerüst mit Wohlriechender Wicke in der Mitte, das Haselnußgeflecht als Begrenzung und die beiden Lorbeerbäume geben dem Ensemble durchaus Ordnung und Struktur. Ich lasse meinen geschoßten Eichblattsalat stehen, weil ich seine geschwungenen hellgrünen Ähren liebe – er bringt ein höchst ungewöhnliches Gartenlaub hervor. Die Töpfe im Vordergrund enthalten karmesinroten Tabak und rosa efeublättrige Pelargonien, der große Topf auf der rechten Seite ein rotblühendes* Abutilon.

Tips für die erfolgreiche Pflanzenkultur

Die Bepflanzung und Pflege eines Schnittblumengartens erfordert an sich wenig Arbeit; aber einen geringen Zeitaufwand müssen Sie im Jahreslauf regelmäßig erübrigen. Das ist allemal besser, als den Garten für viele Wochen zu vernachlässigen und dann nach Monaten ein ganzes Wochenende lang zu schuften. Nichts ist ärgerlicher, als Beete und Rabatten, die im Frühjahr noch vielversprechend aussahen, dann im Sommer verdörrt oder als Unkrautdschungel vorzufinden, weil Sie sich nicht die Zeit nehmen mochten, regelmäßig zu wässern oder Unkraut zu jäten.

Pflanzen aus Samen, Stecklingen oder durch Wurzelteilung zu ziehen ist zwar zeitaufwendig, eröffnet Ihnen aber viele Möglichkeiten. Zugegeben, die Auswahl, die Ihnen die Samenkataloge bieten, ist verlockend. Aber Ihre eigenen Pflanzen zu ziehen kostet Sie nur einen Bruchteil dessen, was Sie in einer Gärtnerei bezahlen müßten. So werden Sie zwangsläufig mehr Pflanzen ziehen als Sie tatsächlich benötigen. Ihren Überschuß können Sie dann an Ihre Freunde oder Nachbarn weitergeben.

Wenn möglich, sollten Sie sich einen Anzuchtkasten zulegen. Er bietet Ihnen für die Vermehrung durch Samen oder Stecklinge viel Platz. Noch besser ist es, in ein Gewächshaus zu investieren und dort eine Anzuchtbank mit Heizkabeln einzubauen.

Frühjahr

Im Schnittblumengarten ist das Frühjahr die arbeitsreichste Zeit. An einem klaren Tag sollten Sie in Ihrem Garten mulchen, zurückschneiden und überhaupt Ordnung schaffen. Wenn es regnet oder zu kalt ist, können Sie sich im Garten- oder Gewächshaus aufhalten und dort aussäen, vereinzeln oder eintopfen.

Später im Frühjahr dürfen Sie dann die ersten Blumen pflükken. Es ist aber (anders als bei den einjährigen Sommerpflanzen) keineswegs notwendig, die Frühlingsblumen zu pflücken. Den Zwiebelpflanzen und Stauden reicht es im Frühjahr schon völlig aus, wenn sie an ihrem Standort bleiben dürfen.

Allgemeine Hinweise für die Aussaat

• Sortieren Sie Ihr Saatgut danach, ob es unter Glas oder direkt im Beet keimen soll, ferner nach dem Monat der Aussaat sowie der zum Keimen erforderlichen Temperatur und nach sonstigen, speziellen Anforderungen.
• Folgen Sie grundsätzlich den Hinweisen auf der Samenpakkung und säen Sie zur empfohlenen Zeit aus. Von der Begeisterung des Anfängers überwältigt, habe ich in meinem ersten Jahr die Aussaat schon im tiefen Winter begonnen; meine Samen unter Glas brachten blasse, stelzige Pflanzen hervor, und im Freien sind viele noch bevor sie keimen konnten einfach verfault. Es lohnt sich bis auf wenige Ausnahmen (siehe S. 43) zu warten, bis die Tage länger werden. So haben die Sämlinge mehr helle Stunden, in denen sie wachsen können.
• Markieren Sie die Aussaatstelle mit einem Etikett, auf dem der Name der Pflanze und das Datum der Aussaat vermerkt ist.
• Beim Wässern sollten Sie an der Gießkanne oder dem Wasserschlauch die feinste Brause verwenden. Denn ein starker Wasserstrahl kann den Boden aufwühlen.
• Sie müssen nicht unbedingt den kompletten Päckcheninhalt aussäen. Verwenden Sie nur soviel Samen, wie Sie in diesem Jahr tatsächlich benötigen; den Rest heben Sie für die nächste Saison auf. Die Keimungsrate fällt dann vielleicht etwas niedriger aus, dürfte aber noch ausreichend sein. Verschließen Sie das Päckchen und lagern Sie es an einem kühlen trockenen Ort.
• Bekämpfen Sie Schnecken und Raupen mit einem Schädlingsbekämpfungsmittel; wenn Ihnen das nicht zusagt, müssen Sie die Schädlinge mit der Hand entfernen. Unternehmen Sie aber nichts, können sich diese Tierchen in wenigen Tagen durch Ihre gesamte Ernte hindurchfressen.

Aussaat unter Glas

• Stellen Sie für alle Routinearbeiten einen Plan auf. Er sollte so einfach wie möglich sein, damit sich alles bei zumutbarem Aufwand erledigen läßt. Im Gewächshaus zum Beispiel sollte neben der Pflanzenbank immer schon ein Gartenschlauch mit einer feinen Brause angeschlossen sein.
• Aussaatschalen aus hochwertigem Kunststoff sind einfacher zu reinigen als solche aus Holz; sie können auch nicht so leicht zerbrechen, wenn Sie Ihre mit Erde gefüllten Aussaatschalen an einer Seite anheben. Nach Gebrauch sollten Sie die Schalen gut auswaschen und an einem dunklen Ort lagern.
• Verwenden Sie für die Aussaat und das Eintopfen jeweils die beste Bodenmischung – Lehm, Torf, Sand und einen Langzeitdünger. Damit Sie sich keinen durchnäßten Torfsumpf schaffen, müssen Sie prüfen, ob Ihre Mischung stimmt. Sie soll feinkrumig sein; ggf. ist etwas Sand beizugeben.

Die Aussaat

1 *Legen Sie alles, was Sie brauchen, in passender Höhe auf eine Arbeitsplatte. Sie benötigen Samen, Aussaaterde, Aussaatschalen, Multitöpfe, hohe Töpfe, einen Bodenverdichter, Etiketten, einen weichen Bleistift, ein grobes Sieb, einen Holzlöffel, feinen Sand und eine Abdeckung.*

2 *Füllen Sie Ihre Aussaatschalen bis auf 1 cm unter dem Rand mit Aussaaterde. Diese drücken Sie anschließend vorsichtig mit einem Bodenverdichter (z.B. einem Holzbrett) fest, der die gleiche Breite wie die Schale haben sollte.*

3 *Um die Erde anzufeuchten, stellen Sie Ihre gefüllten Schalen ins Wasser, bis keine Luftblasen mehr aufsteigen. Dann lassen Sie die Schalen abtrocknen; die Erde sollte feucht, aber nicht naß sein.*

4 *Kleine Samen (z.B. von Mohn) sind schwierig auszusäen. Mischen Sie sie im Verhältnis 1 zu 6 mit feinem Sand. So können Sie Ihr Saatgut gleichmäßiger verteilen.*

5 *Nun verteilen Sie die Samen gleichmäßig auf der Aussaatschale. Große Samen (z.B. Edeldisteln) werden am besten in Reihen gesetzt, und zwar mit ausreichendem Abstand, damit sie sich gut entwickeln können.*

6 *Anschließend bedecken Sie die Samen bis zu der empfohlenen Höhe mit gesiebter Erde. Manche Samen, zum Beispiel die des Tabaks, müssen nicht bedeckt werden. Dann bringen Sie Ihre Etiketten an.*

7 *Stellen Sie die Schalen bzw. Töpfe in einen Anzuchtkasten (o.ä.); dann wässern Sie mit einem feinen Sprühnebel. Damit nicht zuviel Licht einfällt, sorgen Sie für eine geeignete Abdeckung.*

• Vor der Aussaat sollten Sie die Erde vorsichtig mit einem Stück Holz andrücken. So entfernen Sie die größeren Lufteinschlüsse, in denen die kleinen Wurzeln kein Wasser und keine Nährstoffe aufnehmen können.
• Bedenken Sie, daß Sie auf kleinem Raum mehr unterbringen können, wenn Sie viereckige Töpfe verwenden.
• Für große Samen oder für Pflanzen, deren Wurzeln keine Störung vertragen (z.B. Lupinen, Enziansalbei) können Sie Multitöpfe verwenden, ebenso für das Vereinzeln und Eintopfen. So können die Sämlinge direkt ausgepflanzt werden. Eine Alternative stellen Torftöpfe dar.
• Die Aussaat sollte immer in feuchter Erde erfolgen. Denn wenn Sie erst nach der Aussaat wässern, können die Samen an den Rand der Schale gespült werden.
• Lassen Sie die Schalen niemals ganz austrocknen, weil sonst die feinen Wurzeln zerstört werden können.
• Eine Abdeckung mit einer Kunststoffplatte oder mit einer in Zeitungspapier eingewickelten Glasscheibe reduziert den Lichteinfall und fördert den Keimungsprozeß (eine Ausnahme bildet der Tabak). So wird auch der Feuchtigkeitsverlust vermindert.
• Registrieren Sie aufmerksam die ersten Anzeichen der Keimung. Dann muß die Abdeckung entfernt und die Aussaatschale an einen möglichst hellen Ort gestellt werden.

Pikieren

• Die auskeimenden Samen bringen als erstes die Keimblätter hervor. Sobald sich dann ein oder zwei Laubblattpaare (Miniaturausgaben der Blätter der entwickelten Pflanze) entwickelt haben, müssen die Sämlinge in einen nährstoffreicheren Boden (in Schalen oder Multitöpfen) pikiert werden. Fassen Sie dabei immer die Blätter an, um den Stengel nicht zu beschädigen.
• Verwenden Sie ein Maximum-Minimum-Thermometer, um die Extremwerte der Nacht und des Tages zu registrieren. Die Temperaturen dürfen nicht unter den Gefrierpunkt fallen; Ihre Pflanzen sollen aber auch nicht durch die Frühlingssonne leiden. Am besten vermeiden Sie solche Extreme im Gewächshaus mit einer thermostatgeregelten Heizung und einer temperaturabhängigen Belüftungsanlage.
• Gewöhnen Sie Ihre Pflanzen schrittweise an die Bedingungen im Freien. Bei einem Frühbeetkasten können Sie den Zeitraum, den der Kasten tagsüber geöffnet bleibt, langsam verlängern; wenn kein Frost zu erwarten ist, kann der Kasten auch in wolkigen Nächten offen bleiben. Sollten Sie keinen Frühbeetkasten zur Verfügung haben, stellen Sie Ihre Pflanzen tagsüber an einen geschützten Ort im Freien. Schützen Sie Ihre Pflanzen vor Wind, aber auch vor direkter Mittagssonne.

Auspflanzen

• Zunächst harken Sie den Boden feinkrumig. Einige Tage bevor Sie Ihre Sämlinge ausbringen möchten, geben Sie einen organischen Langzeitdünger bei.
• Wenn kein Frost mehr angesagt ist, sollten sich Ihre Aussaatschalen mit Wasser vollsaugen können. Dann entnehmen Sie jede Pflanze mitsamt Wurzelballen und pflanzen sie aus.
• Setzen Sie Ihre Pflanzen etwas dichter als empfohlen. Denn ein leichter Lichtmangel bringt lange, gerade Stengel hervor, was für Schnittblumen geradezu ideal ist.

Samen direkt aussäen

• Viele der winterharten einjährigen Pflanzen lassen sich direkt im Garten aussäen. Einige vertragen keine Störung ihrer Wurzeln, so daß sie am besten schon an ihrem endgültigen Standort ausgesät werden (z.B. die meisten Mohnarten und Lupinen). Andere gedeihen gleichermaßen gut, wenn sie an Ort und Stelle ausgesät werden (u.a. Dill, Rittersporn, Ringelblumen).
• Sie sollten den Boden möglichst einige Wochen vor der Aussaat vorbereiten: Graben Sie ihn um, entfernen Sie das Unkraut und geben Sie einen organischen Dünger bei. Aber tragen Sie jetzt keinen Mulch auf, da Sie ihn bei direkter Aussaat vollständig entfernen müßten. Wenn Sie dann zur Aussaat bereit sind, machen Sie den Boden mit der Rückseite einer kräftigen Harke gut krumig.
• Bringen Sie Ihr Saatgut in kurzen geraden, zickzack- oder wellenförmigen Reihen aus. So sind die Sämlinge leichter vom Unkraut zu unterscheiden.
• Halten Sie den Boden frei von Unkraut, denn es würde mit den Sämlingen um Licht, Wasser und Nährstoffe konkurrieren.
• Dünnen Sie die Sämlinge so aus, daß sie etwas dichter stehen als auf der Samenpackung angegeben, da Sie die Pflanzen später in gewisser Zahl pflücken möchten.

Stecklinge nehmen

• Eine einfache Methode, sich einen Pflanzenvorrat zu schaffen, besteht darin, junge Seitentriebe von den Elternpflanzen abzutrennen. Jetzt im Frühling ist die geeignete Zeit, von Ihren Stauden Stecklinge zu nehmen. Dazu schneiden Sie mit Hilfe eines scharfen Messers gesunde Triebe im Basisbereich der Pflanze ab. Das weitere Vorgehen ist wie bei den Abrissen (siehe S. 39).

Pikieren

1 *Nehmen Sie einen Bleistift (oder ein Pflanzholz), um eine Gruppe Sämlinge herauszuheben. Dann teilen Sie die Gruppe vorsichtig, stechen mit dem Bleistift ein kleines Pflanzloch in die Erde des Multitopfs und setzen den zarten Wurzelballen der Pflanze ein.*

2 *Drücken Sie die Erde um den Sämling herum fest; dann wässern Sie ihn. So vermeiden Sie, daß sich Lufteinschlüsse bilden. Bringen Sie ein Etikett an! Nun sollten Sie die Sämlinge für zwei Wochen wieder auf die Anzuchtbank stellen, damit sie sich erholen können. Denn nach dieser Störung sind ihre Wurzeln äußerst empfindlich.*

3 *Dann können die Sämlinge an einen kühleren Ort gestellt werden, wo sie vor Frost geschützt sind, aber nur wenig Wärme erhalten. Wenn Sie einen Frühbeetkasten haben, können Sie die Pflänzchen dort hineinstellen. Andernfalls stellen Sie sie tagsüber an einen geschützten Ort des Gartens.*

Auspflanzen

Zunächst graben Sie mit dem Handspaten ein ausreichend großes Loch und mischen am Boden dieses Lochs etwas organisches Material unter. Dann setzen Sie die junge Pflanze hinein. Schließlich drücken Sie die Erde mit den Händen vorsichtig fest und wässern gut.

Samen direkt aussäen

1 *Markieren Sie die Aussaatflächen bzw. die Reihen mit hellem Sand. Dann nehmen Sie einen Handspaten (o.ä.) und drücken eine flache Furche in den Boden. Die Tiefe richtet sich jeweils nach der Angabe auf der Samenpackung. Anschließend sollten Sie den Boden der Rille mit etwas Sand bedecken, um so für gute Entwässerung zu sorgen. Dann können Sie Ihr Saatgut in die Furche geben.*

2 *Dann füllen Sie die Furche wieder mit Erde auf, die Sie aber nicht festdrücken sollten. Darüber streuen Sie zur Markierung etwas Sand, damit Sie beim Wässern und Jäten genau wissen, wo sich die Samen befinden. Schließlich bringen Sie mit dem Namen der jeweiligen Pflanze und dem Datum beschriftete Etiketten an und wässern den Boden mit feiner Brause.*

• Stellen Sie die Stecklinge an einen warmen, feuchten Ort mit Licht; aber vermeiden Sie die direkte Sonneneinstrahlung, damit sie nicht welken und sich innerhalb von zwei oder drei Wochen gut bewurzeln können.

Knollen vortreiben und Stecklinge nehmen

• Lassen Sie Ihre Knollen nach dem Kauf niemals in einer Plastiktüte. Selbst wenn Ihre Tüte Luftlöcher hat, können die Knollen leicht verfaulen.
• Prüfen Sie, ob Ihre Knollen weiche, kranke Stellen aufweisen. Achten Sie dabei auf Mehltau und Schorf. Wenn nur kleinere Teile der Knolle befallen sind, können Sie die Schadstellen herausschneiden, andernfalls sollten Sie die Knolle wegwerfen.
• Bringen Sie empfindliche Knollenpflanzen wie Dahlien oder die Schmuckkörbchenart *Cosmos atrosanguineus* etwa vier bis sechs Wochen vor dem erwarteten Ende der Bodenfröste unter Glas zum wachsen. Die Knollen geben Sie in Töpfe. Dann füllen Sie eine 10-15 cm dicke Schicht aus feuchtem Substrat auf.
• Wenn Sie Stecklinge nehmen wollen, legen Sie die Knollen in eine flache Schale und bedecken sie mit einer dünnen Schicht aus feuchtem Substrat. So läßt sich leicht erkennen, wann die neuen Basaltriebe die geeignete Länge von etwa 5 cm erreicht haben und wann sich die ersten Blätter bilden.
• Nehmen Sie von der Knolle jeweils die kleineren Triebe – diese bewurzeln sich schneller als die größeren. Dann schneiden Sie die untersten Blätter ab und setzen jeden Steckling in einen Topf mit feuchtem Substrat. Diese Töpfe sollten Sie in einen Anzuchtkasten stellen, bis sich Wurzeln gebildet haben. Dann kann die neue Pflanze eingetopft werden.

Frühjahrsbepflanzung

• Zuerst pflanzen Sie die im Herbst blühenden Zwiebelpflanzen, die neuen Stauden und empfindlichen Sträucher.
• Gladiolen, Zeitlose und Nerinen werden in der Mitte des Frühjahrs angepflanzt (siehe S. 41). Je länger sie in der Erde sind, desto besser kann sich ein gutes Wurzelwerk ausbilden.
• Pflanzen Sie die Gladiolenknollen im zeitlichen Abstand von jeweils zwei Wochen. So erzielen Sie eine längere Blütezeit.
• Kleine Schneeglöckchen und Winterlinge gedeihen am besten, wenn Sie sie nach der Blüte aufnehmen, teilen und wieder in die Erde setzen.
• Auch Ihre Stauden sollten Sie zur Mitte des Frühjahrs anpflanzen, damit sie noch der Blütezeit neue Wurzeln bilden können.
• Pflanzen Sie frostanfällige Sträucher wie Rosmarin oder Kamelien im späten Frühjahr. So können sie sich vor den starken Frösten des folgenden Winters bereits entwickeln (für weitere Tips zum Anpflanzen siehe auch S. 40).

Pflege bei Waldrebe, Sträuchern und Rosen

• Wenn die Pflanzen unordentlich bzw. in der Mitte zu dicht wachsen, auch wenn zu viele Blüten gepflückt wurden, ist ein vorsichtiger Rückschnitt angezeigt.
• Entfernen Sie auch abgestorbenen, beschädigten oder kranken Triebe. Äste und Zweige werden auf etwa ein Drittel ihrer ursprünglichen Länge eingekürzt. So kann die Pflanze kräftigen neuen Wuchs hervorbringen.
• Dickere Äste sollten Sie mit einer Gartensäge kürzen, alle anderen mit einer scharfen Gartenschere.
• Schneiden Sie die spätblühenden Waldreben zu Beginn des Frühjahrs auf zwei Augen zurück. Ein späterer Rückschnitt verzögert die Blüte.
• Sträucher, die verholzen und an der Basis verkahlen, sollten Sie stark zurückschneiden. Strauchartiger Beifuß oder Rosmarin zum Beispiel vertragen diesen Rückschnitt im Frühjahr gut. Danach werden diese Sträucher aus dem alten, festen Holz sehr schnell neue Triebe hervorbringen. Mancher Gartenliebhaber schneidet jetzt seinen Lavendel zurück. Besser aber ist es, dies beim Pflücken zu tun oder direkt nach der Blüte. Lavendel dürfen Sie nicht auf das alte Holz zurückschneiden.
• Bei den im Winter oder zeitigen Frühjahr blühenden Sträuchern (z.B. Zierquitten) schneiden Sie die Seitentriebe nach der Blüte auf zwei oder drei Augen zurück.
• Wenn Sie Floribunda- oder andere Buschrosen zurückschneiden möchten, sollten Sie zuerst den vom Frost geschädigten Wuchs entfernen. Bei späten Frösten kann es sein, daß Sie gegen Ende des Frühjahrs noch weitere Triebe wegschneiden müssen. Entfernen Sie dann auch die Wildtriebe, und zwar so nahe wie möglich an den Wurzeln.
• Setzen Sie den Schnitt bei Rosen immer schräg an, so daß das Regenwasser sofort ablaufen kann.
• Machen Sie den Schnitt direkt über einem nach außen weisenden Auge. Der neue Trieb wird dann nach außen wachsen. Wählen Sie ein Auge aus, unter dem sich noch weitere befinden; denn sollte dieses Auge keinen gesunden Wuchs hervorbringen, haben Sie so noch eine Reserve zur Verfügung.
• Zum Leidwesen für jeden, der ökologischen Gartenbau betreiben will, müssen Rosen (aber auch andere Pflanzen) häufig vom

späten Frühjahr an alle zwei bis drei Wochen gegen Krankheitsbefall bzw. zur Schädlingsbekämpfung gespritzt werden.

Stauden teilen

• Nach zwei oder drei Jahren sind die meisten Stauden kräftig genug, um sie teilen zu können. Die meisten Stauden profitieren von diesem Eingriff sogar. Denn wird die Pflanze zu groß, erhalten die Blätter in der Mitte des Wuchses nicht mehr ausreichend Licht; bei Schwertlilien bekommt die Mitte des Rhizoms nicht genug Sonnenwärme (für die Bartiris siehe *Schwertlilienrhizome, Zwiebel- und Knollenpflanzen einsetzen*, S. 38).
• Mit einer Grabegabel heben Sie den Ballen vollständig heraus. Es sollte dabei genug Erde haften bleiben, um eine Beschädigung der Wurzeln zu vermeiden.
• Teilen Sie die verholzte Krone. Dann nehmen Sie von der Außenseite des Ballens kleine, gesunde Stücke mit jeweils einigen neuen Trieben und entsorgen den Mittelteil.
• Die Wurzelballen lassen sich teilen, indem Sie zwei Grabegabeln Rücken an Rücken in den Ballen stechen und die Stiele zusammendrücken. So ziehen Sie die Wurzeln auseinander.
• Damit Sie die neuen Pflanzen umgehend in den Boden setzen können, sollten Sie bereits vorher neue Löcher gegraben haben; geben Sie einen Langzeitdünger bei.

Mulchen, Abstützen und Pflege

Jetzt ist es an der Zeit, in Ihrem Garten den »Frühjahrsputz« vorzunehmen. Wenn die Tage wärmer werden und Ihre Pflanzen an der Basis austreiben, legen Sie den jährlichen Mulch aus. Auch stützen Sie jetzt alle Pflanzen, die eine solche Hilfe benötigen.
• Mulchen Sie nicht nach einem starken Frost; denn so würden Sie ihn nur im Boden festhalten. Der Mulch sollte 5 cm dick ausgebracht werden und aus organischem Material bestehen. Sie können Baumrinde, gut verrotteten Stallmist etc. verwenden. Ein solcher Mulch verbessert die Beschaffenheit des Bodens und führt ihm zudem wichtige Nährstoffe zu. So wird auch das Verdunsten der Feuchtigkeit eingeschränkt – das ist für die Sommermonate besonders wichtig, um insbesondere den Wasserbedarf der schnellwachsenden einjährigen Pflanzen zu befriedigen. Das Mulchen wird auch die einjährigen Unkräuter weitgehend unterdrücken. Die Sämlinge der letztjährigen Unkräuter müßten sich ihren Weg durch diese zusätzliche Schicht bahnen.
• Pflanzen, die auf nährstoffarmen Böden gedeihen, zum Beispiel Dill oder *Iris unguicularis*, sollten Sie nicht mulchen. Eine solche Maßnahme würde zwar für viele hübsche Blätter sorgen, Blüten aber würden nicht entstehen.
• Hochwüchsige Pflanzen, zum Beispiel Rittersporn oder Steppenkerzen, müssen Sie abstützen. Stellen Sie dabei um jede Pflanzengruppe in halber Höhe ein etwa kreisförmiges Gerüst aus Rohrstöcken oder Haselnußästen auf. Wenn einzelne Blumen noch deutlich höher wachsen, stützen Sie diese mit längeren Rohrstöcken. Ein zuletzt zwischen den Stäben ausgespanntes dünnes Gartenband beschert Ihnen schließlich eine nahezu unsichtbare Stützhilfe.
• Pflanzen mit schweren Blütenköpfen, zum Beispiel Pfingstrosen, Inkalilien oder Phlox, werden besser mit einem Geflecht aus Haselnußzweigen (o.ä.) gestützt.
• Sobald keine starken Fröste mehr zu erwarten sind, sollten Sie alle Samenkapseln und den abgestorbenen Wuchs entfernen.

Sommer

In dieser Jahreszeit können Sie Ihren Garten vor allem genießen. Im Sommer besteht die Arbeit nur aus den täglichen Routineaufgaben. Natürlich wollen Sie auch mit einem kleinen Garten gute Erträge erzielen. Also achten Sie darauf, regelmäßig zu wässern, Unkraut zu jäten, zu düngen etc.

Wässern und Düngen

• Ein ertragreicher Blumengarten verlangt nicht nur regelmäßiges, sondern auch reichliches Wässern und Düngen. Dabei sollten Sie am Morgen oder am Abend wässern; andernfalls geht durch die Verdunstung des Tages zuviel Feuchtigkeit verloren.
• Pflanzen, die anfällig für Mehltau sind, sollten Sie am Morgen wässern. Dazu gehören Rittersporn, Astern, Phlox und Rosen. Wässern Sie diese Pflanzen am Abend, ist das Laub in den Nachtstunden feucht, was die Gefahr eines Befalls erhöht.
• Ihren Garten dreimal wöchentlich gründlich zu wässern ist allemal sinnvoller als ihn täglich nur halbherzig mit Wasser zu versorgen. So würde lediglich die Entwicklung der feinen Wurzeln nahe an der Oberfläche gefördert. Nur bei gründlichem Wässern vermag die Feuchtigkeit tiefer einzudringen, und die Wurzeln können das Wasser dann tiefer im Boden aufnehmen. So sind Ihre Pflanzen auch bei Trockenheit gut versorgt.
• Geben Sie Ihren einjährigen Pflanzen regelmäßig eine Kopfdüngung. Ich habe immer einen Leinensack mit Dung in meiner Wassertonne. Das erbringt eine kräftige organische Düngung und stellt meine Blumen vollauf zufrieden.

Unkraut jäten

• Jäten Sie regelmäßig das Unkraut. Wenn Ihr Schnittblumengarten im Frühsommer im vollen Wuchs steht, kann es in ein oder zwei Wochen leicht überhand nehmen.

• Gegen mehrjährige Unkräuter wie Quecken, Winden oder Geißfuß sollten Sie gezielt mit einem geeigneten Unkrautvernichtungsmittel vorgehen. Setzen Sie es an einem trockenen, windstillen Tag ein. Dabei müssen Sie die in der Nähe der Unkräuter stehenden Pflanzen unbedingt abdecken. Wässern Sie anschließend erst nach etwa sechs Stunden, wenn die Chemikalie in den Pflanzenkörper eingewirkt hat.

• Sollten sich die mehrjährigen Unkräuter in Ihrem Garten stark ausgebreitet haben, graben Sie am besten alle Pflanzen aus. Anschließend reinigen Sie die Wurzeln mit Wasser und spritzen die gesamte Fläche mit einem Spray aus.

• Einjährige Unkräuter wie Vogelmieren, Ehrenpreis, Weißer Gänsefuß oder Melden müssen zum frühestmöglichen Zeitpunkt entfernt werden. Denn diese Pflanzen blühen und verteilen ihre Samen schneller als man denkt.

Abstützen

• Geben Sie allen hochwachsenden ein- und zweijährigen, ebenso allen krautigen Pflanzen jetzt eine Stützhilfe, sofern dies nicht schon im Frühjahr geschehen ist. Sonnenblumen, *Tithonia*, Eselsdisteln, Dill und Muschelblumen müssen mit Rohrstöcken bzw. einem Flechtwerk abgestützt werden.

Pflücken und welke Blüten entfernen

• Ihre Blumen blühen länger, wenn Sie sie regelmäßig pflücken und die welken Blüten bzw. die Fruchtstände beseitigen. Entfernen Sie bei Rittersporn und anderen Stauden jeweils den Leittrieb, dann dürften sich schnell neue Blütenknospen bilden.

Abrisse nehmen

• Der späte Sommer ist die beste Zeit, um Abrisse zu nehmen. Dann lassen sich Ihrer Lieblingsblumen gut vermehren.

• Ziehen Sie sich für Ihre Abrisse eine kräftige, gesunde Pflanze heran. Geben Sie ihr viele Nährstoffe und reichlich Wasser, damit sie ausreichend neuen Wuchs hervorbringt.

• Entfernen Sie den Trieb an seiner Basis von der Elternpflanze – Sie können ihn dabei abschneiden oder abreißen.

• Nehmen Sie mehr Abrisse, als Sie benötigen, und verstauen Sie diese sofort in einer Plastiktüte, die Sie verschlossen halten sollten, um so den Feuchtigkeitsverlust zu reduzieren. Aber topfen Sie Ihre Pflänzchen möglichst schnell ein, wobei Sie der Tüte niemals mehr als zwei Stück zugleich entnehmen sollten.

• Anschließend versehen Sie jeden Topf mit einem Etikett, auf dem der Name der Pflanze und das Datum einzutragen ist.

• Sie können durchaus mehrere Abrisse in einen Topf setzen; nur achten Sie darauf, daß sie sich nicht berühren.

• Es ist ratsam, über jeden Topf eine Plastiktüte zu stülpen. So reduzieren Sie den Feuchtigkeitsverlust. Aber die Pflanzen dürfen mit dem Plastik nicht in Berührung kommen. Das könnte einen Mehltaubefall nach sich ziehen.

• Überprüfen und wässern Sie Ihre Abrisse regelmäßig. Jeder Abriß, der Anzeichen von Welke, Mehltau etc. zeigt, ist zu entfernen, damit das gesunde Pflanzengut nicht in Mitleidenschaft gezogen wird.

Zweijährige Pflanzen aussäen und einpflanzen

• Zweijährige Pflanzen, wie Nachtviolen, Goldlack oder Islandmohn, lassen sich im Sommer direkt im Freien aussäen. Gehen Sie vor, wie auf den Seiten 34 und 35 beschrieben.

• Im Frühjahr ausgesäte Blumen (z.B. Bartnelken) pflanzen Sie in ein vorbereitetes Beet aus, am besten in einer Reihenanordnung.

Schwertlilien, Zwiebel- und Knollenpflanzen einsetzen

• Herbstblühende Zwiebel- und Knollenpflanzen lassen sich auch im Frühsommer noch auspflanzen.

• Setzen Sie jetzt Ihre im Frühjahr blühenden Zwiebelpflanzen (z.B. Narzissen, Hundszahn) in den Boden. So gönnen Sie ihnen zwei bis drei zusätzliche Monate in der Erde. Diese Maßnahme ist der Ausprägung des Wurzelsystems förderlich und führt zu einer ausgiebigeren Blüte (zur Pflanztechnik siehe S. 40 und 41).

• Die Bartiris bevorzugt eine Teilung im Sommer, was recht ungewöhnlich ist. Teilen Sie sie darum jetzt. Dann pflanzen Sie sie neu aus. Das Rhizom wird nach der Blüte ausgegraben (und die blattlose Mitte entsorgt). Kürzen Sie die Triebspitzen sowie die Wurzeln und setzen Sie die neuen Rhizome so in die Erde, daß sie nicht vollständig bedeckt sind (siehe auch S. 159).

Spätblühende einjährige Pflanzen ausbringen

• Wenn Goldlack, Islandmohn, Bartnelken und Wohlriechende Wicken verblüht sind, können Sie die Lücken mit späteren Blumen aus dem Frühbeetkasten auffüllen. Entfernen Sie die verblühten Pflanzen, düngen Sie den Boden und pflanzen Sie aus, wie auf den Seiten 34 und 35 beschrieben.

Abrisse nehmen

1 *Sie benötigen: Etiketten, große viereckige Plastiktöpfe, ein Bewurzelungshormon, eine Schale mit Wasser, eine Gartenschere, ein scharfes Messer, ein Pflanzholz, Plastiktüten, Rohrstöcke, Gummibänder, eine Gießkanne, einen Eimer mit Gartenerde (Lehmboden, Torf sowie Sand mit einem Langzeitdünger), einen mit Vermiculit und einen dritten mit 1 Anteil Vermiculit und 2 Anteilen Gartenerde. Diese Mischung füllen Sie in die Töpfe.*

2 *Reißen Sie nicht blühende 8-10 cm lange Seitentriebe von der Elternpflanze ab und legen Sie diese in eine Tüte. Dann entfernen Sie im unteren Teil der Abrisse alle Blätter oder Seitentriebe und pinzieren jeweils die Triebspitze. Anschließend bringen Sie direkt unter dem diesjährigen Holz einen Schrägschnitt an. Tauchen Sie das Ende des Stiels in Wasser, dann in das Hormon. Mit Ihrem Pflanzholz drücken Sie ein kleines Loch in den Boden und stecken den Abriß zu einem Drittel hinein; zuletzt den Boden gut festdrücken und wässern.*

3 *Stecken Sie Rohrstöcke jeweils in die Ecken des Topfes. Dann stülpen Sie eine Tüte darüber, die Sie mit einem Gummiband befestigen; so halten Sie die Feuchtigkeit im Zelt. Stellen Sie die Abrisse dann auf die Anzuchtbank oder auf ein warmes Fensterbrett, aber nicht in die pralle Sonne. Die Töpfe können auch in einen Sprühnebelkasten gesetzt werden.*

4 *Nach zwei bis vier Wochen sollten Sie einen Topf herausnehmen und prüfen, ob sich kräftige Wurzeln gebildet haben. Fällt Ihre Prüfung positiv aus, kommen die Pflänzchen jetzt einzeln in eine frische Mischung aus Vermiculit und Gartenerde. Drücken Sie mit den Fingern ein kleines Loch in die Mischung und setzen Sie die Pflanze anschließend hinein. Dann drücken Sie den Boden gut fest und wässern ihn. So vermeiden Sie Lufteinschlüsse.*

5 *Ohne Plastiktüten stellen Sie Ihre Pflanzen nun wieder für zwei bis drei Wochen auf die Anzuchtbank oder das Fensterbrett. Danach können Sie sie an einen kühlen Platz setzen, bis sie im Frühjahr dann ausgepflanzt werden.*

Herbst

Im Schnittblumengarten geht es im Herbst wie im Frühjahr geschäftig zu. Nun müssen u.a. noch viele Zwiebelpflanzen ausgebracht werden, und es ist an der Zeit, den Garten auf den Winter vorzubereiten; darüber hinaus fallen noch viele kleinere Arbeiten an, die aber nicht soviel Zeit beanspruchen. Vielleicht wollen Sie eine empfindliche Säckelblume (*Ceanothus*) mit einer Schutzfolie versehen, ein paar Blumenzwiebeln setzen etc.

Die Bepflanzung im Herbst

Für viele Pflanzen ist die Blütezeit im Herbst vorbei; sie befinden sich aber noch nicht in ihrer Ruhephase. Das bedeutet, daß neu gepflanzte Stauden, Sträucher und Bäume auch jetzt noch neue Wurzeln bilden können. Die Anpflanzung im Herbst eignet sich vor allem für absolut winterharte Pflanzen.

• Pflanzen Sie deutlich bevor die ersten Fröste angesagt sind. Denn diese können die kleinen, empfindlichen Wurzeln, die so wichtig für die Wasseraufnahme sind, beschädigen.

• Vor dem Anpflanzen sollten sich die Wurzelballen gut vollsaugen können. Am besten stellen Sie die Töpfe dazu in eine mit Wasser gefüllte Schubkarre. Die Erde ist ausreichend naß, sobald keine Luftblasen mehr aufsteigen. Doch auch wenn Ihre Pflanzen im Boden sind, sollten Sie sie gut wässern.

• Graben Sie grundsätzlich möglichst große Löcher. Nur so schaffen Sie den Wurzeln genügend Platz. Mischen Sie am Boden des jeweiligen Pflanzlochs einen organischen Dünger unter und streuen Sie davon auch etwas über die neu aufgefüllte Erde.

• Bei einer großen Pflanze sollten Sie den Boden mit Ihrem Stiefel gut festtreten, um so Lufteinschlüsse zu vermeiden. Bei den kleineren Pflanzen nehmen Sie dafür besser Ihre Hände.

• Setzen Sie Ihre zweijährigen Pflanzen, die Sie im Sommer ausgesät haben, im Frühherbst an ihren endgültigen Standort. So können sie sich rechtzeitig etablieren und bringen noch etwas Wuchs hervor, bevor die kalte Jahreszeit anbricht. Dabei sollten Sie sie einzeln aus dem Boden heben. Achten Sie auch darauf, daß möglichst viel Erde an ihren Wurzelballen haften bleibt. Das ist vor allem für die kleinen, sehr empfindlichen Fasern ein sicherer Schutz. Wässern Sie nach der Anpflanzung und halten Sie den Boden auch anschließend gut feucht.

Zwiebelpflanzen pflegen und anpflanzen

Die Zwiebelpflanzen, zum Beispiel Schwertlilien, Schneeglöckchen, Narzissen, Tulpen oder Hyazinthen, sind im späten Winter und im Frühjahr das Herz des Schnittblumengartens. Manche graben ihre Blumenzwiebeln jedes Jahr aus und lassen sie außerhalb der Erde reifen, andere werfen sie nach der Blüte weg. In meinem Blumengarten bleiben die Zwiebeln im Boden. Alle paar Jahre ergänze ich meinen Bestand, indem ich beiderseits der ursprünglichen Reihe neue Zwiebeln setze.

• Beim Auswählen und Anpflanzen Ihrer Zwiebelpflanzen sollten Sie jeweils die genaue Blütezeit beachten. So können Sie sich vom späten Winter an über mehrere Monate hindurch an einer fortwährenden Blütenpracht erfreuen.

• Vor dem Anpflanzen müssen Sie den Boden gut vorbereiten. Blumenzwiebeln bevorzugen meist humusreiche und durchlässige Böden. Geben Sie je nach Beschaffenheit Ihres Bodens noch organisches Material und Kies bei (oder groben Sand).

• Bevor Sie Ihre Zwiebeln setzen, sollten Sie jeweils am Anfang und Ende einer geplanten Blumenreihe lackierte Markierungspfähle in den Boden schlagen. Lassen Sie diese bis zum nächsten Jahr stehen, damit Sie genau wissen, wo sich die Zwiebeln befinden.

• Am besten setzen Sie Ihre Zwiebeln sofort nach Erhalt. Je früher sie in die Erde kommen, desto besser (eine Ausnahme bilden die Tulpen, siehe unten). Aber sollten Sie im Augenblick keine Zeit haben, lassen Sie das Pflanzgut nicht in der Verpackung – es könnte von Mehltau befallen werden. Bewahren Sie Ihre Zwiebeln an einem kühlen, dunklen Ort auf.

• Achten Sie bei den Knollen der Alpenveilchen auf alte Wurzelstücke, damit Sie wissen, in welcher Richtung sie in den Boden gesteckt werden müssen.

• Wenn möglich, sollten Sie Ihre Anemonen in großen Gruppen pflanzen. So kommen sie besonders eindrucksvoll zur Geltung. Ziehen Sie sich dazu eine breite Furche und setzen Sie drei oder vier Knollen dicht nebeneinander.

• Ihre Tulpen sollten Sie erst in den Boden geben, wenn das kalte Wetter Einzug gehalten hat. Setzen Sie sie mit dem spitzen Ende nach oben ein.

• Sie dürfen den Boden nach dem Anpflanzen der Zwiebeln nicht festtreten, um zu vermeiden, daß die Wachstumsspitze abbricht oder beschädigt wird; drücken Sie den Boden statt dessen vorsichtig mit der flachen Hand fest.

• Um Blumenzwiebeln auf einem Rasen heimisch zu machen, entfernen Sie ein Stück der Grasnarbe; dann stechen Sie mit einem Zwiebelpflanzer einen Erdpfropfen von 5-8 cm aus. Anschließend geben Sie Ihre Zwiebel in das Loch und setzen den Pfropfen und das Stück Rasen wieder ein.

Blumenzwiebeln vortreiben

Viele Frühlingszwiebeln, die purpurne Zwergschwertlilie, die Gelbe Vorfrühlingsiris, die stark duftende Narzisse 'Paper White' und noch viele andere, lassen sich vortreiben und blühen früher. Setzen Sie diese Zwiebeln nach und nach, beginnend im frühen Herbst; dann haben Sie während des Winters und bis in das Frühjahr hinein immer frische Blumen. Mir ist es stets eine große Freunde und Genugtuung, wenn ich im tiefsten Winter von den vielen Töpfen und Vasen mit blühenden Zwiebelpflanzen umgeben bin.

- Setzen Sie die Blumenzwiebeln in Kunststofftöpfe, die in Ton- oder Keramikgefäße hineinpassen. Wenn die Pflanzen in einem Topf absterben, können Sie diesen durch einen neuen ersetzen.
- Nach dem Eintopfen sollten Sie die Zwiebeln in feuchter Erde an einem kalten dunklen Ort aufbewahren. Gewöhnlich werden sie an einer sonnenfreien Mauer eingegraben; aber auch ein kalter Lagerraum oder ein abgedunkelter Frühbeetkasten leisten gute Dienste. So können sich die Wurzeln kräftig ausbilden, noch bevor die Blätter und Blüten hervortreten.
- Topfen Sie Ihre Blumenzwiebeln nach und nach ein, um so die Blütezeit zu verlängern. Sie können sie sich natürlich auch von Ihrem Händler zu unterschiedlichen Zeiten liefern lassen.

Stauden ausgraben und teilen

- Stauden lassen sich im Herbst und im Frühjahr gut teilen, wobei Sie die winterhärteren Stauden sofort wieder einpflanzen können. Bei den etwas empfindlicheren Pflanzen sollte man aber sicher gehen, sie darum eintopfen und bis zum Frühjahr in einem Frühbeetkasten stehen lassen (Hinweise zur Teilung siehe *Sommer*, S. 37).
- Nehmen Sie Ihre empfindlichen Stauden, zum Beispiel Salbei (*Salvia*) oder Bartfaden (*Penstemon*), aus der Erde und lassen Sie diese Stauden in einem frostfreien Frühbeetkasten oder Gewächshaus überwintern.

Blumenzwiebeln anpflanzen

1 *Sie benötigen: Blumenzwiebeln, hölzerne Markierungspfähle an den Enden der vorgesehenen Reihen, Gartenschnur, eine Hacke, groben Sand, organischen Langzeitdünger, eine Gießkanne und einen Zwiebelpflanzer.*

2 *Schaffen Sie sich mit der Hacke entlang Ihrer ausgespannten Gartenschnur eine Furche in der Breite der Zwiebelgröße und dreifacher Tiefe. Dann füllen Sie die Furche mit einer Schicht grobem Sand auf (eine Zwiebelgröße dick). Darauf verteilen Sie den organischen Langzeitdünger.*

3 *Anschließend setzen Sie Ihre Blumenzwiebeln – und zwar etwas dichter als empfohlen, damit Sie eine gute Blütendichte erzielen. Zuletzt füllen Sie die Erde wieder auf und drücken sie mit der flachen Hand vorsichtig fest. Wenn der Boden trocken ist, sollten Sie gut wässern.*

• Es ist möglich, daß der Boden im Herbst zu trocken ist; je mehr Erde beim Ausgraben an den Wurzeln bleibt, desto weniger werden Sie die kleinen, empfindlichen Wurzeln beschädigen. Darum sollten Sie den Boden zunächst gründlich wässern.

Samen sowie Sämlinge sammeln und ausbringen

• Vom Sommer an werden die Samen gesammelt, die meisten jedoch erst im Herbst. Die Arbeit lohnt sich, um die teuren einjährigen Pflanzen nicht jedes Jahr neu kaufen zu müssen.

• Pflücken Sie die ganzen Samenstände, und zwar wenn sie braun und trocken werden. Diese bewahren Sie anschließend in beschrifteten Papiertütchen auf. Im Winter sind sie dann vollständig getrocknet, so daß Sie die brauchbaren Körner nun separieren und den Rest entsorgen können. Das so gewonnene Saatgut geben Sie wieder in die Tüten. Notieren Sie, was Sie in welcher Menge so lagern. Halten Sie Ihr Saatgut anschließend kühl und trocken, bis Sie es in Aussaatschalen oder im Freien ausbringen möchten (siehe S. 33 und 35).

• Graben Sie alle selbstausgesäten winterharten Sämlinge aus. Dann pflanzen Sie sie in Gruppen oder Reihen. Sämlinge von selbstausgesäten Stauden, zum Beispiel Frauenmantel (*Alchemilla*) und Lupinen, werden auf gleiche Weise umgepflanzt. Sie können sie aber auch dort wachsen lassen, wo sie stehen.

• Etwas vom Samen Ihrer winterharten einjährigen Pflanzen sollte schon jetzt in die Erde kommen; das gilt besonders für Kornblumen und Schwarzkümmel (*Nigella*). Nicht alle werden dann keimen, aber diese Arbeit dürfte sich allemal lohnen.

Absenker von Sträuchern

• Sträucher mit niedrigen Trieben lassen sich auch durch Absenker vermehren. Binden Sie dazu einfach einen niedrigen, kräftigen Ast herunter, so daß er den Boden berühren kann. Dann graben Sie ca. 25 cm von der Triebspitze entfernt eine kleine 5 cm lange Furche. Anschließend entfernen Sie die Blätter und Seitentriebe (außer an der Triebspitze) und befestigen den Ast mit einer Drahtkrampe in der Furche. Bedecken Sie ihn mit Erde, damit sich Wurzeln bilden können. Im folgenden Frühjahr trennen Sie den Ast von der Elternpflanze. Nach einem Monat können Sie ihn ausgraben und an anderer Stelle neu einpflanzen.

Abrisse nehmen

• Wenn Sie Ihre empfindlichen Stauden zum Überwintern ausgraben, lassen sich auch Abrisse nehmen. (siehe S. 38 und 39). Gegen Ende des kommenden Frühjahrs können Sie diese dann auspflanzen.

• Abrisse von mehrjährigen Nelken erhalten Sie, indem Sie geeignete Seitentriebe vorsichtig so abreißen, daß ihnen jeweils am Ende eine kleine »Zunge« des Haupttriebs bleibt. Tauchen Sie diese Abrisse anschließend in ein Bewurzelungshormon. Danach kommen sie in eine stark sandige Bodenmischung. Bewahren Sie sie während des Winters in einem hellen, frostgeschützten Frühbeetkasten auf und topfen Sie sie im Frühjahr ein, bevor Sie sie auspflanzen.

Den Garten für den Winter vorbereiten

Jetzt gilt es auch, welkes Laub zu entfernen, die Pflanzen zurückzuschneiden, zu mulchen, frostempfindliche Pflanzen mit einem Schutz zu versehen oder sie ins Haus zu bringen.

• Manche Pflanzen, die sich braun verfärben und zurücksterben, sollten Sie bis zum Boden zurückschneiden, so daß sie sich im folgenden Frühjahr entwickeln können, ohne vom alten Laub belastet zu sein.

• Einige Pflanzen schmücken auch den winterlichen Garten. Dazu gehören u.a. Disteln, Akanthus und Lauch.

• Um Windschäden vorzubeugen, sollten Sie Ihre Buschrosen zurückschneiden; folgen Sie dabei den Hinweisen auf Seite 36.

• Eingeschränkt winterharte Sträucher, Stauden, Zwiebel- und Knollenpflanzen sollten vor stärkeren Frösten mit einem Teppich aus Blättern, Stroh (o.ä.) geschützt werden. Das bietet sich besonders für die Pflanzen aus mediterranen und kalifornischen Klimaten an. Am sichersten schützt man diese Pflanzen mit Hilfe von Netzen oder Vliesen.

• Ihre empfindlichen Knollenpflanzen, zum Beispiel *Cosmos atrosanguineus*, Dahlien oder *Agapanthus*, sollten Sie nun aus dem Boden nehmen. Lagern Sie diese Pflanzen kühl und trocken; sie dürfen sich aber nicht berühren! Graben Sie auch den empfindlichen mehrjährigen Bartfaden und Salbei aus. Diese Pflanzen werden zurückgeschnitten. Zur Überwinterung empfiehlt sich ein heller, kühler und frostfreier Ort.

• Verteilen Sie im ganzen Garten Stallmist oder Kompost und graben Sie ihn sorgfältig unter. Bei schweren Böden sollten Sie die größeren Erdklumpen einfach liegen lassen. Sie aufzubrechen ist körperliche Schwerstarbeit, die Ihnen das Winterwetter später schon abnehmen wird. Zur Auflockerung Ihres Bodens können Sie feinen Kies oder groben Sand einarbeiten. Laufen Sie aber nicht über den umgegrabenen Boden; so würden Sie alle Maßnahmen zur Bodenverbesserung zunichte machen.

Winter

Im Winter gibt es im Garten und Gewächshaus weniger zu tun. Nun können Sie Ihre Auswahl aus den Samenkatalogen treffen. Geben Sie Ihre Bestellung rechtzeitig auf; sonst kann es passieren, daß die gewünschten Pflanzen schon ausverkauft sind. Lassen Sie sich durch das überreiche Angebot an schönen Pflanzen aber nicht dazu verleiten, zuviel zu bestellen. Denken Sie stets an den erforderlichen Zeitaufwand und an den Platz, der Ihnen zur Verfügung steht.

Steckholzvermehrung

• Viele Bäume und Sträucher lassen sich durch Steckhölzer vermehren. Beginnen Sie mit Efeu und Weiden; beide werden Sie nicht enttäuschen und an nahezu jedem Steckholz Wurzeln bilden. Dann können Sie sich am Hartriegel und an Kamelien versuchen, bei denen Sie gewöhnlich eine geringere Erfolgsquote haben werden. Nehmen Sie dazu einen verholzten Trieb, der im Falle der Weide bis zu 1,2-1,5 m lang sein kann, und setzen Sie ihn in ein Beet, dessen Boden Sie mit Sand aufgelockert haben. Haben Sie es mit Efeu zu tun, schneiden Sie einen Trieb in kleine Stücke mit jeweils drei oder vier Blättern. Diese Steckhölzer setzen Sie in eine gute, sandige Bodenmischung; stellen Sie Ihre Töpfe über Winter in einen Frühbeetkasten. Sollten sich im Frühjahr noch keine Wurzeln gebildet haben, helfen Sie mit einem beheizten Anzuchtkasten nach. So regen Sie das Wachstum an – eine Maßnahme, die auch bei allen schwieriger zu vermehrenden Pflanzen förderlich ist.

Wurzelschnittlinge nehmen

• Im Winter, wenn sich die Pflanzen gewöhnlich in ihrer Ruhephase befinden, können Sie Wurzelschnittlinge nehmen; so haben Elternpflanze und Nachkömmlinge ausreichend Zeit, sich bis zur nächsten Wachstumsperiode zu erholen. U.a. Herbstanemonen (*Anemone* × *hybrida*), Japananemonen (*A. hupehensis*), Kuhschellen, die meisten Arten der Edeldistel, Akanthus sowie Türkenmohn reagieren auf diese Methode der Vermehrung besonders gut. Markieren Sie im Herbst den Standort der Elternpflanze, da Sie diesen nach dem Laubfall nicht mehr sicher ausmachen können. Nun graben Sie sie vorsichtig aus und schneiden einige Wurzeln mit einem scharfen Messer in etwa 6 cm lange Teilstücke. Das eine Ende dieser Stücke sollte jeweils einen schrägen Schnitt aufweisen, um oben und unten unterscheiden zu können.

• Die Schnittflächen der Schnittlinge dürfen nicht austrocknen. Ihre Töpfe mit Substrat sollten Sie deshalb schon vorbereitet haben. Binden Sie jeweils einige Schnittlinge zusammen und stecken Sie sie in das Substrat, wobei jedes Wurzelstück in die richtige Richtung weisen muß. Dann bedecken Sie die Schnittlinge mit einer weiteren 2,5 cm dicken Substratschicht und stellen die Töpfe in einen Frühbeetkasten oder an einen anderen hellen, frostfreien Ort.

• Im Frühjahr werden sich die jungen Triebe gebildet haben. Vergewissern Sie sich, ob die Wurzeln gesund und kräftig sind. Dann topfen Sie die Schnittlinge ein. Dort bleiben sie bis zum Herbst und werden schließlich in den Garten ausgebracht.

Aussaat

• Jetzt können Sie langsam keimende Samen aussäen. Wenn beispielsweise die prächtige dunkelpurpurne *Lisianthus* noch in der folgenden Wachstumsphase gut zur Blüte kommen soll, müssen Sie in der Mitte des Winters gutes, frisches Saatgut ausbringen.

• Sollten Sie es versäumt haben, im späten Sommer oder Herbst Bartnelken oder Stockrosen auszusäen, können Sie das jetzt noch nachholen. Die Pflanzen dürften durchaus noch in diesem Jahr blühen; freilich werden sie weniger kräftig sein.

• Auch die Wohlriechende Wicke können Sie jetzt noch aussäen. Lassen Sie sie im Frühbeetkasten überwintern. Dann ist sie im Frühjahr bereit zum Auspflanzen. Pinzieren Sie die Triebspitzen; so erhalten Sie kräftige, buschige Pflanzen.

Rückschnitt

• Jetzt werden die sommergrünen Sträucher, Kletterpflanzen oder Buschrosen zurückgeschnitten, weil das Astgerüst in dieser Jahreszeit gut zugänglich ist. Die meisten der großen Sträucher profitieren von einem Rückschnitt im Winter, ebenso die großen, wuchernden Kletterpflanzen.

• Entfernen Sie als erstes das abgestorbene, kranke und beschädigte Holz im Basisbereich, dann die schwachen oder verdrehten Triebe, dann auch alle Ausläufer, da diese die Wuchskraft der Hauptpflanze schwächen.

• Betrachten Sie die Pflanze immer auch als Ganzes. Im allgemeinen muß eine ausgewogene, gleichmäßige Form Ihr Ziel sein. Aber den eleganten Wuchs beispielsweise der Alten Rosen sollten Sie erhalten. Kürzen Sie die Triebe solcher Sträucher nicht mehr als ein Drittel ein. Manche der kräftigen Sträucher vertragen allerdings auch einen harten Rückschnitt.

Blumenarrangements

Die hohe Schule des Arrangierens von Blumen ist für jedermann erlernbar. Sie benötigen dazu kein spezielles Werkzeug und müssen auch keine komplizierten Techniken anwenden. Allein die Liebe zu Farben sollte Ihnen gegeben sein und der Sinn für Effekte. Folgen Sie den Ratschlägen dieses Buches und eignen Sie sich ein wenig Grundwissen an, dann wird der Erfolg Ihnen nicht versagt sein.

Mit Blumenarrangements können Sie die natürliche Leichtigkeit und Schönheit, die die Anordnung der Pflanzen in Ihrem Garten vermittelt, noch steigern. Denken Sie daran, daß Blumenarrangements nicht nur in herkömmlichen Vasen stehen müssen. Es lassen sich romantisch anmutende Kugeln mit wogenden Blüten und belaubten Zweigen kreieren, auch Girlanden oder Kränze, die im Haus oder im Freien gleichermaßen zur Geltung kommen können.

Sie werden sicher gern normalgroße Blumensträuße zusammenstellen wollen; doch trauen Sie sich auch, Extravagantes zu schaffen. Eine übergroße Vase mit Weidenzweigen, Fingerhut oder Wiesenkerbel kann sehr beeindruckend wirken, ebenso die nur 10 cm hohe Alpenaurikel, die an die Mimik eines Possenreißers erinnert.

Farbharmonien aus Blau, Grün, Weiß und Gelb wirken friedlich und ausgleichend. Leuchtende Farbmischungen, zum Beispiel Orange, Purpur und nahezu Schwarz oder Karmesinrot, Gold sowie Königsblau, setzen einen aufregend kräftigen Akzent. Diesen Eindruck können Sie mit dem beruhigenden Lindgrün oder Silber etwas abschwächen. Damit noch nicht genug – sorgen Sie auch für Blickfänge, indem Sie farbenfrohe Gefäße einsetzen.

Bei Beschränkung der Blumenarten in einem Arrangement lassen sich phantastische Farbeffekte erzielen – hier mit Rot, Gelb, Karmesinrot, Purpur, Blau und Grün.

Blumen pflücken

Blumen aus dem eigenen Garten zu pflücken – darin besteht die eigentliche Faszination Ihres Schnittblumengartens. Sie können im Garten umhergehen und sind von köstlichen Düften, Formen und Farben umgeben, und all dies haben Sie selbst hervorgebracht und können sich diese Köstlichkeiten ins Haus holen.

Wenn Sie beim Pflücken einige Grundregeln beachten und auf Ihren gesunden Menschenverstand hören, wird alles, was Sie aus dem Garten zu sich ins Haus holen, gut gedeihen, und Sie werden daran gewiß Ihre Freude haben.

Blumen pflücken, wenn es kühl ist

Sie sollten Ihre Blumen immer am frühen Morgen oder am Abend pflücken. Ohnehin haben diese Tageszeiten ihren ganz besonderen Reiz – wenn der Frühtau noch nicht ganz gewichen ist bzw. die letzten Sonnenstrahlen die Farben des Gartens erglühen lassen. Tagsüber schwitzen die Pflanzen stärker, besonders in den Sommermonaten mit ihren hohen Temperaturen. Ihnen fehlt deshalb häufig Feuchtigkeit. Dann lassen sie die Köpfe hängen, sobald sie gepflückt sind. Pflanzen, die in der Nacht ihren Flüssigkeitshaushalt ausgleichen konnten, vertragen den Schock des Abschneidens gewöhnlich besser.

Die richtige Ausstattung

Gartenscheren von guter Qualität zahlen sich im Laufe der Jahre allemal aus. Diese Scheren müssen wirklich scharf sein; andernfalls würden sie den Stiel quetschen, das Ende verschließen und auch die Elternpflanze beschädigen.

Pflücken Sie Ihre Pflanzen nicht kahl

Umsicht beim Pflücken zahlt sich aus. Nur so werden Sie große Erträge haben, ohne daß der Garten aussieht, als ob Sie zuviel abgeschnitten hätten. Von Ihren Sträuchern und Stauden sollten Sie vorzugsweise die Blütenzweige der Rückseite pflücken, damit im Sichtfeld entlang der Wege keine Lücken entstehen. Achten Sie beim Pflücken auch darauf, das allgemeine Erscheinungsbild der Pflanze nicht zu beeinträchtigen. Bei kleineren Pflanzen sollten Sie immer nur ein oder zwei Stück nehmen – nicht alle Blumen von einer und keine von den anderen.

Blumen mit leicht geöffneten Blüten pflücken

Blumen sollten gewöhnlich gepflückt werden, wenn die Knospe sich zu öffnen beginnt, die Blütenblätter aber noch nicht voll entfaltet sind. Entscheiden Sie sich für die Blume, die die meisten Blüten in diesem Stadium aufweist. Häufig sind dann ein oder zwei Blüten dabei, die ihre beste Zeit schon hinter sich haben. Diese lassen sich bei der Konditionierung gut aussortieren.

Anders verhält es sich mit Dahlien, Zinnien und Rosen, bei denen sich die Blüten aus einer Knospe nicht mehr voll entfalten. Diese Blumen müssen gepflückt werden, wenn die Blüten schon ganz geöffnet sind (siehe dazu die Informationen zu den einzelnen Pflanzen, Seiten 96-163).

Schneiden Sie die Stiele lang ab

Es gilt die Faustregel: Je langstieliger Ihre Blumen, desto einfacher das Arrangieren. Sie sollten Ihre Blumen dicht über dem Boden abschneiden (oder auf einen Haupttrieb zurückschneiden). So nutzen Sie bestmöglich die natürliche Höhe der Pflanze. Um ein wenig die plastische Dimension zu betonen, können Sie neben den geraden Stielen auch einige verdrehte oder gebogene einsetzen.

Lassen Sie den Zwiebelpflanzen etwas Laub

Die Blumen der Zwiebelpflanzen werden nicht so lang wie möglich geschnitten. Sie benötigen einige Blätter für die Photosynthese. So erzeugen sie Nährstoffe, die sie für die Ruheperiode in der Zwiebel ablagern. Lassen Sie darum etwa ein Drittel des Laubs stehen.

Lassen Sie Schnittblumen nicht ohne Wasser

Nachdem Sie Ihre Blumen gepflückt haben, sollten diese keinen Moment länger als erforderlich ohne Wasser bleiben. Besonders wichtig ist das in den Wochen der Sommerhitze. Manche Pflanzen, zum Beispiel Pfingstrosen, werden ihre Köpfe hängen lassen und sich nicht mehr vollständig erholen, wenn sie ohne Wasser waren. Andere zeigen zwar keine sichtbaren Schäden, ihr Leben in der Vase wird aber deutlich verkürzt. Beim Pflücken der Blumen sollten Sie deshalb immer einen Eimer Wasser in Ihrer Nähe haben.

Trennen Sie nach Größe

Wenn Sie gleichzeitig lang- und kurzstielige Blumen pflücken, sollten Sie zwei Eimer zur Hand haben. Es besteht nämlich die Gefahr, daß die großen Blumen die niedrigeren, empfindlicheren erdrücken. Blüten dürfen nicht im Wasser stehen und deren Blätter auch nicht geknickt werden. Dann sind Ihre Blumen für das Arrangement nur noch halb so viel wert.

Entfernen Sie die unteren Blätter
Die unteren Blätter und Seitentriebe der Blumen sollten Sie sofort entfernen. So verringern Sie die Fläche, durch die Feuchtigkeit verdunsten kann, zum frühestmöglichen Zeitpunkt und vermindern den Schock für die frisch geschnittenen Pflanzen.

Denken Sie beim Pflücken an die Arrangements
Stellen Sie die Blumen schon beim Pflücken locker zusammen und achten Sie dabei auf ein ausgewogenes Verhältnis zwischen Blüten und Laub, Farben sowie Beschaffenheit des Arrangements. Besonders wenn Sie gleich mehrere Sträuße zusammenstellen wollen, können Sie sich so viel Zeit sparen.

Pflücken Sie nicht nur das Augenfällige
Beim Pflücken ist Ihre Phantasie gefordert. Natürlich gibt es immer einige Blumen und Blattpflanzen, die offenkundig hübsch zu arrangieren sind. Suchen Sie aber auch nach dem »Verborgenen«. Achten Sie darum in diesem Zusammenhang auf Ihre Hecken, auch auf die gestrüppreichen, wilden Teile Ihres Gartens, die Sie sonst fast nie betreten, und halten Sie dabei auch Ausschau nach interessanten Knospen, Samenkapseln, gewundenen oder ungewöhnlich gefärbten Trieben, Beeren, Hagebutten etc. Nur weil etwas nicht in diesem Buch erwähnt wird, heißt das nicht, daß es nicht gut aussehen kann. Experimentieren Sie mit Ihren Pflanzen.

Die Ausstattung
Ein hoher Eimer, zu einem Drittel voll Wasser, für lange Stiele
Ein niedriger Eimer, zu einem Drittel voll Wasser, für kurze Stiele
Ein leerer Eimer für die entfernten Blätter und Seitentriebe
Ein Korb, um die Blumen von der Mitte des Beetes zu den Eimern zu tragen
Dornenfeste Handschuhe für die Rosen und Brombeeren
Gummihandschuhe für die Wolfsmilch und Rauten
Eine Rosen- und eine Gartenschere sowie ein Klappmesser

Die Stiele »putzen«
Entfernen Sie vom unteren Drittel der Stiele alle Blätter, Seitentriebe und Dornen. Der Abfall kommt in den leeren Eimer (und später auf den Komposthaufen). Trennen Sie nach Größe, d.h. sortieren Sie nach lang- und nach kurzstieligen Blumen, und bewahren Sie sie in getrennten Eimern auf. So können die größeren, kräftigeren nicht die kleineren, empfindlicheren zerdrücken.

Die Rosen pflücken
Entfernen Sie mit Ihrem Klappmesser vom untersten Drittel der Rosen alle Dornen, damit Sie sich bei der Konditionierung und beim Arrangieren nicht verletzen. Dann schneiden Sie das untere Ende des Stiels in einem spitzen Winkel ab und nehmen einen 2,5 cm langen Einschnitt vor. So beugen Sie der Gefahr vor, daß das frisch abgeschnittene Ende sich verschließt. Die nun größere Schnittfläche am Stengel dient der besseren Wasseraufnahme.

Konditionierung

Bringen Sie Ihre Blumen nach dem Pflücken an einen kühlen Platz ohne direkte Sonneneinstrahlung, wo Sie für die Konditionierung ein Waschbecken und eine plane Arbeitsfäche benötigen. Nach der Konditionierung sollten die frisch geschnittenen Blumen über Nacht bzw. tagsüber tief im Wasser bleiben, damit sie sich gut vollsaugen können. Grundsätzlich gilt: Lauwarmes Wasser wird besser aufgenommen als eiskaltes; es ist überdies sinnvoll, einen speziellen Dünger für Schnittblumen beizugeben. Ohne diese Pflegemaßnahmen würde das Leben Ihrer Schnittblumen in der Vase beträchtlich verkürzt.

Entfernen Sie alle Blätter im Wasser

Füllen Sie die Vase immer bis dicht unter dem Rand mit Wasser; unterhalb der Wasserlinie dürfen keine Blätter mehr sein. Denn im Wasser zerfallen die Blätter schnell und setzen Bakterien frei. Dann beginnt es übel zu riechen, die Stiele verstopfen und die Lebensdauer der Blumen wird deutlich verkürzt. Zu viele Blätter stellen im übrigen auch zu hohe Anforderungen an die Stiele; deshalb sollten nur die für ein hübsches Aussehen notwendigen Blätter verbleiben. Aber übertreiben Sie dabei auch nicht, indem Sie ein Ensemble aus kahlen, kopflastigen Schönheiten schaffen. Eine Ausnahme in diesem Zusammenhang bilden Flieder und Muschelblumen, bei denen grundsätzlich alle Blätter entfernt werden sollten.

Alle Stiele müssen nachgeschnitten werden

Bevor Sie die Blumen ins Wasser legen, sollten Sie die Stiele mit einer scharfen Gartenschere oder mit einem Messer nachschneiden. Bei dieser Arbeit müssen die Stiele unter Wasser gehalten werden, damit sich in den feinen Kapillaren keine Luftblasen bilden können. Achten Sie beim Nachschneiden vor allem auch auf den Winkel: Bei weichen Stielen reicht ein flacher Winkel – gerade so, daß die Schnittfläche nicht glatt auf dem Boden der Vase aufliegt. Verholzte Stiele schneiden Sie im Winkel von 45° an. So wird mehr von der markigen Mitte des Stengels freigelegt.

Milchsaftführende Stiele abbrühen

Es mag sein, daß eine Ihrer Lieblingsblumen schnell den Kopf hängen läßt. Dann lohnt es den Versuch, die Enden der Stiele in heißem Wasser abzubrühen. Besonders wichtig ist diese Behandlung bei milchsaftführenden Pflanzen, die weiche Stiele

Milchsaftführende Stiele abbrühen
Die Lebensdauer von Blumen mit milchsaftführenden Stielen läßt sich verlängern, wenn sie abgebrüht werden. Tauchen Sie die Stiele einige Sekunden in heißes Wasser (halten Sie die Blüten vom heißen Dampf weg!); anschließend sollten Sie sie in lauwarmes Wasser stellen.

haben (z.B. Wolfsmilch, Akanthus, Beifuß, Mohn). Bei der Wolfsmilch wird so auch das Austreten des stark reizauslösenden weißen Milchsafts am Stielende verhindert (siehe S. 96). Achten Sie dabei darauf, daß die Blüten nicht dem heißen Dampf ausgesetzt sind. Sie können sie schräg vom Dampf weghalten oder in Papier einwickeln. Bei diesem Abbrühen werden die Stiele für einige Sekunden bis 5 cm tief in heißes Wasser getaucht. Anschließend stellen Sie die Pflanzen in lauwarmes Wasser.

Auch Blumen mit festen, aber nicht verholzten Stielen (z.B. Rosen) durften auf diese Behandlung anzusprechen.

Verholzte Stiele aufbrechen

Bei den verholzten Zweigen Ihrer Bäume und Sträucher (z.B. Flieder, Schneeball, Perückenstrauch) sollten Sie die untersten 2,5-5 Zentimeter des Stieles mit einem Hammer aufbrechen. So vermeiden Sie, daß sich das Schnittende verschließt, und Sie vergrößern dadurch die wasseraufnehmende Fläche. Nach dieser Behandlung sollten Sie Ihre Zweige sofort in eine hohe Vase mit lauwarmem Wasser stellen.

Lange, dünne Schnittblumen bündeln

Blumen mit schweren Blütenköpfen und langen, dünnen Stielen (z.B. Tulpen oder Dill) und Gewächshauspflanzen (wie die

Verholzte Stiele aufbrechen
Um die Wasserzufuhr zu verbessern und damit die Wasserleitungsbahnen nicht zu verstopfen, sollten Sie die unteren 2,5-5 cm des Stiels mit einem Hammer aufbrechen. Anschließend stellen Sie die Blumen in lauwarmes Wasser.

Lange, dünne Schnittblumen (z.B. Tulpen) bündeln
Wenn Sie wollen, daß die Stiele gerade bleiben, müssen Sie ihnen eine Hilfe geben. Binden Sie sie in ganzer Länge zusammen und wickeln Sie sie anschließend in festes Papier. Dann legen Sie Ihre Schnittblumen über Nacht ins Wasser.

Gerbera) neigen dazu, nach dem Pflücken leicht überzuhängen. Würden sich die Blumen in dieser Stellung mit Wasser vollsaugen, bliebe die gebogene Form erhalten. Das können Sie verhindern, indem Sie die Pflanzen vorher bündeln.

Hohle Stiele stützen

Es kommt vor, daß Pflanzen mit hohlen Stielen (z.B. *Amaryllis* oder Rittersporn) unter dem Gewicht der Blüten abbrechen. Das läßt sich verhindern, indem man einen dünnen Rohrstock so weit wie möglich vorsichtig in den Stiel einführt. Dann wird der Stiel mit Wasser gefüllt, anschließend das Ende mit Watte verschlossen und diese mit einem Gummiband befestigt.

Nachsorge

Wenn Sie das Pflücken und Konditionieren glücklich hinter sich gebracht haben, sollten Sie allen Ehrgeiz darein legen, Ihren Schnittblumen eine lange Lebensdauer in der Vase zu bescheren. Schon beim Konditionieren wollen die Schnittblumen einen kühlen Platz haben. Auch in der Vase halten sie sich länger, wenn sie nicht allzugroßer Hitze oder direktem Sonnenlicht ausgesetzt sind. Untersuchungen haben ergeben, daß Nelken bei einer Temperatur von 10 °C achtmal schneller altern als bei 1 °C.

Nährstoffe und Konservierungsmittel zugeben

Schnittblumen benötigen für ihren Stoffwechsel eine ausgewogene Zuckermischung, ferner ein Mittel, das den Säuregehalt des Wassers steigert, und einen antibakteriellen Wirkstoff. Heute tragen die kommerziellen Düngekissen dem Rechnung. Ansonsten können Sie dem Wasser wenige Tropfen eines Bleichmittels sowie einen Teelöffel Zucker beigeben und dann umrühren.

Geben Sie den Blumen frisches Wasser

Schnittblumen halten sich länger in frischem Wasser. Verschmutztes Wasser ist ein Eldorado für Bakterien. Daß das Wasser über viele Tage nicht gewechselt wurde, läßt sich am üblen Geruch leicht feststellen. Die Bakterien setzen sich am Ende der Stiele fest und verschließen die Kapillaren, durch die die Blumen mit Wasser versorgt werden. Dann beginnt die Pflanze zu welken. ferner sollten Sie jeden zweiten Tag den Wasserstand prüfen. Pflanzen gehen schnell ein, wenn sich in der Vase nur wenig Wasser befindet. Wechseln Sie bei heißem Wetter grundsätzlich jeden zweiten Tag das Wasser. Sie müssen bei dieser Tätigkeit Ihr Arrangement nicht zerstören. Stellen Sie die Vase einfach für ein paar Minuten unter laufendes Wasser und geben Sie dann wieder Blumendünger bei. Dabei können Sie auch gleich die abgestorbenen oder welkenden Blüten entfernen.

Eine Vase auswählen

Eine Vase in passender Form und Farbe für Ihre Blumen – und schon sind Sie auf dem besten Weg zu einem trefflichen Arrangement. Investieren Sie darum in eine Grundausstattung an Vasen und Gefäßen (siehe Folgeseite). Ich schlage Ihnen dazu folgendes Sortiment vor: eine einfache durchsichtige Glasvase, bauchig mit Hals, etwa 20-30 cm hoch (siehe S. 72); eine Vase ähnlicher Form oder einen Krug von etwa 45 cm Höhe für größere Arrangements (siehe S. 71); eine gerade oder leicht geformte Vase zwischen 20 und 30 cm Höhe (siehe S. 53); eine hohe, enge Vase für eine einzelne Rose oder für hohen Tabak (siehe S. 82); wenigstens eine oder zwei flache Keramik- oder Glasschalen für die Tischmitte (siehe S. 62); ein paar bunte Gläser für kleinere Sträuße oder einzelne Blumen, die neben dem Bett oder auf Ihrem Schreibtisch Platz finden; eine oder zwei 2,5-5 cm große Vasen für einen einzelnen Krokus oder eine Alpenaurikel (siehe S. 56-57, 79). Sobald Sie den Sinn für ausgefallene Arrangements entwickelt haben, werden Sie Ihre Vasenkollektion beständig erweitern wollen. Durchstöbern Sie dazu Flohmärkte, Gebrauchtwaren- und Antiquitätenläden, auch Glaswarengeschäfte etc.

Die Höhe der Vase

Damit das Arrangement harmonisch wirkt, sollte die Höhe der Vase zwischen einem Drittel und der Hälfte des längsten Stiels betragen. Bei einer größeren Vase wirken die Blumen, als müßten sie sich aus einer Bedrängnis befreien. Bei zu geringer Höhe der Vase meint man ferner, das Arrangement könne gleich umfallen.

Farbe und Design der Vase

Ich liebe leuchtende, kontrastierende Farben; meine Arrangements bestehen deshalb oft aus flotten rosa Blumen in türkisfarbenen oder apfelgrünen Keramik- und Glasgefäßen. Einen attraktiven Blickfang ergeben zum Beispiel ein paar karmesinrote Hyazinthen der Sorte 'Jan Bos', die ich in ein Gefäß in ebenso kräftiger, aber kontrastierender Farbe stelle. Dagegen erfordert ein raffiniertes Arrangement aus zierlicheren Blumen, zum Beispiel Schwarzkümmel mit Kornblumen, Rittersporn und Frauenmantel, eine weniger auffällige Vase.

Ebenso können große, pralle Pfingstrosen und Rosen in einer stilvollen Vase gut aussehen, während einfache Pflanzen im allgemeinen in einfarbigen, ruhigen Gefäßen besser wirken. Ganz wichtig: In einer Vase dürfen nicht zu viele Blumen stehen.

Für ein gutes Sortiment sorgen *(rechts) Wählen Sie für den Anfang glattes Glas oder ein Material in neutraler Farbe (z.B. Zinn). Solche Vasen bzw. Krüge lassen sich vielfältig einsetzen. Schon bald werden Sie freilich feststellen, welche Größen, Formen und Farben zu Ihren Lieblingsblumen bzw. den entsprechenden Arrangements am besten passen. Dann möchten Sie Ihr Sortiment vermutlich erweitern.*

Zu lange Stiele *Diese Schmuckkörbchen sehen aus, als könnten sie jeden Augenblick mitsamt der Vase umfallen.*

Zu kurze Stiele *Man meint, diese Blumen müßten sich den Hals verrenken, um über den Rand der Vase zu gelangen.*

Stiellänge in guter Proportion zur Blüte *Hier stimmen die Maße: Die Blumen haben die zwei- bis dreifache Höhe der Vase.*

DIA

Die Ausstattung

1 Steckvase zum Verlängern von Stielen
Zum Verlängern von Blumenstielen in großen Arrangements. Geben Sie jeden Stiel einzeln in eine Steckvase und befestigen Sie diese dann mit Klebeband. Anschließend füllen Sie die Steckvase mit Wasser und verankern sie in der Steckmasse.

2 23 x 11 x 8 cm großer Block aus Steckmasse
Ein Schaumstoff, um Blumen festzustecken. Er ist leicht zuzuschneiden, kann das Wasser gut halten und eignet sich besonders für flache Schalen.

3 Phiole
Nimmt Blumenstiele in Kränzen und Kugeln auf. Die meisten Pflanzen können mit dieser Menge Wasser ein bis zwei Tage auskommen.

4 Schwere Blumenigel in drei Größen: 2,5 cm, 5 cm, 8 cm
Für feste, normal große Blumen, zum Beispiel Rosen oder Wolfsmilch. Befestigen Sie den Blumenigel mit dem Klebeband am Boden der Vase, bevor Sie Wasser einfüllen.

5 Glasmurmeln
Um empfindliche Blumen festzuhalten, besonders in Glasvasen. Füllen Sie diese etwa zu einem Drittel mit Glasmurmeln auf.

6 Blumenhalter aus Glas
Nimmt feste Blumenstiele in großen, flachen Schalen auf. Befestigen Sie ihn mit Klebeband am Boden der Schale, bevor Sie Wasser einfüllen.

7 Wasserfestes Klebeband
Zum Befestigen von Nadelhaltern, Blumenigeln etc. in Schalen und Vasen.

8 Kerzenhalter (umgekehrt abgebildet)
Wird in ein Stück Steckmasse gesteckt und kann eine Kerze senkrecht festhalten.

9 Nadelhalter
Zum Aufstecken der Steckmasse. Befestigen Sie ihn mit Klebeband in der Schale oder Vase.

10 Gartenschnur
Z.B. zum Binden von Kränzen und Bündeln.

11 Dünner Blumendraht
Zum Festbinden und Einbinden von Blumen in Girlanden, Kränzen und Kugeln.

12 Gartenschere
Zum Schneiden von Blättern, Stielenden etc.

13 Plastikfolie
Als Arbeitsunterlage. Wenn Sie die Folie nach getaner Arbeit an den vier Enden greifen, läßt sich der angefallene Abfall problemlos in den Mülleimer schütten.

14 Maschendraht, 30 cm breit
Wird bei Girlanden und Kugeln um die Steckmasse gewickelt; kann in großen Arrangements auch die Blumen festhalten.

15 Gießkanne
Zum Füllen von Vasen, Phiolen etc.

16 Kugel aus Steckmasse (20 cm ø)
Um Kugeln für besondere Anlässe zu kreieren.

17 Moos
Zum Auskleiden von Hängekörben, besonders um die Stellen zu polstern, die nicht mit Steckmasse gefüllt sind.

18 Zwei Hängekörbe
Um große Kugeln herzustellen, die Sie mit nasser Steckmasse füllen.

19 Starkes Seil
Um große, schwere Girlanden und hängende Kugeln zu halten. Sie können aber auch Hopfenranken (Humulus lupulus) *verwenden.*

20 Starker Draht
Dient zum Zusammenbinden großer Kränze.

21 Großer Sack
Zum Transportieren des Zubehörs.

Arrangements zusammenstellen

Hübsche und eindrucksvolle Blumenarrangements zu schaffen ist nicht besonders schwer. Dabei gibt es keine festen Regeln, die zwingend befolgt werden müßten. Allerdings möchte ich Sie mit einigen grundsätzlichen Dingen vertraut machen, die sich bei mir stets bewährt haben. Richten Sie sich bitte danach, doch folgen Sie bei der Arbeit vor allem Ihrer Neigung und seien Sie phantasievoll.

Vermeiden Sie eine strenge Symmetrie

Adrett ausgerichtete Blumenkuppeln wirken gewöhnlich etwas langweilig. Kreieren Sie statt dessen ein lebhaftes Arrangement, bei dem einzelne Zweige in verschiedene Richtungen ausbrechen dürfen. Gleichen Sie beispielsweise eine aufrechte Ähre auf der einen Seite mit einem überhängenden Ast auf der anderen aus. Setzen Sie drei, fünf und sieben Blumen ein, nicht symmetrisch gesteckte vier, sechs oder acht. Hübsch kann ich mir einen Strauß vorstellen, der aus drei Ihrer Prachtblumen besteht, zu denen sich fünf mittelgroße Blumen dazugesellen. Weitere neun oder elf füllen das Arrangement dann auf.

Kreieren Sie eine lebhafte Silhouette

Nicht alle Blütenstiele sollten die gleiche Länge aufweisen. Beispielsweise lassen sich einige Blumen in der Mitte des Straußes gleichsam unscheinbar versammeln, während Sie andere exponieren können.

Es mag weh tun, in einer Vase schöne Blumen zu sehen, die in dem Arrangement nicht ausreichend Platz finden. Vermeiden Sie auch, mit der optisch im Mittelpunkt stehenden Blume senkrechte oder waagerechte Linien zu betonen. Das würde Segmente schaffen und den Gesamteindruck zerstören.

Betonen Sie die räumliche Tiefe

Vielleicht soll Ihr Arrangement mit einer Seite der Wand oder einem Fenster zugewandt sein. Trotzdem müssen Sie die Proportionen wahren. Kommen Sie beispielsweise nicht auf die Idee, die Blumen vorne niedrig zu stecken und im Hintergrund hoch. Denn so würden Sie Ihrem Arrangement ein unnatürliches zweidimensionales Aussehen geben und das Gewicht wäre ungleichmäßig verteilt. Stellen Sie die Blumen in der Vase stets so zusammen, daß sie aus jedem Blickwinkel betrachtet werden könnten. Nur so kann der Strauß seine innere Dynamik bewahren.

Die Wirkung von kräftigen Blumen hervorheben

Wenn gelbe und ziegelrote Sonnenblumen mit kräftigen, aufbrechenden Artischockenknospen zusammenstehen, gewinnt das Arrangement noch mehr Charakter und wird damit zum Mittelpunkt eines Raumes.

Die Wirkung von kräftigen Blumen abschwächen

Die Wirkung derselben gelben und roten Sonnenblumen wird hier durch die fedrigen Köpfe des Dills abgeschwächt; dieses Arrangement eignet sich gut für den Hintergrund.

Blumen mit Laub zusammenstellen

Zu kräftigen Blumen paßt gewöhnlich kräftiges Laub am besten, zu zarteren Blumen locker und weich wirkendes Laub. Jede der beiden Komponenten soll die Wirkung der anderen noch hervorheben. So vermag beispielsweise das kräftige Laub von Akanthus, grünen Artischocken oder Roßkastanien das geflammte Aussehen von Papageientulpen, Sonnenblumen und Dahlien noch zu betonen.

Laub auswählen

Das Laub und Grün sollten Sie ebenso sorgfältig aussuchen wie die Blumen selbst. Denn es kann über den Gesamteindruck eines Arrangements entscheiden. Ich versuche, das kräftige Dunkelgrün einiger Liguster-, Buchsbaum- oder Lorbeerarten möglichst zu vermeiden. Denn die glänzenden Blätter und der dunkle Farbton dieser Pflanzen können die Farben der Blumen leicht überlagern. Auf jeden Fall bevorzuge ich ein lebhaftes Hellgrün und stelle im Frühjahr ein Arrangement nur selten ohne Wolfsmilch oder Pferdeeppich zusammen, im Sommer und Herbst nicht ohne Frauenmantel, Hasenohr oder Dill.

Bisweilen macht sich auch der eine oder andere Zweig aus dem naturbelassenen Teil Ihres Gartens gut und verleiht Ihrem Arrangement eine besondere Note. Ich denke in diesem Zusammenhang an Weidenzweige, Haselnußkätzchen, austreibendes Frühjahrsgrün, Getreideähren, Rohrkolben oder Brombeer- und Holzapfelzweige. Oft kann eine dieser selteneren Pflanzen gerade die Wirkung eines Arrangements ausmachen.

Gedämpft *Diese farbliche Übereinstimmung zwischen Schmuckkörbchen und Löwenmaul mutet fast zu perfekt an; wenn man dabei als Laub nur Liguster verwendet, findet der Blick kaum einen Halt.*

Farbkontraste

Ein Arrangement wirkt stets interessanter, wenn Sie wenigstens zwei kontrastierende Farben einsetzen. Daran sollten Sie denken, wenn Sie die Blumen und das Laub auswählen. Das karmesinrote Löwenmaul und das Schmuckkörbchen können für sich alleine leicht etwas trübsinnig wirken. Wenn Sie aber etwas tiefblauen Salbei und Enzian dazugeben, wirkt das Arrangement sofort lebhafter. Hellgrüne oder tief karmesinrote Pflanzen, zum Beispiel Dill, Hasenohr und Perückenstrauch, bringen mehr Farbe ins Spiel und fesseln den Blick. Sie dürfen Ihr Arrangement aber nicht überladen. Schon zwei oder drei weitere Blumen bzw. Farbkomponenten könnten Stil und Anmut Ihrer Kreation vollkommen zerstören.

Ich denke, es lassen sich unzählige Farben oder Blumenarten zusammenstellen, aber alles geht natürlich nicht. Wenn Sie darum eine große Farbenpracht wünschen, sollten Sie die Anzahl der Blumenarten beschränkt halten.

Ausgewogen *Mit Blau (Salbei und Enzian), Hellgrün (Dill und Hasenohr) sowie tief Purpur (Perückenstrauch) wirkt das Arrangement sofort lebhafter.*

Überladen *Weitere Farben und Blumenarten (hier: purpurner Prärieenzian, gelber Sonnenhut und weißes Schmuckkörbchen) lassen das Arrangement zu unruhig wirken.*

Gemischte Arrangements schaffen

1 Mit Laub für den Hintergrund beginnen *Verwenden Sie für die Grundstruktur Ihr blattreichstes Laubwerk.*
Falsch *(links) Diese Eichenzweige sind nicht ausgedünnt worden; sie weisen die gleiche Länge auf und sind viel zu regelmäßig gesteckt. Dieses Arrangement wirkt überfüllt und sieht langweilig aus.*
Richtig *(rechts) Hier wurden viele Blätter entfernt, um so das Eichenlaub zu betonen und den dunklen Farbton etwas zu heben. Der eine Zweig rechts ist leicht überhängend, ein anderer links scheint sich zum Licht emporzurecken.*

2 Weiteres Grün hinzufügen *Wählen Sie dafür etwas, das zu dem dunklen Farbton und den kräftigen Formen des Eichenlaubs im Kontrast steht. Das Arrangement ist gut aufgefüllt, sobald der Eindruck entsteht, als könnte es fast ohne Blumen auskommen.*
Falsch *(links) In diesem dichten, grünen Blättermeer geht das ansonsten sehr dekorative Hasenohr völlig unter. Das Gesamtbild ist zu bieder und einfallslos.*
Richtig *(rechts) Das kräftige Laub der Holzapfelzweige und der grüne Gartenfuchsschwanz, dessen lange, lindgrüne Blütenquasten schön herabhängen, steuern feine Farbkontraste bei, ebenso interessante Formen und Muster.*

3 Sehr auffällige Blumen zugeben *Schneiden Sie Ihre Blumen auf verschiedene Länge: Einige kürzer (für die Mitte des Arrangements), andere (für die Ränder) so lang, daß sie die Silhouette auflockern. Belassen Sie den Pflanzen aber etwas von ihrem natürlichen Entfaltungsspielraum und richten Sie sie nicht zu sehr in der Senkrechten aus.*
Falsch *(links) In dieser Vase wurde eine gerade Anzahl Blumen fast streng symmetrisch angeordnet. Jede dieser Blumen wird von dem umgebenden Grün nahezu erdrückt.*
Richtig *(rechts) In diesem Arrangement befindet sich eine ungerade Anzahl Sonnenblumen. Bei dieser offenen Anordnung kann sich das Auge entspannen.*

Frühlings-Arrangements

Ein Frühlingsteppich

Abbildungen auf den Seiten 56-57
Dieses Stilleben aus Mittfrühjahrsblumen und erlesenem Glas ist vom Pointillismus inspiriert. Farbtupfer vermitteln den Eindruck von Fülle und Tiefe.

Die Ausstattung
Glasschalen und -platten, Parfumflaschen, kleine Karaffen und modernes Glas
2 biegsame Zweige (z.B. Haselnuß) von 30 cm Länge
8-10 Glasmurmeln
2,5-7 cm Blumenigel, mit Klebeband befestigt

Die Pflanzen
25 Duftveilchen (*Viola odorata*)
15 Buschwindröschen (*Anemone nemorosa*)
9 geflammt bunter Goldlack (*Cheiranthus* 'Fire King')
5 Stiele der Wolfsmilch (*Euphorbia amygdaloides* var. *robbiae*)
3 Zweige des Seidelbasts (*Daphne odora* 'Aureomarginata')
9 Alpenaurikeln (*Primula auricula*)
1 Schachbrettblume (*Fritillaria meleagris*)
3 Blüten der Tulpenmagnolie (*Magnolia denudata*)
7 junge Artischockenblätter (*Cynara scolymus*)
15 Blüten und Fruchtstände der Nieswurz (*Helleborus orientalis*)

Die Vorgehensweise
Pflücken Sie grundsätzlich die zarteren Blumen. Einige (z.B. die Schachbrettblume) sehen so schön aus, daß sie einzeln am besten wirken. Andere entfalten ihre Schönheit erst im Ensemble. Dabei sollten Sie ein oder zwei Vasen mit kräftigeren Pflanzen dazustellen, zum Beispiel Goldlack oder Nieswurz.

Die Veilchen stellen Sie mit etwas Laub zusammen ins Wasser. Für die Buschwindröschen binden Sie die beiden Zweige zu einem Geflecht. Die Stiele des Goldlacks sollen eine Art Gerüst bilden, zwischen das Sie die Wolfsmilch stellen können. Die Zweige des Seidelbasts schneiden Sie kurz; die Stielenden sollen dabei im flachen Wasser stehen. Geben Sie in das Glas für die Alpenaurikeln acht bis zehn Murmeln; dann stecken Sie die Blumenstiele einzeln hinein. Die Schachbrettblumen und die Tulpenmagnolien machen sich in enghalsigen Karaffen am besten. Für das Nieswurzarrangement nehmen Sie den Blumenigel, um zunächst die Artischockenblätter gleichmäßig in der Schale zu verteilen. Dann lassen Sie die Blumen folgen.

Eine Frühlingshecke

Die klassische Schönheit dieser Silberschale bietet einen hübschen Kontrast zur Schlichtheit der Wildblumen.

Die Ausstattung
eine flache Schale mit Fuß, 30 cm ø
ein feuchtes Stück Blumensteckmasse
ein Nadelhalter und Klebeband

Die Pflanzen
9-11 Salomonssiegel (*Polygonatum × hybridum*)
9-11 Blätter des Italienischen Aronstabs (*Arum italicum* 'Marmoratum')
9-11 Süßdolden (*Myrrhis odorata*)
15-20 Wiesenschaumkräuter (*Cardamine pratensis*)
25 blau und weiß gemischte Hasenglöckchen (*Hyacinthoides non-scripta*)
15-20 Schlüsselblumen (*Primula veris*)

Die Vorgehensweise
Befestigen Sie den Nadelhalter in der Schale; darauf geben Sie dann die Steckmasse. Mit dem Salomonssiegel und dem Aronstab schaffen Sie eine asymmetrische Struktur. Lassen Sie die Süßdolden an einer Seite überhängen. Verteilen Sie die Blumen gleichmäßig – in der Mitte sollten aber einige Schlüsselblumen stehen.

Waldlandschaft mit Papageientulpen

Die großblumigen, geflammten Papageientulpen werden am besten mit elegant kräftigem bzw. strukturgebendem Laub zusammengestellt; hierfür eignet sich besonders gut der Pferdeeppich. Um dem ausdrucksstarken Arrangement Höhe und Schwung zu verleihen, sollten Sie auch einige Ahornzweige einsetzen. Deren junge weinrote Blätter und hellgrüne Blüten stehen in farblichem Kontrast zu den Tulpen.

Die Ausstattung
eine bauchige Glasvase, 30 cm hoch

Die Pflanzen
9 Spitzahornzweige (*Acer platanoides* 'Crimson King'), 60-75 cm lang
7 Pferdeeppiche (*Smyrnium olusatrum*), 45-60 cm lang
15 Tulpen (*Tulipa* 'Flaming Parrot') in voller Höhe, etwa 45 cm lang

Die Vorgehensweise
Das Arrangieren dieser Pflanzen ist ganz einfach. Stellen Sie als erstes einige Ahornzweige in die bauchige Vase; sie verleihen dem Arrangement Struktur und stützen die biegsameren Stiele des Pferdeeppichs und der Tulpen.

Die Ahornzweige sollen dem Arrangement eine ausreichende Fülle und Höhe verleihen, wobei die längsten Zweige etwa in 1,5facher Höhe der Vase über diese emporragen. Ordnen Sie den Ahorn in einem ausgewogenen Verhältnis an, aber nicht zu symmetrisch. Als nächstes wird der Pferdeeppich gleichmäßig verteilt. Schließlich stecken Sie die Papageientulpen dazu, wobei Sie darauf achten sollten, daß keine Lücken zurückbleiben; da Sie in diesem Fall nur eine Blumensorte einsetzen, und zudem noch eine so kräftige, müssen Sie die Tulpen gleichmäßig, aber nicht in einer Linie anordnen.

Eine Kugel mit venetianischen Farben

Bei dieser Kreation kommen viele meiner Lieblingsfarben und -pflanzen zur Geltung. Das feurige Orange, das nachhallende Purpurschwarz sowie das Blaß- und Hellgrün erinnern an die lebhaften Farbmuster des venetianischen Malers Tizian. Stellen Sie sich eine Reihe dieser prächtigen Kugeln, von oben herabhängend und Sie grüßend, vor – dann mag Ihnen die Erinnerung an eine fröhliche Gesellschaft am Canal Grande in Venedig kommen. Einzeln oder in großer Zahl passen sie zu jedem Fest – sei es im Haus oder, wie hier gezeigt, in einer romantischen Gartenlandschaft.

Die Ausstattung

eine feuchte Kugel aus Steckmasse, etwa 20 cm ø
90 cm langer Maschendraht (Maschenweite: 5 cm)
kräftiger, 3 mm dicker Haltedraht
dünner Draht
eine Drahtschere
eine Gartenschere
eine Kette zum Aufhängen der Kugel

Die Pflanzen

jeweils 20 Pflanzen, 30-35 cm lang:
Pferdeeppich (*Smyrnium perfoliatum*)
Euphorbia cornigera
Goldwolfsmilch (*Euphorbia polychroma*)
Gemeiner Schneeball (*Viburnum opulus* 'Roseum')
Euphorbia griffithii 'Fireglow'
Gemeine Akelei (*Aquilegia vulgaris*)
40 dunkle Tulpen (*Tulipa* 'Queen of Night' und 'Black Parrot'), ebenfalls 30-35 cm lang
5 Triebe der Bergwaldrebe (*Clematis montana*), so lang wie möglich

Die Vorgehensweise

Folgen Sie den Schritten **1-6.**

1 Legen Sie alles, was Sie für das Arrangement benötigen, zusammen. Zuerst schneiden Sie sich ein Stück Maschendraht ab und wickeln Ihre Kugel aus Steckmasse damit reichlich überlappend ein. Schneiden Sie sich dann ein Stück von dem Haltedraht ab. Es soll 30 cm länger sein als der Umfang der vom Maschendraht umwickelten Kugel. Dann binden Sie mit dem dünnen Draht den Maschendraht fest.

2 Anschließend legen Sie den Haltedraht um die Kugel, wobei Sie ihn durch den Maschendraht ziehen. Die beiden Drahtenden sollten Sie ein paar Mal verzwirnen; denn hier lastet später das ganze Gewicht der Kugel.

3 Befestigen Sie nun die Kette an dem verzwirnten Haltedraht und hängen Sie die Kugel für das weitere Vorgehen in geeigneter Arbeitshöhe auf. Dann stecken Sie Ihre erste Blattpflanze, den Pferdeeppich. Dabei müssen die einzelnen Stiele gleichmäßig verteilt werden.

4 Auf die gleiche Weise sollen anschließend die Goldwolfsmilch und der Gemeine Schneeball gesteckt werden.

Achten Sie dabei besonders darauf, daß auch die Unterseite der Kugel gut bedeckt ist, denn sie ist den Blicken besonders ausgesetzt.

5 Dann verteilen Sie gleichmäßig *Euphorbia griffithii* 'Fireglow', die Akelei und die dunklen Tulpen.

6 (*Folgeseite*) Jetzt können Sie einige Triebe der Bergwaldrebe hinzufügen und so die Symmetrie brechen. Befestigen Sie die Kugel mit der Kette an einem Seil, das über einem Ast hängt (oder an einem Haken an der Dachkante).

Die Palette des Malers

Dieses gewagte Arrangement bricht mit allen Regeln der Farbkomposition. Hier stehen Orange, Gelb, Purpur, Rosa, Blau und Grün in wunderbarer Disharmonie zusammen.

Die Ausstattung

eine flache Glasschale, 35 cm Durchmesser und 8 cm tief
ein feuchtes Stück Steckmasse, das die Schale bis 2,5-5 cm über dem Rand füllt
Nadelhalter und Klebeband

Die Pflanzen

die folgenden Pflanzen werden jeweils 20-25 cm lang geschnitten:
jeweils 10-15 Stiele der Sumpfwolfsmilch (*Euphorbia palustris*) und *Euphorbia amygdaloides* var. *robbiae*
10 Säckelblumen (*Ceanothus arboreus* 'Trewithen Blue')
die folgenden Pflanzen werden jeweils 25 cm lang geschnitten:
jeweils 10-15 rote, gelb gemusterte und rein gelbe Ranunkeln (*Ranunculus asiaticus*)
jeweils 10-15 purpurne und tiefrosa Gartenanemonen (*Anemone coronaria*, Gruppe De Caen)
10-15 orange, gelbe und zweifarbige Tulpen (z.B. 'Apricot Parrot', 'Mickey Mouse', 'Orange Favourite', 'Texas Gold')
etwa 30-40 cm lang geschnitten:
10-15 Lilienblütige Tulpen (z.B. 'Aladdin')

Die Vorgehensweise

Brühen Sie die Wolfsmilchstiele ab und kleben Sie den Nadelhalter mit Klebeband in der Schale fest. Darauf geben Sie die Steckmasse. Dann verteilen Sie Wolfsmilch und Säckelblumen auf der Steckmasse. Anschließend können Sie die Ranunkeln, Anemonen und Tulpen dazugeben. Die Lilienblütigen Tulpen sollten auf einer Seite versammelt sein und so dezent hervorgehoben werden.

Der Höhepunkt des Frühjahrs

Ein üppiges Arrangement aus Kirschblüten wirkt ruhig, einfach und stilvoll. Dabei können hellgrüne Wolfsmilchähren und Kastanienknospen dem Arrangement noch mehr Substanz geben.

Die bestmögliche Wirkung erzielen Sie, wenn Sie das Arrangement in die Mitte eines großen Tisches stellen. Das Licht sollte von der Seite oder von hinten einfallen. So flutet es durch die Blütenblätter und hebt deren einfache Schönheit hervor.

Die Ausstattung

eine Glasvase, 45 cm hoch, mit großer Öffnung und engem Hals.

75-100 Glasmurmeln

Die Pflanzen

die folgenden Pflanzen jeweils 90-120 cm lang geschnitten:

15 Stiele der Wolfsmilch (*Euphorbia characias*)

15 Kirschzweige mit weißen Blüten (*Prunus* 'Taihaku')

15 Zweige der Süßkirsche (*Prunus avium*)

15 Zweige der Gemeinen Roßkastanie (*Aesculus hippocastanum*) mit klebrigen Knospen und frischem Laub

Die Vorgehensweise

Als erstes geben Sie die Murmeln vorsichtig in die Vase. Dann stecken Sie Ihre Wolfsmilch gleichmäßig, aber nicht zu ordentlich dazwischen und fügen die weißen Kirschblütenzweige sowie die der Süßkirsche hinzu; einige sollten am Rand etwas überhängend angeordnet werden.

Schließlich geben Sie die Zweige mit den Roßkastanienknospen dazu. Schneiden Sie die Zweige unterschiedlich lang, um so die Symmetrie aufzuheben. Die 3-4 längsten sollten am Vasenrand, gegenüberliegend zu den überhängenden Kirschblütenzweigen, etwas emporragen und so für einen Ausgleich sorgen.

Sommer-Arrangements

Ein Mittsommerfest

Abbildungen auf den Seiten 64-65
Kraftvolle Blumen und Blattpflanzen voller Samenstände aus dem Kornfeld, wildem Heckenwuchs und Ihrem Garten eignen sich gut für Girlanden oder Korngarben. So lassen sich für das große Sommerfest im Freien ein Zelt und ein langer Tisch schmücken.

Die Girlande

Es ist viel interessanter (und auch farbenfroher), eine Girlande aus Blumen selbst anzufertigen, als ein höchst kunstvolles Exemplar mit einer phantasievoll gerüschten blauen oder rosa Auskleidung zu leihen.

Die Ausstattung
ein Bandmaß
Steckmasse
ein Küchenmesser
eine Drahtschere
2,5-5 cm weiter Maschendraht
kräftiger, 3 mm starker Draht
feiner Blumendraht

Die Pflanzen
ungefähre Stückzahl für jeweils 90 cm Girlande, alle Pflanzen 10-15 cm lang geschnitten:
30-40 Hainbuchenzweige (*Carpinus betulus*) mit Samenständen
30-40 Stiele des Frauenmantel (*Alchemilla mollis*)
15 20 Bündel Kornblumen (*Centaurea cyanus*), jedes aus 3-5 Blütenstielen
15-20 Bündel Schopflavendel (*Lavandula stoechas* ssp. *pedunculata*), jedes aus 3 Blütenstielen
15-20 gemischte Mohnblumen und -samenkapseln

Die Vorgehensweise
Messen Sie die Front Ihres Zeltes (oder wo sonst die Girlande hängen soll) und teilen Sie die Strecke in Abschnitte von nicht mehr als 1,8 m Länge. Das Maßband sollte so weit durchhängen, wie Sie es später auch bei der Girlande wünschen.
Folgen Sie den Schritten **1-5.**

1 Schneiden Sie die Steckmasse nach dem Wässern mit einem scharfen Messer in rechteckige Stücke. Dann schneiden Sie den Maschendraht, jeweils in Stücke von der Länge der Girlandenbögen, zuzüglich 10-15 cm an jedem Ende zum Befestigen der Steckmasse. Anschließend schneiden Sie ein Stück des kräftigen Drahtes von doppelter Länge des Girlandenbogens ab, zuzüglich 1,2 m, um die Girlande am Zelt zu befestigen; legen Sie den Draht doppelt.

2 Diesen Draht ziehen Sie in voller Länge durch den Maschendraht. Befestigen Sie ihn dabei in Abständen von 45 cm mit dem feinen Blumendraht. Anschließend legen Sie darauf die Steckmasse in voller Länge des Maschendrahts.

3 Nun wickeln Sie den Maschendraht um die Steckmasse. Die überlappenden Ränder binden Sie mit dem Blumendraht zusammen. Rechts und links werden dann die Enden des Maschendrahts nach innen geknickt und befestigt, wobei der doppelt gelegte Draht am einen Ende 30 cm überstehen soll; am anderen Ende soll dieser Draht zu einer Schlaufe gezogen werden, die gleichfalls 30 cm übersteht.

4 Danach wird die Girlande aufgehängt, indem Sie jeweils die beiden Endstücke des starken Drahtes an den Zeltpfosten oder an entsprechenden Ösen befestigen. Achten Sie darauf, daß sich der kräftige Draht unten befindet und das Gewicht der Girlande so mittragen kann.

Anschließend können Sie Ihre Pflanzen stecken. Verteilen Sie die Hainbuchenzweige gleichmäßig an allen Seiten der Girlande, und zwar auf ganzer Länge. Andernfalls dürften kahle Stellen auftreten, die Sie nicht mehr beseitigen können.

5 (*Folgeseite*) Fügen Sie den Frauenmantel hinzu, bis die Steckmasse nahezu bedeckt ist. Dann folgen die Kornblumen, der Lavendel, und die Mohnblumen als Blickfang.

Zum Schluß sollten Sie die gesamte Girlande noch mit einem Wasserzerstäuber einsprühen.

Die Korngarbe

Sehr dekorativ wirkt eine ebenso farbenfrohe wie schlichte frische Garbe aus leuchtenden Mohnblumen, Gräsern, Hafer und Weizen, zusammengebunden mit Hopfenranken.

Die Ausstattung

Hopfenranken (*Humulus lupulus*) oder ein Blumenband

Die Pflanzen

Mehrere wilde Gräser, Weizen und wilder Hafer, 45-60 cm lang

10-15 Frauenmantel (*Alchemilla mollis*), 30-45 cm lang

20 Kornblumen (*Centaurea cyanus*), 45 cm lang

10-15 Braut in Haaren (*Nigella damascena*), 30-45 cm lang

30-40 Klatschmohn (*Papaver rhoeas*) und Islandmohn (*Papaver nudicaule*), etwas kürzer und auf unterschiedliche Länge geschnitten

Die Vorgehensweise

Diese Garbe ist sehr umfangreich und läßt sich nicht auf einmal in der Hand halten; deshalb arrangiere ich vier Sträuße und binde diese dann zusammen.

Die Stielenden der Mohnblumen sollten Sie abbrühen und nicht wieder nachschneiden. Nehmen Sie für jeden Strauß eine Handvoll wilde Gräser und binden Sie sie locker zusammen. Während Sie den Strauß in einer Hand halten, stecken Sie die Blumen mit der anderen dann so hinein, daß alle mehr oder weniger in die gleiche Richtung weisen. Die Mohnblumen, die zuletzt gesteckt werden, sollten Sie in verschiedener Höhe plazieren.

Anschließend binden Sie die Sträuße zusammen und kürzen die Blumenstiele (mit Ausnahme des Mohns) auf gleiche Höhe.

Schließlich stellen Sie Ihr Arrangement auf den Tisch, wobei Sie die Stiele so abspreizen, daß die Garbe einen sicheren Stand erhält.

Kugel aus Heckenkirschen und Rosen

In der Mitte des Sommers bietet es sich an, aus wilden Heckenblumen und Laub eine süß duftende Komposition zu kreieren. Binden Sie dazu duftende Rosen und Heckenkirschen so an eine Kugel ein, daß sich ihre Triebe biegen und winden können, wie sie es auch in freier Natur tun würden. Die beste Wirkung erzielen Sie, wenn Sie die Kugel auf Kopfhöhe anheben. Sie sollten aber nicht versuchen, in das natürliche »Durcheinander« der Pflanzen allzusehr einzugreifen.

Die Ausstattung

eine Drahtkugel, etwa 80 cm ø
ein Eimer aus rostfreiem Stahl
einige halbe Backsteine oder grober Kies zum Beschweren des Eimers
ein Klebeband zur Befestigung der Kugel am Eimer
ein Sockel (oder ein vergleichbarer dekorativer Untersatz)
30-40 Phiolen (8 und 13 cm)
dünner Blumendraht
eine Gartenschere
eine Drahtschere
ein Seil, um die Kugel aufzuhängen

Die Pflanzen

folgende Pflanzen (möglichst lang):
30-40 Frauenmantel (*Alchemilla mollis*)
30-40 Hafer, Gräser und gemischtes Getreide
folgende Pflanzen, 60-90 cm lang:
10-15 Heckenkirschen (*Lonicera*)
10-15 Heckenrosen oder eine Ramblerrose (z.B. *Rosa mulliganii*)

Die Vorgehensweise

Folgen Sie den Schritten **1-6.**

1 Bevor Sie die Pflanzen anbringen, sollten Sie den genauen Standort des Sockels mit Eimer und Kugel überprüfen. Dann beschweren Sie den Eimer und füllen ihn mit Wasser.

2 Alle Pflanzen (mit Ausnahme des Getreides) müssen im Wasser stehen. Diejenigen, die nicht bis zum Eimer herabreichen, sollten Sie in Phiolen stecken.

3 Dann hängen Sie die Kugel in geeigneter Arbeitshöhe auf. Beginnen Sie an der Oberseite mit dem Einflechten der Heckenkirschen. Deren Stielenden sollen sich später im Wasser befinden.

4 Anschließend binden Sie die Heckenkirschen in etwa gleichen Abständen mit Blumendraht ein. Danach können Sie die Rosen einflechten und anbinden.

5 (*oben*) Pflanzenstiele, die nicht bis zum Wasser herabreichen, sollten Sie in die größeren Phiolen stecken.

6 (*Folgeseite*) Die Lücken füllen Sie mit Frauenmantel und Getreide. Anschließend können Sie die Kugel abnehmen. Befestigen Sie sie mit Klebeband auf dem Eimer, wobei Sie darauf achten müssen, daß alle Pflanzen im Wasser stehen.

Sträußchen in Karmesintönen und Gold

Mischen Sie tief dunkelrote Bartnelken, Wohlriechende Wicken und die Rose 'Souvenir du Docteur Jamain' mit karmesinroten Levkojen, Schmuckkörbchen sowie der Rose 'Nuits de Young'. Dazu geben Sie goldene Ringelblumen mit roter Mitte. Dieses Arrangement aus kräftigen Farben, starken Düften und mit hübscher Silhouette wird Sie in einer Vase gleich neben Ihrem Bett schon zu früher Morgenstunde verzaubern.

Die Ausstattung

eine silberne Vase, 13 cm hoch

Die Pflanzen

jeweils 5-7 der folgenden Pflanzen, 20-25 cm lang:

Rosen (*Rosa* 'Nuits de Young' und 'Souvenir du Docteur Jamain')
Gartenlevkojen (*Matthiola incana*)
Schmuckkörbchen (*Cosmos bipinnatus* 'Versailles Carmine')
Bartnelken (*Dianthus barbatus*, Gruppe Nigrescens)
Wohlriechende Wicken (*Lathyrus odoratus* 'Matucana' und 'Pageantry')
Wolfsmilch (*Euphorbia cyparissias*)
Hasenohr (*Bupleurum falcatum*)
Gelbe Ringelblumen (*Calendula*, Gruppe Art Shades)
Wollziest (*Stachys byzantina*)

Die Vorgehensweise

Aus den karmesinroten Blumen schaffen Sie die Grundstruktur. Sie sollen die Vase um das 1 1/2fache überragen und sich hübsch über ihr ausbreiten. Zuerst stecken Sie die Rosen, dann die Levkojen, Schmuckkörbchen, Bartnelken und Wicken. Dann fügen Sie die hellgrüne Wolfsmilch und das Hasenohr hinzu, was Sie gleichmäßig verteilen. Anschließend nehmen Sie die Ringelblumen und schließlich die Zweige des Wollziest, die unter den Blüten herausragen sollen, als würden sie diese einrahmen und mit ihren prächtigen, samtenen Blättern halten wollen.

Sommerlicher Reichtum

Diese Hommage an den Sommer lohnt es, in einem Stilleben festgehalten zu werden! Das Bukett enthält Blumen von unübertroffener Formen- und Blütenpracht. Beherrscht wird es von hohem Lauch und Agapanthus, Steppenkerzen, Rittersporn sowie großblütigen, betörend duftenden Lilien.

Die Ausstattung

Chinavase, 45-60 cm hoch

Die Pflanzen

jeweils 5-9 der folgenden Pflanzen, so lang wie möglich:

Steppenkerzen (*Eremurus stenophyllus*)
Rittersporn (*Delphinium* 'Cristella' oder 'Nobility')
Alpendisteln (*Eryngium alpinum* 'Amethyst')
Dill (*Anethum graveolens*)
Muschelblumen (*Moluccella laevis*)
Riesenlauch (*Allium giganteum*)
Lupinen (*Lupinus* 'The Governor')
Lilien (*Lilium* 'Casa Blanca')
orangefarbene Ringelblumen (*Calendula*, Gruppe Art Shade)
Agapanthus campanulatus var. *albidus*

Die Vorgehensweise

Stellen Sie zuerst die Steppenkerzen und den Rittersporn in die Vase. Sie geben dem Arrangement Höhe und Gestalt. Achten Sie darauf, daß die Pflanzen asymmetrisch verteilt werden.

Anschließend stecken Sie die Alpendisteln, den grünen Dill und die Muschelblumen; es folgen der Lauch, die Lupinen und Lilien, die in unterschiedlicher Höhe stehen und eher auf die Mitte des Buketts wirken sollen. Auch die leuchtenden, kontrastierenden Ringelblumen müssen die Mitte beherrschen.

Schließlich fügen Sie noch den hohen *Agapanthus* hinzu, der alle strengen Linien und auch die Symmetrie auflockern soll, was sich beim Arrangieren eingeschlichen haben mag.

Vase mit reinem Weiß, Cremefarbe und Grün

Stellen Sie große Büschel duftender Rosen, Akanthus und Kardenähren mit leuchtend weißem Fingerhut sowie Epilobium *zusammen. In Kombination mit Frauenmantel, Knorpelmöhre, Sterndolde und Springwolfsmilch können Sie sich so ein stilvolles, unaufdringliches Arrangement schaffen.*

Die Ausstattung

eine bauchige Glasvase, 30 cm hoch

Die Pflanzen

die folgenden Pflanzen, 45-90 cm lang:
10 Karden (*Dipsacus fullonum*)
10 Knorpelmöhren (*Ammi majus*)
10-15 Frauenmantel (*Alchemilla mollis*)
7 Sterndolden (*Astrantia major*)
5 Springwolfsmilch (*Euphorbia lathyris*)
5 weißer Fingerhut (*Digitalis purpurea* f. *albiflora*)
5 *Epilobium angustifolium* 'Album'
7 Akanthus (*Acanthus spinosus*)
7 Rosen 'Iceberg'

Die Vorgehensweise

Mit den Karden und den Knorpelmöhren schaffen Sie die Grundstruktur, in 2,5 bis 3facher Höhe der Vase. Einige Karden sollten lang bleiben, andere werden kürzer geschnitten.

Fügen Sie jetzt den flaumigen Frauenmantel, die Sterndolden und die Wolfsmilch hinzu, die Sie gleichmäßig verteilen. Dann folgen der Fingerhut und das *Epilobium*, von denen einige als strahlende Silhouette das Licht einfangen sollen.

Anschließend stecken Sie den vorherrschenden Akanthus und die Rosen dazu – ausgewogen, aber keine Symmetrie bildend. Der Akanthus soll auf der einen Seite den Eindruck von Höhe vermitteln. Stecken sie die Rosen teils in die Mitte, teils etwas auf die andere Seite, wo sie den Rand der Vase überragen sollten.

Kreation in Scharlachrot und Blau

Die samtene Beschaffenheit und die leuchtenden Farben der Lichtnelken, der grüne Tabak sowie die purpurblaue Ochsenzunge und der Lauch kontrastieren hübsch zur eleganten Schlichtheit des blau und weiß gestreiften Krugs. Die einzelne Zinnie im blauen Glas setzt das Thema fort. Blumen wirken häufig eindrucksvoller, wenn sie auf mehrere Gefäße verteilt werden.

Die Ausstattung

blaue Glasgefäße
ein Krug, 30 cm hoch

Die Pflanzen

jeweils 5-7 der folgenden Pflanzen, 45-60 cm lang:
Salbei (*Salvia patens* und *S.* × *superba*)
Tabak (*Nicotiana* 'Lime Green')
Lauch (*Allium cernuum, A. neapolitanum,* Gruppe Cowanii, *A. sphaerocephalon*)
Frühlingssterne (*Triteleia laxa* 'Königin Fabiola')
Ochsenzungen (*Anchusa azurea*)
Lichtnelken (*Lychnis chalcedonica* und *L.* × *arkwrightii* 'Vesuvius')
orangefarbene Inkalilien (Hybriden von *Alstroemeria ligtu*)
Artischocken (*Cynara scolymus*)
dazu: eine einzelne Zinnie (*Zinnia* 'Envy')

Die Vorgehensweise

Stellen Sie zuerst die Blumen in die Vase, zuletzt Artischocken. Mit der kräftigen Ochsenzunge und dem Salbei schaffen Sie die Grundstruktur. Ihre Stiele bilden ein Geflecht, in das Sie den Tabak, den Lauch und die Frühlingssterne einfügen können.

Als Kontrast fügen Sie dann die Lichtnelken und die Inkalilien dazu, dann Artischocken (in die Mitte und an den Rand).

Die einzelne grüne Zinnie stellen Sie in das blaue Glas, wo sie thematisch die hellgrünen Farbtupfer im Strauß aufgreift.

Ein Partypompon

Die nette, schwungvolle Spielerei kommt bei jeder Sommerparty gut an – im Freien, in einem Zelt oder über dem Tisch Ihres Eßzimmers. Es handelt sich dabei um eine Kugel von etwa 90 cm Durchmesser, die mit farbenfrohen Spätsommerblumen und Laub bestückt wird.

Die Ausstattung

2 Hängekörbe aus Draht mit Ketten, 30 cm Durchmesser
Moos zum Auskleiden der Körbe
4 Blöcke feuchte Blumensteckmasse
kräftiger, 3 mm starker Haltedraht
eine Drahtschere
ein Küchenmesser
ein Seil oder Band
ein Zeltpflock (optional)

Die Pflanzen

jeweils 15-20 der folgenden Blattpflanzen, 40 cm lang:
Heckenliguster (*Ligustrum ovalifolium* 'Aureum')
Perückenstrauch (*Cotinus coggygria* 'Royal Purple')
Ölweide (*Elaeagnus angustifolia*)
folgende Pflanzen für den Hintergrund, 50 cm lang:
10 Akanthus (*Acanthus mollis*)
15 Muschelblumen (*Moluccella laevis*)
20 Hasenohr (*Bupleurum griffithii* 'Decor')
15 Dill (*Anethum graveolens*)
10 Elfenbeindisteln (*Eryngium giganteum*)
5 Eselsdisteln (*Onopordum acanthium*)
jeweils 15 der folgenden Blumen, 45 cm lang:
Gladiolen (*Gladiolus* 'Black Lash')
Dahlien (*Dahlia* 'Black Fire')
Sonnenblumen (*Helianthus annuus* 'Henry Wilde' oder 'Valentine')

Die Vorgehensweise

Entfernen Sie die unteren Blätter und schneiden Sie die Stiele schräg ab, so daß Sie sie leicht in die Steckmasse stecken können.
Folgen Sie den Schritten **1-5.**

1 Entfernen Sie die Kette des einen Korbes, die des zweiten belassen Sie, um das Arrangement daran aufhängen zu können. Die Körbe werden mit Moos ausgekleidet.

2 Schneiden Sie einen Block Steckmasse in vier Teile. In den einen Korb legen Sie dann einen ganzen Block und an die Seiten jeweils ein Viertel. Der andere Korb wird mit zwei aufeinanderliegenden Blöcken und mit jeweils einem Viertel an den Seiten gefüllt.

3 Anschließend setzen Sie die beiden Körbe zu einer Kugel zusammen und verbinden die beiden Hälften mit dem kräftigen Haltedraht.

4 (*oben*) Dann hängen Sie die Kugel in geeigneter Arbeitshöhe auf. Sichern Sie das Ende des Seils und führen Sie ggf. noch ein zweites Seil von der Unterseite der Kugel zum Boden. Dort können Sie es mit dem Zeltpflock befestigen. Als erstes stecken Sie den Heckenliguster, den Sie gleichmäßig über die ganze Kugel verteilen.

5 (*Folgeseite*) Dann folgen der Perückenstrauch und die Ölweide, wobei Sie ihre grauen und purpurnen Blätter gleichmäßig verteilen müssen. Anschließend stecken Sie an allen Seiten Sorte für Sorte die Hintergrundpflanzen. Als nächstes folgen die Gladiolen und Dahlien. Schließlich werden die Sonnenblumen locker verteilt.

Herbst-Arrangements

Ein Herbstgeschenk

Abbildungen auf den Seiten 76-77
Dieser leuchtend bunte Strauß mit Blumen und Laubpflanzen, verpackt in Blumenfolie, dürfte jeden Ihrer Gastgeber tief beeindrukken. Mit dem Karmesinrosa, Weinrot, Türkis und tiefen Orange vor dem Silber und Grün von Zypergras, Beifuß sowie Ölweide ist eine farbenfrohe Kreation geschaffen, die sich kaum überbieten läßt.

Die Blumenfolie wirkt edel und schützt die Blumen auf einer Reise. Sie dürfen Schnittblumen niemals ohne Wasser im aufgeheizten Auto transportieren – Ihr kostbares Gut würde in wenigen Minuten verwelken. Wickeln Sie die Stiele darum in feuchtes Küchenpapier und stecken Sie sie in eine Plastiktüte, die Sie mit einem Gummiband verschließen können.

Die Ausstattung

ein Band
durchsichtige Blumenfolie
eine Gartenschere

Die Pflanzen

jeweils 5-7 der folgenden Pflanzen, 45 cm lang:
Ölweide (*Elaeagnus angustifolia* oder *E.* 'Quicksilver')
Beifuß (*Artemisia arborescens* 'Faith Raven' oder *A. pontica*)
Hasenohr (*Bupleurum fruticosum*)
Fruchtstände der *Iris foetidissima*
Salbei (*Salvia uliginosa*)
Federborstengras (*Pennisetum villosum*)
jeweils 5-7 der folgenden Pflanzen, 30 cm lang:
Dahlien (*Dahlia* 'Glow' und 'Natal', 'Queen Fabiola' oder 'Arabian Night')
Glattblattastern (*Aster novi-belgii* 'Carnival')
Zypergras (*Cyperus albostriatus* oder *C. eragrostis*)

Die Vorgehensweise

Entfernen Sie am unteren Ende der Stiele alle Blätter, die sich in der Vase im Wasser befinden würden. Folgen Sie den Schritten **1-4.**

1 Schaffen Sie mit der Ölweide eine Grundstruktur und fügen Sie dann Beifuß und Hasenohr hinzu, wobei einige Ölweidenzweige herausragen sollten. Das Laub darf im Vordergrund leicht überhängend sein.

2 Anschließend geben Sie die Dahlien und die Astern bei, die Sie gleichmäßig verteilen müssen. Dann werden die Fruchtstände der Iris dazwischengestellt.

3 Fügen Sie als Kontrast den himmelblauen Salbei, das leuchtend grüne Zypergras und das fedrige Federborstengras hinzu – etwas davon stecken Sie in die Mitte, den Rest an den Rand des Straußes. So ist das Arrangement ausgewogen, ohne zu symmetrisch zu wirken. Jetzt wird es schwer, noch mit einer Hand alle Pflanzen zusammenzuhalten.

4 Legen Sie den Strauß darum vorsichtig auf den Tisch, wobei Sie ihn mit einer Hand festhalten und (unter Zuhilfenahme Ihrer Zähne) mit der anderen zusammenbinden. Kürzen Sie anschließend alle Stiele auf die gleiche Länge. Verholzte Stiele sollten Sie um 2,5 cm einkerben, damit sie das Wasser gut aufnehmen können.

Eine Herbstlese

Im Herbst können Sie nicht mehr aus dem vollen schöpfen. Deshalb sollten Sie aus dem verbliebenen Angebot jeweils nur wenig pflücken. Keine der hier abgebildeten Vasen vermag für sich alleine ausreichend zu wirken, im Ensemble aber haben wir es mit einer geradezu üppigen Anordnung zu tun.

Die Ausstattung

Gläser und Vasen in unterschiedlicher Höhe, auch eine dünnhalsige Vase
15-20 Murmeln, die die Blumen in den kleinen Vasen halten sollen
Haltedraht für den Hopfenkranz

Die Pflanzen

Hopfenranken (*Humulus lupulus*)
folgende Blumen und Laubpflanzen, auf die $1^1/_2$-2fache Höhe der Vasen geschnitten:
5-7 Scheinreben (*Ampelopsis glandulosa* var. *brevipedunculata*)
3-5 Pfaffenhütchen (*Euonymus europaea*)
3-5 *Abutilon* 'Ashford Red'
7-9 Schmuckkörbchen (*Cosmos atrosanguineus*)
3-5 tiefrote Veilchen (*Viola*-Sorten)
7-9 Dahlien (*Dahlia* 'Bishop of Llandaff')
3-5 purpurne Veilchen (*Viola*-Sorten)
3-5 großblumige Peruanische Edelkirschen (*Nicandra physalodes*)
3 Ochsenzungen (*Anchusa azurea* 'Royal Blue')
7-9 Enzianblüten (*Gentiana triflora*)

Die Vorgehensweise

Als erstes sollten Sie den Hopfenkranz binden (siehe S. 88). Scheinrebe, Pfaffenhütchen und *Abutilon* kommen jeweils in verschiedene Vasen. Anschließend geben Sie die Schmuckkörbchen und tiefroten Veilchen in die dünnhalsige Vase, die Dahlien aber in ein eigenes Gefäß. Die purpurnen Veilchen, Edelkirschen und Ochsenzungen stellen Sie in die eine kleine Vase mit Murmeln, die Enzianblüten in die andere.

Herbstlicher Tischschmuck

Das Gelb, Orange sowie Grün dieses Arrangements wird von der herbstlichen Fülle aus schmucken Früchten und Gemüsen hübsch aufgefangen.

Die Ausstattung
eine flache Obstschale, etwa 30 cm Durchmesser und 10 cm tief
feuchte Steckmasse
ein Nadelhalter
Klebeband

Die Pflanzen
jeweils 7-10 der folgenden Pflanzen, 30-45 cm lang:
Schlehe (*Prunus spinosa*)
Gemeiner Schneeball mit orangefarbenen Beeren (*Viburnum opulus*)
Lampionblume (*Physalis alkekengi*)
Sonnenhut (*Rudbeckia*)
Tithonie (*Tithonia rotundifolia* 'Torch')
Zinnien (skabiosenblütige *Zinnia*)
Bartfaden (*Penstemon* 'Blackbird')
15 Fackellilien (*Kniphofia* 'Yellow Hammer')

Die Vorgehensweise
Befestigen Sie den Nadelhalter mit Klebeband in der Schale; darauf kommt dann bis 2,5 cm über dem Rand die Steckmasse. Die Grundstruktur des Arrangements aus Schlehe und Schneeball sollte sich in alle Richtungen über dem Tisch ausbreiten, und zwar auf einer Seite stärker als auf der anderen. Lassen Sie die Lampionblumen am Rand der Schale etwas überhängen.

Geben Sie dann Sonnenhut, Tithonien und Zinnien bei, die die Mitte betonen sollen. Anschließend füllen Sie das Arrangement an der Außenseite mit Bartfaden und Fackellilien. Als Gegengewicht zu den abwärts geneigten Linien der Schlehen und Lampionblumen auf der einen Seite sollten Sie auf der anderen den Eindruck von Höhe vermitteln.

Muranoglas

Hier zeige ich, daß man auch mit einer einzelnen Blume eine bestechende Wirkung erzielen kann. Ein solcher Solitär benötigt ausreichend Platz und muß in einer sorgfältig ausgesuchten Vase stehen. Dann vermag er mit einem Ensemble aus 10 oder 20 verschiedenen Sorten von Blumen und Blattpflanzen mitzuhalten, die in einer großen kunstvollen Vase arrangiert sind, und dieses Arrangement sogar zu übertreffen. Versuchen Sie es bei dieser Kreation im Frühjahr mit einer gekräuselten, geflammten Papageientulpe, im Sommer mit einer makellosen Sonnenblume oder auch mit Türkenmohn.

Die Ausstattung

eine Vase aus Muranoglas, 50 cm hoch

Die Pflanze

ein einzelner 1,2-1,5 m hoher Dufttabak (*Nicotiana sylvestris*)

Die Vorgehensweise

Zuerst entfernen Sie die unteren Blätter des Dufttabaks, damit er in der hohen Vase festen Halt findet. Stellen Sie Ihren Solitär dann so hinein, daß er nicht ganz aufrecht steht, aber die Linienführung der Vase fortführen kann und sich mit sanftem Schwung zur vollen eindrucksvollen Höhe erhebt.

Flammend rotes Laub

Eine späte Herbstlese mit Zweigen voller Blätter, Beeren und Hagebutten sowie Rohrkolben. Dazu gesellen sich einige wenige Dahlien-, Rittersporn-, Salbei- und Löwenohrblüten.

Die Ausstattung

ein Zinnkrug, 30 cm hoch
große Weihnachtsbaumkugeln

Die Pflanzen

jeweils 5 der folgenden Pflanzen, 60-90 cm lang:
Perückenstrauch (*Cotinus obovatus*)
Amerikanische Roteiche (*Quercus rubra*)
Rohrkolben (*Typha*)
jeweils 7-11 der folgenden Pflanzen, 45-75 cm lang:
Wolfsmilch (*Euphorbia griffithii* 'Fireglow' oder 'Dixter')
Rosen mit Hagebutten (*Rosa moyesii* 'Geranium' oder *Rosa rugosa*)
Schneebeeren mit Beeren (*Symphoricarpos albus*)
jeweils 5-7 der folgenden Pflanzen, 60-90 cm lang:
Rittersporn (*Delphinium*, Gruppe Black Knight)
Löwenohr (*Leonotis ocymifolia*)
Dahlien (*Dahlia* 'Edinburgh')
blauer Salbei (*Salvia guaranitica* oder *S. farinacea* 'Victoria')
roter Salbei (*Salvia elegans* oder *S. fulgens*)

Die Vorgehensweise

Zunächst bauen Sie mit dem Perückenstrauch und den Eichenzweigen die Struktur auf und füllen mit der Wolfsmilch alle größeren Lücken. Dann sollen die Rohrkolben, der Rittersporn und das Löwenohr dem Arrangement Höhe geben, damit es nicht zu rund und ordentlich erscheint. Schließlich verteilen Sie die Hagebutten und Beeren gleichmäßig, so daß das Arrangement gut gefüllt ist, und setzen in die Mitte noch die Dahlien und den Salbei.

Winter-Arrangements

Ein winterliches Fest

Abbildungen auf den Seiten 84-85
Diese Leichtigkeit und Entspannung vermittelnde, dreiteilige Tischdekoration mit festlichen Kerzen in der Mitte besteht aus Wintergrün, zu dem sich frische gelbe und weiße Blumen gesellen. Die hohe klassische Vase wird von zwei glasierten Tonschalen flankiert. Darin befinden sich zwanglos gesteckte Blumen zwischen den wogenden Ähren der Waldrebe und der Reifweide. Dieses Arrangement wirkt einfach und doch großartig.

Um den schlichten, nicht klischeehaften Landhausstil zu treffen, sollten Sie nur solche Pflanzen zusammenstellen, die auch in der Natur ein Ensemble bilden.

Die Ausstattung
eine hohe, klassische Vase, am besten auf einem Sockel, etwa 40 cm hoch
2 Seitenschalen, vorzugsweise erhöht und farblich zu der Vase passend
3 elfenbeinfarbene Kerzen für die Vase, 40 cm lang
2 elfenbeinfarbene Kerzen für die Seitenschalen, 30 cm lang
5 Kerzenhalter
3 Nadelhalter
3 Stück Steckmasse
Klebeband
eine Gartenschere

Pflanzen für jede Seitenschale
10 Zweige mit Haselnußkätzchen (*Corylus avellana*), 30 cm lang
5 Italienischer Aronstab (*Arum italicum* 'Marmoratum'), 15-20 cm lang
5-10 Neapolitanische Alpenveilchen (*Cyclamen hederifolium*), 10-15 cm lang
3 Ranken der Waldrebe (*Clematis cirrhosa*), 50 cm lang
5 Zweige der Heckenkirsche (*Lonicera × purpusii*), 30 cm lang
5-10 Nieswurz (*Helleborus orientalis*, grüne und weiße Sorten), 20-25 cm lang
10-15 Narzissen (*Narcissus* 'Cheerfulness'), 20-25 cm lang
3-5 weiße Hyazinthen (*Hyacinthus orientalis* 'Sneeuwwitje'), in voller Länge

Vorgehensweise für die Seitenschalen
Schneiden Sie die Steckmasse so, daß sie die Schalen bis 2,5 cm über dem Rand anfüllt.
Folgen Sie den Schritten **1-3.**

Pflanzen für die Vase
jeweils 5-10 der folgenden Pflanzen, 60-90 cm lang:
Reifweide (*Salix daphnoides*)
Haselnußkätzchen (*Corylus avellana*)
Waldrebe (*Clematis vitalba*)
Efeu (*Hedera helix* 'Pedata')
Waldrebe (*Clematis cirrhosa*)
15-20 Stiele des Neapolitanischen Alpenveilchens (*Cyclamen hederifolium*), 15-20 cm lang
jeweils 10-15 der folgenden Pflanzen, 20-30 cm lang:
Italienischer Aronstab (*Arum italicum* 'Marmoratum')
Nieswurz (*Helleborus orientalis* und *H. foetidus*)
Lorbeerseidelbast (*Daphne laureola*)
Narzissen (*Narcissus* 'Cheerfulness')
15-20 Schneeglöckchen (*Galanthus nivalis* und *G. nivalis* 'Flore pleno')
5-7 weiße Hyazinthen oder *Hyacinthus orientalis* 'L'Innocence'

Vorgehensweise für die Vase
Befestigen Sie den Nadelhalter am Boden der Vase mit Klebeband und geben Sie in die Vase soviel Steckmasse wie möglich, bis 2,5 cm über dem Rand. Dann stecken Sie die drei Kerzenhalter in die Masse.

Als erstes stecken Sie die Weiden- und Haselnußzweige locker, aber gleichmäßig um die Kerzen, anschließend das Grün der beiden Waldreben, des Efeus, Alpenveilchens und Aronstabs. Dann folgen die Blumen, die Sie gleichmäßig verteilen sollten.

Wenn alles gerichtet ist, können Sie noch einige Efeublätter leger über den Tisch ausstreuen und mit einigen Teelichtern für zusätzliches Kerzenlicht sorgen.

1 Befestigen Sie den Nadelhalter mit Klebeband in der Schale. Darauf setzen Sie die Steckmasse und drücken den Kerzenhalter mit Kerze vorsichtig in die Masse. Dann stecken Sie die Haselnußzweige, die Sie gleichmäßig verteilen sollten.

2 Anschließend füllen Sie das Arrangement mit Alpenveilchen und Aronstab auf. Die Waldreben dürfen auf einer Seite überhängen, wenn Sie mit der Heckenkirsche die Balance wiederherstellen. Lassen Sie diese Zweige lang, damit die Kreation offen bleibt.

3 Dann können Sie die Blumen gleichmäßig verteilt dazustecken, wobei Sie aber jede strenge Symmetrie vermeiden sollten. Das Arrangement darf nicht zu kompakt wirken. Es verlöre den Charme der Leichtigkeit, den es verströmen kann.

Winterzweige

Dieses Arrangement kommt in der lichtdurchfluteten Ecke eines Zimmers oder im Eingangsbereich besonders gut zur Geltung. Als Grundlage können Weiden- und Haselnußzweige dienen, wie ich es hier getan habe. Aber eine Mischung aus Gelbem und Rotem Hartriegel, zusammen mit einer leuchtend bunten Weide, ist ebenso dekorativ. Der kräftige Farbton der großen Rittersternblüten (Hippeastrum) *vermag uns ein wenig zu verzaubern.*

Die Ausstattung

eine Glasvase mit Hals, 30 cm hoch

dünne Rohrstöckchen und Gummibänder für den Ritterstern

etwas Baumwolle

Die Pflanzen

10-12 Zweige der Reifweide (*Salix daphnoides*), 75-90 cm lang

6 Haselnußzweige (*Corylus avellana*), 75-90 cm lang

9-12 rote und weiße Rittersterne (*Hippeastrum*), einige 50 cm, die anderen 60 cm lang

Die Vorgehensweise

Führen Sie die Rohrstöckchen, passend zugeschnitten als Stützhilfe, in die hohlen Stiele des Rittersterns ein (bis zur Blüte hinauf). Dabei sollten Sie die Stielenden mit etwas Baumwolle verschließen und mit jeweils einem Gummiband umwickeln; so vermeiden Sie, daß die Stielenden nach wenigen Tagen splittern.

Geben Sie die Zweige der Reifweide ausgewogen, aber nicht zu symmetrisch in die Vase. Dann arrangieren Sie die Haselnußzweige so, daß die Kätzchen wie am Baum ganz natürlich herabhängen.

Zuletzt stecken Sie den Ritterstern; die kürzeren Stiele betonen dabei die Mitte des Arrangements und verweisen gleichzeitig auf die längeren, deren prächtige Silhouette so unseren Blick festhält.

Ein Winterkranz

Dieser schlichte und doch eindrucksvolle Kranz läßt sich ohne große Mühe herstellen. Er kann Sie über viele Monate erfreuen, wenn Sie ihn jeweils mit frischen Blumen bestücken. Ich habe mich hier für die Nieswurz entschieden, aber die Narzisse 'Paper White' oder Iris unguicularis *sehen ebenso schön aus.*

Bevor Sie den Kranz herstellen, müssen Sie geklärt haben, wo er später hängen soll. Dort schlagen Sie einen Haken in die Wand. Je nach Größe der Wand legen Sie auch die Maße des Kranzes fest.

Die Ausstattung

kräftiger, 3 mm starker Haltedraht
feiner Blumendraht
eine Blumenschere
eine Drahtschere
geruchloses Haarspray, um die Samenkapseln der Waldrebe zu fixieren
10-15 kleine Phiolen (optional)
einen Nagel oder Bilderhaken, um den Kranz aufzuhängen

Die Pflanzen

jeweils 10-15 Zweige der folgenden Pflanzen, 90 cm lang:
gut biegbare Weidenruten, zum Beispiel *Salix babylonica*; auch Hartriegel ist geeignet
Reifweide (*Salix daphnoides*) oder Salweide (*Salix caprea*)
jeweils 10-15 Zweige der folgenden Pflanzen, etwa 45-60 cm lang:
Haselnuß (*Corylus*) oder andere Kätzchen; Erlen (*Alnus*) sind eine gute Alternative
Samenkapseln der Waldrebe (*Clematis vitalba*); alle flaumigen Samenkapseln sind geeignet, zum Beispiel die der Goldwaldrebe (*C. tangutica*) oder *C.* 'Bill Mackenzie'
10-15 Nieswurz (*Helleborus orientalis*), 30 cm lang

Die Vorgehensweise

Folgen Sie den Schritten **1-7.**

1 Formen Sie aus dem Haltedraht ein Rund, wobei Sie die beiden Enden mit dem Blumendraht zusammenbinden. Dann flechten Sie um den Haltedraht drei biegsame Weidenruten. Diese Ruten sitzen gut, wenn Sie ihre dickeren Enden mit dem feinen Blumendraht am Rund festbinden.

2 Jetzt können Sie, jeweils an einem anderen Punkt beginnend, weitere Ruten einflechten. Wickeln Sie diese dabei immer in dieselbe Richtung. So erhalten Sie eine gleichmäßigere Form. Sobald Sie sich eine kräftige Basis geschaffen haben, werden die Ruten vorsichtig mit dem Blumendraht eingebunden.

3 Anschließend flechten Sie nach und nach alle Reif- oder Salweidenzweige ein und stecken die Enden fest. Auch hierbei gilt, stets in dieselbe Richtung zu wickeln, wie bei den ersten Weidenruten, und die Zweige abschließend mit dem Draht einzubinden.

4 Dann sollten Sie die Haselnußkätzchen einstecken, und zwar in unregelmäßigen Abständen und verschiedener Ausrichtung, damit der Kranz später nicht zu steif aussieht und unnatürlich wirkt.

5 Schließlich hängen Sie den Kranz an die Wand. Sollte er noch etwas eiförmig aussehen, können Sie ihn vorsichtig zurechtbiegen und ihm so die perfekt runde Form geben.

6 Zuletzt stecken Sie in unregelmäßigen Abständen die Waldrebenzweige in den Kranz, wobei Sie darauf achten müssen, daß Sie die Samenkapseln nicht beschädigen.

7 (*Folgeseite*) An den Blumen können Sie sich länger erfreuen, wenn Sie sie in mit Wasser gefüllte Phiolen geben und diese in den Kranz stecken.

Ein Schreibtisch im Winter

Kleine Winterblumen sehen besonders hübsch aus, wenn man sie aus der Nähe betrachten kann – zum Beispiel auf einem Schreibtisch oder Nachttisch.

Die Ausstattung

eine Glasschale, 10 cm groß
2 Kupferbecher, 8-10 cm hoch
ein kleines buntes Glasfläschchen, zum Beispiel eine Parfumflasche
ein Wasserglas, etwa 8 cm hoch
8-10 Glasmurmeln
ein Blumenigel, 2,5 cm groß
Klebeband

Die Pflanzen

10-15 getrocknete Blätter der Blutbuche (*Fagus sylvatica* 'Atropunicea')
10-15 Winterlinge (*Eranthis*)
3-5 Gelbe Vorfrühlingsiris (*Iris danfordiae*)
5 Narzissen 'Tête à Tête'
1 Narzisse 'Topolino'
3 Zweige der Zaubernuß (*Hamamelis*)
7-9 Zwergschwertlilien (*Iris reticulata*)
1 Zweig von *Sarcococca*
1 Krokus (*Crocus tommasinianus*)

Die Vorgehensweise

Zuerst füllen Sie die Schale mit Wasser und legen die Buchenblätter auf die Oberfläche. Dazwischen stellen Sie die Winterlinge.

Einen der Kupferbecher füllen Sie zu etwa einem Drittel mit Glasmurmeln und stecken die Vorfrühlingsiris und die Narzissen 'Tête à Tête' hinein. Dann befestigen Sie den Blumenigel mit Klebeband am Boden des anderen Bechers. Dort hinein stellen Sie die Zaubernußzweige und geben die Narzisse 'Topolino' dazu. Die Zwergschwertlilien kommen zusammen mit dem etwa 20 cm langen *Sarcococca*-Zweig in das Wasserglas. Zuletzt stellen Sie den Krokus in das Parfümfläschchen und gruppieren das Ensemble auf dem Tisch.

Ein Blumenvorhang für die Winterparty

Dieser mit frischen Blumen und mit Grün geschmückte Vorhang mutet romantisch an und ist eine elegante Dekoration. Wenn der Vorhang vom Sonnenlicht durchflutet wird, geht von den Nieswurzblüten ein strahlendes Leuchten aus; bei Kerzenschein, treten die charakteristisch geformten Blüten und Samenkapseln wie ein Relief hervor. Die beste Wirkung erzielen Sie mit einer doppelten Reihe Blumen an einer Vorhangkante.

Als erstes befestigen Sie die Musselinbahnen mit Reißnägeln an der Vorhangstange über dem Fenster. Der Stoff soll dabei leichte Falten schlagen.

Um eine girlandenähnliche Wirkung zu erzielen, können Sie die mit Blumen besetzte Seite des Vorhangs mit einem Band aus dem gleichen Material leicht zurückbinden.

Die Ausstattung

2 Bahnen Baumwollmusselin
eine Vorhangstange, Reißnägel
feiner Blumendraht
eine Gartenschere, Sekundenkleber

Die Pflanzen

Wählen Sie unter den folgenden Pflanzen aus; die Stiele schneiden Sie auf 8-10 cm:
Efeublätter (*Hedera helix*)
grüne Nieswurzblüten (*Helleborus argutifolius*, *H. foetidus* und *H. orientalis*)
Schneeglöckchen (*Galanthus nivalis* und *G. nivalis* 'Flore Pleno')
Blätter des Neapolitanischen Alpenveilchens (*Cyclamen hederifolium*)
Hyazinthen (*Hyacinthus orientalis* 'Sneeuwwitje')

Die Vorgehensweise

Folgen Sie den Schritten **1-5.**

1 Schneiden Sie für jeden Pflanzenstiel ein 4 cm langes Stück Draht und biegen Sie sich daraus U-förmige Klammern.

2 Anschließend stechen Sie die beiden Enden einer Klammer vorsichtig durch den Pflanzenstiel und biegen sie zusammen.

3 Dann befestigen Sie Ihren Blumenschmuck am Vorhang, indem Sie die Klammern vorsichtig durch den Stoff stecken.

4 Um den Blumen einen festen Halt zu geben, müssen Sie die Enden der Klammer in entgegengesetzte Richtungen auseinanderbiegen.

5 Ggf. können Sie auch an beiden Rändern des Vorhangs eine doppelte Blumenreihe anordnen. Schließlich bestreichen Sie die Rückseiten der Efeu- und Alpenveilchenblätter mit Sekundenkleber und verteilen sie in legerer Anordnung auf dem Musselin.

Frühlingsboten

Dieser Zwergblumenstrauß gehört zu meinen Lieblingsarrangements. Er läßt sich ganz einfach zusammenstellen. Aus der Nähe sind die unterschiedlichen Maserungen zu erkennen; dann nehmen Ihre Sinne auch die Farben und Düfte voll auf.

Schon gegen Ende des Winters stehen an den geschützten sonnigen Standorten die ersten Zwiebelpflanzen in Blüte – zum Beispiel Traubenhyazinthen oder Blausterne. Zusammen mit einigen Spätwinterblumen (z.B. Lungenkraut, Alpenveilchen, Krokusse) kreieren Sie für Ihren Nachttisch ein Juwel der ganz besonderen Art.

Die Ausstattung

ein farbiger Glaskübel, 8-10 cm hoch

Die Pflanzen

jeweils 5-10 der folgenden Pflanzen, so lang wie möglich:

Krokusse, zum Beispiel Balkankrokusse (*Crocus chrysanthus* 'Brass Band', gelb) und Gartenkrokusse (*C. vernus* 'Remembrance', purpur)

Lungenkraut (*Pulmonaria officinalis* 'Sissinghurst White' und 'Blue Ensign')

Primelhybriden

Blausternchen oder Schneestolz

Narzissen (*Narcissus cyclamineus* oder *N.* 'Canaliculatus')

Spätwinteralpenveilchen (*Cyclamen coum*)

Traubenhyazinthen (*Muscari*)

Schneeglöckchen (Sorten von *Galanthus nivalis*)

Die Vorgehensweise

Beginnen Sie mit den kräftigeren, volleren Blumen – mit den Krokussen, dem Lungenkraut und den Primelhybriden, um so die Grundstruktur aufzubauen. Dazwischen stecken Sie dann die zarter gebauten Blausterne, Narzissen, Alpenveilchen und Traubenhyazinthen, wobei keine Ihrer Sorten in größeren Gruppen zusammenstehen sollte. Am Schluß geben Sie die Schneeglöckchen bei.

Blüten und Laub im Jahreslauf

Alle Blüten- und Blattpflanzen, die ich hier beschreibe, sind auf die eine oder andere Weise von erlesenem Wert – sei es, daß sie durch ihre besondere Farbenpracht gefallen, einen bezaubernden Duft verströmen oder sehr lange blühen. Nahezu alle diese Pflanzen sind leicht zu kultivieren und benötigen keine zu aufwendigen Pflegemaßnahmen. Viele der einjährigen Pflanzen sind schon in wenigen Monaten ertragreich.

So ist jede der hier vorgestellten Pflanzen von besonderem Wert. Berücksichtigen Sie bei der Auswahl auch solche Sorten, an denen Sie nicht nur für eine kurze Zeit Ihre Freude haben. Halten Sie Ausschau nach Pflanzen, die sowohl hübsche Blüten als auch farbenprächtige Hagebutten oder Früchte und Blätter hervorbringen. Die Schmucklilie ist mit ihren blauen oder weißen Blüten im Sommer von unschätzbarem Wert; sie bereichert mit ihren grünen Fruchtständen aber auch die Herbstfärbung in Ihrem Garten. Dasselbe gilt für die Pfingstrose. Mit ihren Blättern im Frühling, Blüten im Frühling und Sommer sowie Fruchtkapseln im Herbst eignet sie sich als Schnittblume ganz vorzüglich.

Im Haus viele Blumen zu haben erfreut zu jeder Jahreszeit. Aber treffen Sie darum auch Vorsorge für die Wintermonate. Bei einer Auswahl nach meinen Vorschlägen haben Sie das ganze Jahr über Schnittblumen.

Eine Orgie in Frühlingsfarben – aus Pflanzen der Gattung Wolfsmilch in Tiefgrün und Hellrot (Euphorbia cornigera, E. polychroma *und* E. griffithii *'Fireglow'*) *sowie der dunkelpurpurfarbenen Tulpe 'Black Parrot' und der weißen Bergwaldrebe.*

Frühjahr

In der freien Natur ist der Frühling die Zeit des Erblühens. Nun bricht sich das neue Leben Bahn, und der Blumenliebhaber kann aus dem vollen schöpfen, um seine Beete aufzufüllen.

Grün und Silber

CYNARA
Artischocke

Haupteintrag: Sommer; Blau und Purpur, S. 132. *Die graugrünen Blätter der Artischocken geben einen vorzüglichen Hintergrund für die Nieswurz oder die samtene Primel (Gruppe Polyanthus) ab (siehe S. 56-58).*

EUPHORBIA
Wolfsmilch

Immergrüner und sommergrüner Halbstrauch, einjährige, zweijährige Pflanzen und Stauden; Winterhärte: E. characias *Sorten 7-10;* E. amygdaloides *var.* robbiae, E. lathyris, E. marginata, E. seguieriana *8-9;* E. amygdaloides, E. schillingii *7-9;* E. cornigera, E. sikkimensis *6-9;* E. cyparissias, E. dulcis, E. polychroma, E. griffithii *Sorten 4-9;* E. palustris *5-8*
Höhe: E. cyparissias, E. dulcis *30 cm;* E. amygdaloides, polychroma, E. seguieriana *45 cm;* E. amygdaloides *var.* robbiae, E. marginata *60 cm;* E. cornigera, E. griffithii *Sorten,* E. palustris, E. schillingii *90 cm;* E. characias *Sorten,* E. lathyris, E. sikkimensis *1,2 m*

Eignung als Schnittblume *Ich setze die Wolfsmilch für jedwedes Arrangement ein. Ihr aufrechter Wuchs und ihre lebhaft grünen Deckblätter schaffen im Blumenbeet und für den Blumenstrauß einen idealen Kontrast zu allen Farbtönen. Wenn Sie die Wolfsmilch das ganze Jahr über haben wollen, fangen Sie mit den strauchartigen immergrünen Sorten von* E. characias *an.* E. characias *ssp.* wulfenii *'John Tomlinson' und 'Lambruck Gold' gehören zu den besten Sorten. Beide machen sich gut in einem Arrangement mit üppigen Fruchtblütenzweigen (siehe S. 63). Eine der schönsten Kompositionen ergibt sich etwas später, wenn Sie die Goldwolfsmilch, die goldgelbe Trugdolden aufweist, und die höherwüchsige Sumpfwolfsmilch mit der orangefarbenen Sorte* E. griffithii *'Fireglow' kombinieren und dazu eine dunkelfarbene Akelei und die Tulpensorte 'Queen of Night' auswählen (siehe S. 60). Im späten Frühling entscheide ich mich für ein kleineres Sträußchen von* E. cyparissias. *Diese Art hat kleine, lebhaft grüne Blüten und Deckblätter.*

Auch im Sommer und in den Herbst hinein ist die Wolfsmilch eine meiner Hauptstützen im Schnittblumengarten (siehe S. 116 und 137); die grüne E. cornigera *blüht sogar bis in den Winter hinein. Für die Weihnachtstage stelle ich sie mit Herbstanemonen* (Anemone × hybrida) *zu einem Strauß zusammen.*

Bei der Wolfsmilch hat man es mit einer Pflanze zu tun, auf deren Milchsaft man stark allergisch reagieren kann. Das Händewaschen ist besonders wichtig. Denn wenn ich es versäume, mir meine Schutzhandschuhe überzuziehen, schwillt mein Gesicht in beängstigender Weise an. Diese allergische Reaktion ist, so will es mir scheinen, an heißen Tagen besonders ausgeprägt.

Konditionierung *Wolfsmilch sollte sich etwa 10 Tage halten, wenn Sie sie über Nacht ins Wasser legen oder die Stengelenden für einige Sekunden in heißes Wasser tauchen, um so den Saftfluß zu stoppen (siehe S. 18). Andernfalls können Ihre Hände leicht mit dem Saft in Berührung kommen.*

Kultur *Wenn Sie die Wolfsmilch in der Gärtnerei kaufen, entscheiden Sie sich für kleine Pflanzen. Denn sie sind vergleichsweise schnellwüchsig, und so sparen Sie Geld. Ich habe verschiedene Sorten auf jeder Seite des Hauptweges in meinem Schnittblumengarten. So kann ich fast das ganze Jahr über meinen Bedarf decken. Ich schlage vor, daß Sie Ihre Pflanzen in Dreiergruppen kultivieren – ausgenommen die Art* E. characias, *die auch allein stehen kann.*

Die meisten Arten der Wolfsmilch bevorzugen die volle Sonne (aber akzeptieren auch den Halbschatten) und gut durchlässige sowie nährstoffreiche Böden. Von einem Mulch aus gut verrottetem Kompost im Frühjahr profitieren diese Pflanzen im allgemeinen. E. amygdaloides *und ihre Sorten säumen gern den Rand von Gehölzgruppen und geben sich mit einem nährstoffarmen trockenen Boden zufrieden.*

E. characias *bildet im ersten Jahr zweijährige Blatttriebe aus, im nächsten die Blütentriebe. Schneiden Sie diese zurück, sobald sie welk werden, um so Platz für den neuen Wuchs zu schaffen.*

Die sommergrünen Stauden (z.B. die Goldwolfsmilch, E. polychroma) *sollten im Herbst bis zum Boden zurückgeschnitten werden.*

Ziehen Sie sich Ihre Wolfsmilch aus Samen, durch Teilung oder durch Steck-

1 Gemüseartischocke (*Cynara cardunculus*)
2 *Euphorbia cyparissias*
3 *Euphorbia characias*
4 *Euphorbia amygdaloides*
5 *Euphorbia amygdaloides* var. *robbiae*
6 *Helleborus argutifolius* (Fruchtstand)
7 Pferdeeppich (*Smyrnium olusatrum*)
8 *Smyrnium perfoliatum*

linge. Mit der einjährigen Art Schnee-auf-dem-Berge (E. marginata) *erzielen Sie die besten Ergebnisse, wenn Sie sie früh im Gewächshaus säen und dann in der warmen Jahreszeit auspflanzen. Die Sumpfwolfsmilch* (E. palustris), *aus Samen gezogen, wird noch im selben Jahr blühen, wenn Sie die Aussaat früh genug vornehmen.*

Einige Arten der Wolfsmilch säen sich auch gut selbst aus. E. characias, *die Springwolfsmilch* (E. lathyris), E. dulcis *und* E. amygdaloides *bringen grundständige Triebe hervor, die Sie abnehmen und in Töpfe setzen sollten, solange sie noch jung sind.*

E. cyparissias, E. dulcis, E. amygdaloides *var.* robbiae *und Sorten von* E. amygdaloides, E. schillingii, E. sikkimensis *sowie Sorten von* E. griffithii *bilden Ausläufer, die sich überaus schnell ausbreiten. Warten Sie, bis sich die jungen Pflanzen gut entwickelt haben, dann trennen Sie sie ab.* E. cyparissias *ist so üppig wuchernd, daß Sie den Standort sehr sorgfältig aussuchen sollten.* E. seguieriana, *Goldwolfsmilch,* E. cornigera *und Sumpfwolfsmilch bilden große Wurzelballen aus, die Sie problemlos teilen können.*

HELLEBORUS ARGUTIFOLIUS

Haupteintrag: Winter; Grün und Silber, Seite 149. *Die fein geformten Samenkapseln von* Helleborus argutifolius *passen am besten zu der dunkelfarbenen Tulpe 'Queen of Night' oder zur persischen Kaiserkrone.*

SMYRNIUM

Zweijährige Pflanze; Winterhärte: 7-9
Höhe: 60-90 cm

Eignung als Schnittblume S. perfoliatum *ist elegant. Die Pflanze hat lindgrüne Deckblätter und winzige wie ein Kronleuchter angeordnete gelbgrüne Blüten. Am liebsten kombiniere ich sie mit der Herzblume 'Bacchanal' sowie der Schachbrettblume und stelle den Strauß auf ein Fensterbrett. Der Pferdeeppich* (S. olusatrum) *ist gleichfalls eine wertvolle Schnittblume. Diese Art macht einen robusten, stämmigen Eindruck und läßt sich gut mit den farbenprächtigen Papageientulpen und Kaiserkronen arrangieren. Der einzige Nachteil des Pferdeeppichs besteht darin, daß er einen unangenehmen Geruch verströmt.*

Konditionierung *Entfernen Sie die unteren Blätter, und legen Sie Ihre Pflanzen dann über Nacht ins Wasser.*

Kultur *Pferdeeppich bevorzugt einen offenen, sonnigen Standort mit nährstoffreichem, gut durchlässigem Boden.* S. perfoliatum *liebt etwas Schatten und paßt gut zu anderen sommergrünen Waldpflanzen (wie der Nieswurz) und zum Salomonssiegel. Pflanzen der Gattung* Smyrnium *sind in Gärtnereien selten zu bekommen; aber Pferdeeppich läßt sich aus Samen ziehen.*

Aus Samen gezogen kann S. perfoliatum *etwas unzuverlässig sein; aber haben sich Ihre Pflanzen erst einmal voll etabliert, sind sie gut selbstaussäend. Am besten graben Sie sich von geeigneten Standorten Ihre eigenen Sämlinge aus. Doch bedenken Sie: Schon im Hochsommer beginnt die Ruhephase. Holen Sie sich Ihre jungen Pflänzchen darum vorzugsweise im Winter, wenn die neuen Blätter erscheinen.*

TULIPA

Tulpe

Haupteintrag: Frühjahr; Orange und Rot, Seite 108. *Mein starkes Interesse gilt der Sorte 'Spring Green', der kräftigsten aus der Viridiflora-Gruppe. Ihre einfache cremefarbene und grüne Tönung paßt vorzüglich zum Weiß des Flieders, von* Prunus *'Taihaku' und vom Tränenden Herz 'Alba'. Großartig kommt sie zur Geltung, wenn sie ausschließlich mit der dunkelfarbenen Papageientulpe kombiniert wird. Auch die Sorte 'Hummingbird' wirkt in ihrer blaßgrünen, im Kontrast zu einem grapefruitfarbenen Gelb stehenden Blütenfarbe ausgesprochen elegant. Hingegen kommt mir die kleinere 'Pimpernel' mit ihren graugrün geränderten weißen Blüten und Blättern etwas primadonnenhaft vor. Am besten stellt man diese Tulpe für sich allein in eine helle Glasvase.*

9 *Tulpe* 'Hummingbird'
10 *Tulpe* 'Pimpernel'
11 *Tulpe* 'Spring Green'

Weiß

AMELANCHIER

Felsenbirne

Sommergrüner Strauch, Großstrauch bis Baum; Winterhärte: 5-9

Höhe und Ausbreitung: bis zu 6 × 3 m

Eignung als Schnittblume *Die drei verbreitetsten Arten,* A. canadensis, *die Kupferfelsenbirne* (A. lamarckii) *und die Kahle Felsenbirne* (A. laevis), *sind sehr ähnlich; selbst Botaniker tun sich schwer, sie zu unterscheiden. Darum nehmen Sie die botanische Auszeichnung dieser Blumen durch die Gärtnerei nicht so genau. Achten Sie statt dessen vorrangig darauf, daß sich die Felsenbirne in gutem Zustand befindet. Sie weist hübsche ovale Blätter auf und ist mit ihren trichterförmigen Grundstämmen wohlproportioniert. Ich schätze besonders die zur Frühlingsmitte auftretende Farbkombination aus dem Kupferrot des jungen Laubs und dem Reinweiß der Blüten. Die Felsenbirne setze ich gern ein, um einem üppigen Frühlingsstrauß aus weißem Flieder, Viridiflora-Tulpen, einer Pfingstrose mit stark gefüllter Blüte in Weiß und dem weißen Tränenden Herz 'Alba' Struktur zu geben. Was diese Pflanze wert ist, zeigt sie erneut im Herbst, wenn ihre kleinen Blätter eine einzigartige Färbung aus Rot-, Orange- und Ockertönen angenommen haben.*

Konditionierung *Es lohnt sich, die verholzten Zweigenden mit dem Hammer aufzubrechen und Ihr Schnittgut über Nacht ins Wasser zu stellen.*

Kultur *Gut geeignet für einen kleineren Garten, da die Felsenbirne niemals zu groß wird. Es reicht, eine einzige Pflanze zu kultivieren, es sei denn, Sie haben sehr viel Platz zur Verfügung.*

Die beste Zeit, Ihre Felsenbirne anzupflanzen, ist der späte Herbst – nach dem Blattfall, aber noch vor den starken Frösten. Setzen Sie sie an einen sonnigen Standort (oder im Halbschatten), wo der Boden gut durchlässig und nicht zu trocken ist. Tragen Sie im zeitigen Frühjahr dann einen Mulch aus gut verrottetem Kompost oder Stallmist auf. Felsenbirnen vertragen meist keine kalkhaltigen Böden. Am besten gedeihen sie, wenn der Boden neutral bis sauer ist.

Kaufen Sie die schon gut entwickelten Pflanzen, damit Sie sich möglichst schnell Zweige abschneiden können. Eine Vermehrung durch Teilung, Aussaat oder Absenker (bei Sträuchern) ist möglich.

ANEMONE

Staude; Winterhärte: 5-9 (A. × hybrida *6-9)*

Höhe: A. blanda *Sorten,* A. nemorosa *10 cm;* A. coronaria *20-25 cm;* A. hupehensis *60-75 cm;* A. × hybrida *1,5 m.*

Eignung als Schnittblume *Anemonen eignen sich vorzüglich als Schnittblumen, und zwar im Frühling, Sommer oder Herbst, selbst im Winter. Das Buschwindröschen* (A. nemorosa) *kommt als Wildstaude im Halbschatten der Laubgehölze vor. Seine einfachen Blüten in der Form eines Katharinenrads sehen liebenswert aus und sprechen für sich. Es gibt davon sehr hübsche Sorten, beispielsweise die glyzinenblaue Sorte, deren Staubbeutel butterblumengelb sind.*

Die Balkananemone (A. blanda) *weist mehr Blütenblätter auf, die feiner geschnitten sind als die des Buschwindröschens. Sie blüht vom Spätwinter bis zur Mitte des Frühlings und kommt in vielen Farbvarianten vor. Ich nenne hier nur die dunkelblaue Sorte 'Atrocaerulea' (siehe S. 112 und 113). Zu den wichtigen Schnittblumen des Frühlings gehören auch die Sorten der Garten- oder Kronenanemone* (A. coronaria). *Ich schätze besonders ihre einfarbigen Varianten: die samtene, tief blaupurpurne, die exzentrische karminrosafarbene und die reinweiße 'The Bride', die man freilich nur selten unvermischt kaufen kann.*

Vom Spätsommer bis gelegentlich Weihnachten stehen Ihnen Sorten der Japananemone (A. hupehensis) *und von* A. × hybrida *zur Verfügung (siehe S. 139). Sie sind wegen ihrer langen, aufrechten Stengel als Schnittblume besonders kostbar.*

Kultur *Das Buschwindröschen liebt schattige Lagen, die Balkananemone einen sonnigen bis leicht halbschattigen Standort; beide benötigen nährstoffreiche humose, gut durchlässige Böden und eignen sich zur Unterpflanzung von Ziersträuchern, Baum- und Gehölzgruppen. Wenn die Gartenanemone in sonniger Lage und auf gut durchlässigem Boden wächst, wird sie überaus dankbar sein und monatelang blühen. Die Japananemone bevorzugt eine geschützte, halb- bis ganzschattige Lage, während* A. × hybrida *den offenen Standort liebt, aber auch im Schatten gedeiht.*

Die Balkananemone, das Buschwindröschen und die Gartenanemone sind als Blumenknollen recht billig. Sie wachsen übrigens besser an, wenn Sie sie 24 Stunden vor der Anpflanzung ins Wasser legen.

Von der großwüchsigen Gartenanemone und A. × hybrida *kaufen Sie sich drei bis fünf Pflanzen Ihrer Wahl. Das reicht allemal für viele Arrangements. Achten Sie beim Kauf darauf, daß Ihre Pflanzen nicht zu hoch gewachsen sind, wenn Sie im ersten Jahr Wert auf große Blüten legen.*

Die Vermehrung erfolgt durch Teilung oder Wurzelschnittlinge im Winter – selbst aus dem kleinsten Teil einer Knolle dürfte sich noch ein neues Pflänzchen entwickeln (siehe S. 37, 41, 43). Eine Aussaat sollte im Spätsommer vorgenommen werden.

Für kommerzielle Zwecke wird in den Gärtnereien insbesondere die St Brigid-Gruppe der Gartenanemone aus Samen gezogen – die Aussaat erfolgt im Frühling, die Blüte reicht vom Spätsommer bis zum kommenden Frühjahr.

1 Balkananemone (*Anemone blanda*)
2 Gartenanemone (*Anemone coronaria* 'The Bride'), Gruppe De Caen
3 Buschwindröschen (*Anemone nemorosa*)

ANTHRISCUS SYLVESTRIS

Wiesenkerbel

Zweijährige Pflanze; Winterhärte: 4-8

Höhe: 90 cm

Eignung als Schnittblume *In manchen Regionen pflegen im späten Frühling bis in den Sommer hinein weiche, weiße*

Wolken aus Wiesenkerbel die Feldwege zu säumen. Aber wenn Sie eine Vorliebe für Raritäten besitzen, sollten Sie sich doch für die dunkelblättrige Sorte 'Ravenswing' entscheiden. Sie bringt kleinere Blüten hervor, aber ihr fein geschnittenes Blattwerk ist für jeden Garten eine Zierde. Langstielig geschnitten wissen diese Blumen in einer Glasvase allerdings schon durch ihrer Blüten allein zu gefallen. Wenn Sie die Stiele kürzer abschneiden, geben sie einem gemischten Arrangement die betont ländliche Note.

Kultur *Der Wiesenkerbel gedeiht in sonnig halbschattigen Lagen auf nährstoffreichen, gut durchlässigen, lehmig-humosen Böden. Die Samen können Sie in einer Gärtnerei kaufen oder auf einem Spaziergang durch die sommerlichen Felder vom Wegesrand sammeln. Dieser Pflanze bekommt es nicht, wenn Sie sie umpflanzen. Das spricht für eine neue Aussaat. Die Sämlinge vereinzeln Sie dann so, daß sich bei der Reihenanordnung ein Abstand von 20-30 cm ergibt. Die Samen von* A. sylvestris *'Ravenswing' können Sie leider nicht über eine Gärtnerei beziehen. Um für Ihre Gebinde, Sträuße etc. ausreichend Schnittgut zu erhalten, kaufen Sie sich darum drei bis fünf Pflanzen, von denen Sie sich dann selbst das Saatgut beschaffen.*

CLEMATIS

Waldrebe

Immergrüne oder sommergrüne Kletterpflanzen und Stauden; Winterhärte: C. cirrhosa *7-9;* C. × durandii, C. montana, C. tangutica *6-9;* C. vitalba, C. viticella *5-9*

Höhe: C. × durandii *1,8 m;* C. *'Rouge Cardinal',* C. cirrhosa, C. viticella *2-3 m;* C. tangutica *3-3,7 m;* C. montana *6 m;* C. vitalba *9 m*

Eignung als Schnittblume *Im Grunde sind alle Waldreben als Schnittblumen geeignet; das Problem ist nur, daß sie sehr kurze Zweige haben. Folglich müssen Sie schon ein wenig »brutal« sein und ganze Blütenstengel abschneiden. Sorten der Bergwaldrebe* (C. montana) *eignen sich im Frühjahr dazu besonders. Sie verfügen über kräftige verholzte Stengel, die von der Spitze bis zur Basis frische Blüten zeigen. Im späten Frühjahr und Frühsommer setze ich diese Blütenzweige gern als Hauptbestandteil in einem Hochzeitsstrauß ein. Schneiden Sie sich herabhängende Zweige lang ab und binden Sie diese dann so zusammen, daß sich die von Ihnen gewünschte Länge ergibt. Ein wunderhübsches Bukett kommt zustande, wenn Sie die Bergwaldrebe mit dem Gemeinen Schneeball zusammenstecken, wobei die Krone mit den langstieligen Blütenzweigen des Salomonssiegel ausgefüllt wird.*

Es ist ratsam, einen Hochzeitsstrauß vor einem großen Spiegel zusammenzustellen. Halten Sie ihn dann in der Weise, wie die Braut es später tun wird, und stecken Sie die einzelnen Zweige dabei so, daß die Blüten aus diesem Blickwinkel auch gesehen werden können.

Im Sommer stehen Ihnen die prächtigen roten und purpurnen Waldreben, beispielsweise die Italienische Waldrebe (C. viticella *'Royal Velour', siehe S. 126), zur Verfügung, im Herbst bietet sich die Goldwaldrebe* (C. tangutica) *an; sie hat gelbe Glocken. Die Gewöhnliche Waldrebe* (C. vitalba), *weist silbrigweiße Fruchtstände auf – eine treffliche Wahl für den Winter.*

Kultur *Die Waldreben sollten vorzugsweise im Frühling gepflanzt werden. Wie die meisten Kletterpflanzen gedeihen sie am besten, wenn die Wurzeln beschattet sind, die emporrankenden Triebe aber die volle Sonne mitbekommen. Die Bergwaldreben vertragen auch Halbschatten bis Schatten. Die Hybride* C. × durandii *und andere nicht kletternde Waldreben können Sie gut in einem Kräuterbeet kultivieren. Alle Waldreben lieben wasserspeichernde Böden.* C. × durandii *und alle krautigen Waldreben sollten im Herbst bis in Bodennähe zurückgeschnitten werden. Die im Hochsommer und später blühenden Sorten schneiden Sie im Spätwinter oder im zeitigen Frühjahr auf mindestens 30 cm über dem Boden zurück.*

Die Vermehrung erfolgt durch Stecklinge oder durch Absenker im Frühsommer. Wildarten werden im Herbst ausgesät.

❹ *Amelanchier canadensis*
❺ Wiesenkerbel (*Anthriscus sylvestris*)
❻ Bergwaldrebe (*Clematis montana*)

CONVALLARIA MAJALIS
Maiglöckchen
Sommergrüne Staude; Winterhärte: 4-9
Höhe: 20-25 cm

Eignung als Schnittblume *Die weiße glockenförmige Blüte des Maiglöckchens ist wohlduftend süß. Es begnügt sich auch mit einem schattigen Standort in Ihrem Garten. Diese Pflanze zeichnet sich dadurch aus, daß sie prächtig gedeihen kann, wo kaum noch etwas anderes wächst.*

'Fortin's Giant' ist für mich eine ganz vorzügliche Sorte. Sie hat große Blüten und ein ausladendes Blattwerk. Sie blüht zwei Wochen nach der eigentlichen Blütezeit der Maiglöckchen. Wenn Sie neben 'Fortin's Giant' darum auch noch das eine oder andere Maiglöckchen mit früherer Blütezeit kultivieren, steht Ihnen diese hübsche Art als Schnittblume über einen längeren Zeitraum zur Verfügung. Für Liebhaber von rosa Farbtönen steht C. majalis *var.* rosea *zur Wahl. Sie erinnert im Aussehen an eine kleinwüchsige Glockenblume. Es gibt auch eine panaschierte Form, die einen sonnigen Standort benötigt, sonst mutiert sie zum einfarbigen Typus zurück. Zu einem frisch duftenden Maiglöckchenstrauß gehören Blüte und Blatt zusammen. Denn das kräftige Grün der Blätter korrespondiert vorzüglich mit den zarten Blüten.*

Kultur *Diese Blume ist nicht frei von einem gewissen Eigensinn. Sie wächst, wo sie wachsen will (was sich mit Ihren Wünschen nicht immer decken muß). Pflanzen sie Ihre Maiglöckchen darum im frühen Herbst an verschiedenen Stellen Ihres Gartens, und zwar in Gruppen zu 10 bis 15, vorzugsweise im Halbschatten (aber ein sonniger oder schattiger Platz tut es auch). Dann warten Sie ab, wie sie sich entwickeln. Bei diesem Vorgehen mit unterschiedlichem Lichteinfall für den jeweiligen Standort können Sie im übrigen auch den Zeitpunkt der Blüte variieren.*

Die langgestreckten trockenen Rhizomwurzeln sollten Sie in ca. 2,5 cm tiefem Boden auslegen und die Erde anschließend fest andrücken. Maiglöckchen bevorzugen feuchte, leicht saure Böden, sind aber nicht besonders wählerisch. Doch vermeiden Sie einen moorig lehmigen Boden. Legen Sie nach der Anpflanzung eine Schicht Komposterde oder frischen Stalldung auf. Danach können Sie Ihre Kultur jahrelang ungestört lassen.

Die Vermehrung erfolgt durch Teilung im zeitigen Frühjahr (aber nicht öfter als alle drei bis vier Jahre). Teilen Sie die Rhizome dabei, indem Sie die Wurzelstückchen mitsamt umgebendem Erdreich ausstechen, die Erdklumpen dann ausgraben und am vorgesehenen Pflanzort wieder einsetzen.

DICENTRA
Herzblume
Staude; Winterhärte: 3-8
Höhe: D. *'Bacchanal' 45 cm; Tränendes Herz 60 cm*

Eignung als Schnittblume *Die fein geschnittenen lindgrünen Blätter, die offene Struktur des Wuchses und die leicht herabhängenden herzförmigen, in Trauben stehenden Blüten der Sorte 'Alba' passen vorzüglich in ein Bukett mit der Tulpe 'Spring Green' der Viridiflora-Gruppe, dem Salomonssiegel und einem edel wirkenden weißen Kirschblütenzweig.*

Ebenfalls zu empfehlen ist die Sorte 'Bacchanal'. Sie trägt zierliche, samtig karmesinrote Blüten über elegant gräulichem, fein geschnittenem Laub. Ich habe sie gerne in einem kleinen Arrangement, zusammen mit hellgrünem Smyrnium perfoliatum *und Hundszahn. Ihre lange Blütezeit entschädigt für die jeweils nur wenigen Blüten. Sie ist ein schöner buschiger Bodendecker.*

❶ Maiglöckchen (*Convallaria majalis*)
❷ Schwertlilie (*Iris* 'Natascha')
❸ Tränendes Herz (*Dicentra spectabilis* 'Alba')
❹ Nachtviole (*Hesperis matronalis* var. *albiflora*)

Konditionierung *Wässern Sie die Herzblumen gründlich, bevor Sie sie arrangieren.*

Kultur *Sie sollten von jeder gewünschten Art drei bis fünf Exemplare kaufen. Die Herzblume gedeiht im Halbschatten auf humosen, feuchten, aber durchlässigen Böden und bevorzugt einen kühlen Standort. Schützen Sie sie vor Wind und vor späten Frösten. Die Pflanzen können auch in der vollen Sonne wachsen, wenn der Boden nicht vollständig austrocknet.*

Das Laub des Tränenden Herzens (D. spectabilis) *wird bald nach der Blüte gelb und verwelkt. Entfernen Sie es; aber Sie sollten vermeiden, grüne Blätter abzuschneiden; das würde die Pflanzen schwächen. Gepflanzt wird im Herbst oder im zeitigen Frühjahr. Die Vermehrung durch Teilung erfolgt in der Ruhephase im späten Winter. Doch möchten die Pflanzen nicht gern gestört werden; deshalb sollten Sie eine Teilung nur selten vornehmen.*

Die Sorte 'Alba' läßt sich auch durch Samen vermehren, der besser keimen wird, wenn er vorher für einige Zeit im Kühlschrank gelegen hat.

FRITILLARIA MELEAGRIS
Schachbrettblume
Haupteintrag: Frühjahr; Gelb, S. 109. *Die zierliche* F. meleagris *subvar.* alba *steht am besten für sich alleine oder zusammen mit der pflaumenfarbigen Form.*

HESPERIS MATRONALIS
Nachtviole
Haupteintrag: Frühjahr; Rosa, S. 104. *Die weiße* H. matronalis *var.* albiflora *eignet sich hervorragend für gemischte Arrangements oder für einen buschigen Strauß mit malvenrosa Sorten.*

HYACINTHOIDES
Haupteintrag: Frühjahr; Blau und Purpur, *S. 112. Weiße Sorten von* H. non-scripta *lassen sich hübsch mit der Tulpe 'Spring Green' oder mit der Gartenanemone 'The Bride' arrangieren.*

HYACINTHUS
Hyazinthe
Zwiebelpflanze; Winterhärte: 4-9
Höhe: 15-35 cm
Eignung als Schnittblume *Als Schnittblumen sind die alten Hyazinthen am besten geeignet (siehe S. 152). Für meinen Geschmack sind die üblichen Gartenhyazinthen mit ihren kurzen dicken Stielen und den kräftigen Blütenständen zu klobig für Schnittblumen. Trotzdem erfreue ich mich an der grellen, fast schon fluoreszierenden rosa Sorte 'Jan Bos' (siehe S. 154). Wegen ihres Duftes sind auch die weiße, grün getönte 'L'Innocence' und die tiefblaue 'King of the Blues' besonders zu empfehlen.*
Kultur *Hyazinthen bevorzugen einen sonnigen, offenen Standort. Sie gedeihen auf gut durchlässigen Böden, die im vergangenen Herbst mit Kompost angereichert wurden. Setzen Sie sie im Herbst 8-10 cm tief jeweils im Abstand von etwa 20 cm.*
Hyazinthen lassen sich durch Brutzwiebeln vermehren, die Sie im späten Sommer abnehmen, wenn Sie die Pflanzen aus dem Boden heben. Sie blühen nach etwa drei Jahren.

IRIS
Schwertlilie
Haupteintrag: Winter; Blau und Purpur, S. 158. *Von der zierlichen, etwas geisterhaft wirkenden weißen Zwergschwertlilie* (I. reticulata *'Natascha') stellt man am besten ein paar Blumen für sich alleine in ein hübsches kleines Glas. In der Nähe einer Tischlampe können die orangefarbenen Mittelstreifen und violetten Adern so direkt beleuchtet werden.*

MAGNOLIA
Magnolie
Immer- und sommergrüne Sträucher oder Bäume; Winterhärte: M. grandiflora *7-9;* M. stellata *5-9;* M. denudata *6-8*
Höhe und Ausbreitung: M. stellata *2,5-3 × 3-6 m; M. denudata jeweils 9 m;* M. grandiflora *jeweils 9-12 m (kann bis zu 30 m hoch werden)*
Eignung als Schnittblume *Die prächtigen wächsernen Blüten eignen sich besonders gut als Schnittblumen. Die Kleine Sternmagnolie* (M. stellata) *ist zu empfehlen, weil sie schon an der Jungpflanze Blüten hervorbringt. Diese Magnolie ist auch reichblühend und wirkt mit ihren weichen, samtenen Knospen sowie den Kelchblättern, die die cremefarbenen, gewellten Blütenblätter und die dunklere Mitte umgeben, in Form und Struktur perfekt.*
Auch M. denudata *ist eine Schönheit. Sobald sie sich etabliert hat, ist sie dicht bedeckt mit den duftenden reinweißen, schüsselförmigen Blüten, die auf vielen chinesischen und japanischen Malereien zu sehen sind.*
Wer in seinem Garten etwas Platz an einer nach Süden weisenden Mauer hat, sollte die große immergrüne, sommerblühende M. grandiflora *in Betracht ziehen (siehe S. 121), auch wenn sie erst nach einigen Jahren zu blühen beginnt.*
Konditionierung *Sie sollten die lockeren Staubgefäße von* M. grandiflora *entfernen, weil diese sonst abfallen und sich über den ganzen Tisch ausbreiten.*
Kultur *Magnolien gedeihen am besten an einem nährstoffreichen, tiefen, feuchtigkeitsspeichernden, aber nicht sumpfigen Standort. Sie benötigen Sonne oder Halbschatten und wollen vor starkem Wind geschützt werden. Die meisten Arten bevorzugen saure bis neutrale Böden. Beim Anpflanzen sollten Sie ein großes Loch ausheben, in dem der Wurzelballen zusammen mit viel organischem Material ausreichend Platz findet. Die Anpflanzung erfolgt im späten Frühjahr, wenn keine starken Bodenfröste mehr zu erwarten sind. Tragen Sie jedes Jahr einen Mulch aus nährstoffreichem Kompost auf, bis die Pflanze sich etabliert hat.*

5 *Fritillaria meleagris* subvar. *alba*
6 *Hyacinthoides non-scripta*
7 Hyazinthe (*Hyacinthus orientalis* 'L' Innocence')
8 Magnolie (*Magnolia denudata*)
9 Kleine Sternmagnolie (*Magnolia stellata*)

❶ Süßdolde (*Myrrhis odorata*)
❷ *Rosa banksiae* var. *banksiae*
❸ *Osterschneeball* (*Viburnum* × *burkwoodii* 'Park Farm Hybrid')

MYRRHIS ODORATA
Süßdolde, Myrrhenkerbel
Staude; Winterhärte: 4-8
Höhe: 60-90 cm
Eignung als Schnittblume *Die Süßdolde ist ein altes Kraut, das heute häufig als Kulturflüchtling zu finden ist. Ihr fein gefiedertes, farnähnliches Laub darf als ein echter Gewinn für den Garten gelten, wo sie an einem schattigen Standort unter Bäumen oder neben einer Hecke gedeiht. Besonders hübsch wirkt sie neben den herzförmigen Blättern des Kaukasusvergißmeinnicht. Ab Mitte Frühjahr setze ich sie zusammen mit ihrem Laub ein, um einen Wildblumenstrauß aufzulockern (siehe S. 58).*
Konditionierung *Legen Sie das Laub und die Blüten vor dem Arrangieren über nacht ins Wasser.*
Kultur *Die Süßdolde gedeiht in der Sonne oder im Schatten auf feuchten, nährstoffreichen Böden. Wenn Sie die Blütenstengel regelmäßig pflücken, kann die Pflanze Energie einsparen und schnell kräftige Büschel bilden. Pflanzen Sie im Herbst oder im zeitigen Frühjahr drei oder fünf Exemplare an (die sich dann später leicht selbst aussäen).*

Die Süßdolde läßt sich im Frühjahr leicht durch Samen vermehren, im Sommer oder im Herbst auch durch Teilung (siehe S. 37 und 41).

NARCISSUS
Narzisse
Haupteintrag: Frühjahr; Gelb, S. 109. *Meine liebsten Narzissen sind die zierliche, stark duftende Dichternarzisse* (N. poeticus *var.* recurvus) *und die reinweißen Triandrusnarzissen* (N. triandrus), *zum Beispiel 'Ice Wings' oder 'Thalia'.*

PAEONIA
Päonie, Pfingstrose
Haupteintrag: Frühjahr; Rosa, S. 105. *Die gefüllte weiße Chinesische Päonie* (P. lactiflora *'Shirley Temple'*) *verströmt einen köstlichen Duft; die äußeren Blütenblätter sind rosaweiß.*

POLYGONATUM
Salomonssiegel
Rhizombildende Staude; Winterhärte: 4-10
Höhe: P. odoratum *50-60 cm;* P. falcatum *50-90 cm;* P. multiflorum *60 cm - 1 m;* P. × hybridum *1,2 m;* P. biflorum *1,5 m*
Eignung als Schnittblume *Das Salomonssiegel ist im Frühjahr eine wertvolle Hintergrundpflanze. Wenn ein Arrangement nicht richtig zur Wirkung kommt, ist diese Pflanze häufig die Rettung. Mit seinen hohen, überhängenden Stielen, dem silbergrünen Laub und den röhrenförmigen Blüten macht sich das Salomonssiegel auch besonders gut in einer großen Vase.*

Neben den stattlichen Polygonatum-Hybriden (P. multiflorum × P. odoratum) *gibt es auch einige exotischere Arten. Zu empfehlen ist die gefüllte Sorte* P. odoratum *'Flore Pleno', die aussieht wie eine Reihe von Seidenkleidern, oder eine panaschierte Sorte von* P. falcatum. *Sie hat rötliche Stiele und weiß gerändertes Laub. Das kleinere* P. odoratum *ist stark duftend, eine hübsche Zwergpflanze.*
Kultur *Das Salomonssiegel gedeiht in kühlen, schattigen Lagen – auf humosen, feuchten Böden. Tatsächlich wächst es fast überall da, wo es nicht zu heiß und trocken ist. Pflanzen Sie fünf bis sieben Exemplare in einer Gruppe. Sie sollten sich dann von alleine ausbreiten. Bringen Sie jährlich gut verrotteten Stallmist auf und überlassen Sie die Pflanzen dann sich selbst.*

Die Vermehrung erfolgt im Frühjahr oder im Herbst durch Teilung der dicht unter der Oberfläche wachsenden Rhizome.

ROSA BANKSIAE var. BANKSIAE
Haupteintrag: Sommer; Rosa, S. 124.
Die frühblühende R. banksiae *var.* banksiae *ist eine der zierlichsten Rosen. Sie benötigt eine sonnige, geschützte Mauer und ist eine ideale Schnittblume.*

SYRINGA
Flieder
Sommergrüne Sträucher und Bäume; Winterhärte: S. vulgaris *4-8;* S. microphylla *5-8*
Höhe und Ausbreitung: Sorten von S. vulgaris *5 × 2,5 m;* S. microphylla *1,8 × 1,8 m*
Eignung als Schnittblume *Viele scheuen den Flieder im Haus, weil er nach altem Herkommen Unglück bringen soll. Doch überwinden Sie ihren Aberglauben, denn es wäre jammerschade, auf seinen köstlichen Duft zu verzichten. Die kräftigsten Zweige erhalten Sie von den aufrechten Sorten des Gartenflieder* (S. vulgaris). *Ich schätze die reinweiße Sorte* S. vulgaris *var.* alba *'Maud Notcutt'. Sie hat größere Einzelblüten. Auch die kleinerblumige dichte Gartenfliedersorte 'Mme Felix' liebe ich. Sie eignet sich gut für die Treiberei. Die kleinblumige cremefarbene 'Primrose' paßt zu frühen gelben Rosen.*

Die Sorten anderer Arten sind oft nicht duftend. Eine Ausnahme ist der Herbstflieder (S. microphylla *'Superba'*). *Er hat lilarote Knospen und kleinere hellrosa, duftende Blüten im Sommer. Wenn Sie die abgeblühten Zweige ausdünnen, können Sie einen zweiten Blütenflor im Herbst anregen.*
Konditionierung *Brechen Sie die verholzten Enden der Stiele mit dem Hammer auf. Die Blüten halten sich länger, wenn Sie die Blätter entfernen; bei einem reinen Fliederstrauß lasse ich allerdings ein paar Blätter an den Zweigen, um so das natürliche Aussehen zu bewahren.*
Kultur *Flieder wächst auf fast allen nährstoffreichen, gut durchlässigen Böden in der Sonne; nur stark saure Bedingungen verträgt er nicht. Die Anpflanzung erfolgt im späten Herbst oder im Winter. Ein Fliederstrauch läßt sich nicht gerne umsetzen und

benötigt einige Jahre, bis er in voller Blüte steht. Ein regelmäßiger Rückschnitt ist nicht erforderlich, Sie können den Flieder aber direkt nach der Blüte stutzen, um eine ansprechende Form zu bewahren, und im Winter die schwachen Triebe herausschneiden. Entfernen Sie immer sofort alle Ausläufer, die der Pflanze sonst Wachstumsenergie entziehen und die Blütenbildung beeinträchtigen würden. Bei Jungpflanzen ist anzuraten, Zweige regelmäßig zu pflücken oder die welken Blüten zu entfernen. Um wirklich schöne dichte Blütenrispen zu erhalten, sollten Sie sie direkt nach der Blüte zurückschneiden. Flieder läßt sich im Spätsommer durch Stecklinge oder Absenker vermehren (siehe S. 34 und 42).

TULIPA
Tulpe
Haupteintrag: Frühjahr; Orange und Rot, S. 108. *Wegen ihres edlen Aussehens mag ich besonders die lilienblütige Sorte 'White Triumphator'. Arrangieren Sie mehrere davon für sich alleine in einer hohen Vase. So bleiben die Blütenköpfe aufrecht. Die prächtigen, päonienblütigen weißen Tulpen machen sich gut zu festlichen Anlässen, zum Beispiel zur Hochzeit oder anläßlich der Geburt eines Kindes. Stellen Sie sie mit tief purpurnen Anemonen und etwas frischem Laub von Hainbuchen, Eichen oder Buchen zusammen, wobei sich die Zweige leicht über den Strauß erheben sollten. Als Schnittblume empfehlen sich besonders auch die himbeerartig gekräuselte 'Carnaval de Nice' und die stark gekräuselte Papageientulpe 'Estella Rijnveld'. Beide sind kräftig geflammt und eignen sich gut für Blumenarrangements. Sie können für sich alleine stehen, zusammen mit der ebenfalls reinweißen, gefüllten späten Sorte 'Mount Tacoma', oder arrangieren Sie sie in einem einfachen weißen Krug. Wenn sich die Blüten voll geöffnet haben und die äußeren Blütenblätter abzufallen beginnen, erinnern sie mehr und mehr an imposante exotische Vögel.*

VIBURNUM × BURKWOODII
Osterschneeball
Haupteintrag: Winter; Rosa, S. 154. *Der wunderschön duftende, im späten Frühjahr blühende Osterschneeball hat weiße Blüten mit rosa getönten Knospen und hält sich im Wasser bis zu einer Woche. Im Gegensatz zu vielen anderen Schneeballarten weiß diese Pflanze durch ihre hübsche Buschform auch außerhalb der Blütezeit zu gefallen.*

4 Chinesische Päonie (*Paeonia lactiflora* 'Shirley Temple')
5 Salomonssiegel (*Polygonatum × hybridum*)
6 Dichternarzisse (*Narcissus poeticus* var. *recurvus*)
7 Gartenflieder (*Syringa vulgaris* var. *alba*)
8 Tulpe 'Carnaval de Nice'
9 Tulpe 'Estella Rijnveld'
10 Tulpe 'Mount Tacoma'
11 Tulpe 'White Triumphator'

Rosa

ANEMONE CORONARIA

Gartenanemone, Kronenanemone

Haupteintrag: Frühjahr; Weiß, S. 98. *Die strahlend karmesinrotrosa Anemonen der Gruppe De Caen sind von einer unvergleichbaren Farbintensität. Ich verwende diese Anemonen in schwungvollen, vielfarbigen Arrangements mit Tulpen und Wolfsmilch (siehe S. 62).*

CARDAMINE

Schaumkraut

Einjährige Pflanzen und Stauden
Winterhärte: 3-9
Höhe: 45 cm

Eignung als Schnittblume

Das lilarosa Wiesenschaumkraut (C. pratensis) *bedeckt ab Anfang Frühjahr den Rasensaum und breitet sich gern in allen feuchten Ecken des Gartens aus. Seine zarte Farbe und Gestalt paßt hervorragend zu den Glockenblumen, auch zu Buschwindröschen, die dort ebenfalls wild wachsen. Für den Garten gibt es die verbesserte Sorte 'Flore Pleno'. Sie hat etwas größere Blüten.*

Das Schaumkraut kann einfach alleine in einer blauen Glasvase stehen oder zusammen mit anderen Wald- und Wiesenblumen arrangiert werden. Ich bin dafür, auch Wildblumen im Garten zu kultivieren und sie in der freien Natur stehen zu lassen, so daß sich auch der Nächste noch daran erfreuen kann.

Kultur *Das Schaumkraut bevorzugt einen beschatteten Standort und feuchte bis nasse Böden. Pflanzen Sie im Herbst oder Frühjahr eine Gruppe von fünf bis sieben Exemplaren, die sich dann mit der Zeit ausbreiten werden. Die Vermehrung erfolgt im Frühjahr durch Aussaat in einem Frühbeetkasten oder durch Teilung im Herbst (siehe S. 32-34, 41).*

CLEMATIS MONTANA

Bergwaldrebe

Haupteintrag: Frühjahr; Weiß, S. 99. *Die Sorte 'Elizabeth' ist eine kräftige hellrosa Kletterpflanze, die sich besonders für Brautsträuße oder als Tischdekoration eignet. Pompons aus weißem Flieder und grünem Gemeinem Schneeball erhalten durch sie ein frisches, hübsches Aussehen.*

DAPHNE × BURKWOODII

Seidelbast

Haupteintrag: Winter; Rosa, S. 153. *'Somerset', eine der am spätesten im Frühjahr oder zu Beginn des Sommers blühenden Sorten des Seidelbast, verströmt einen betörenden Duft. Ich stelle eine grüne Glaskaraffe mit drei bis fünf Blumen in das Schlaf- oder Badezimmer.*

ERYTHRONIUM

Hundszahn

Zwiebelstaude; Winterhärte: 3-9
Höhe: E. dens-canis *10-15 cm;*
E. 'Pagoda', E. californicum *30 cm*

Eignung als Schnittblume *Der Hundszahn ist in Italien eine wilde Waldpflanze; Sie können häufig auf Büschel aus gefleckten Blättern treffen, die sich über dem kupferfarbenen Waldboden erheben. Gewöhnlich werden Sie diese zierliche, eindrucksvolle Pflanze in keinem Blumenladen finden, aber trotzdem handelt es sich hierbei um eine echte Schönheit. Geben Sie drei bis fünf Blumen mit Blättern in ein flaches Glas und stellen Sie sie auf Ihren Schreibtisch oder neben Ihr Bett. Heute sind Sorten in vielen Farben erhältlich. Ich mag besonders die kräftig purpurne* E. dens-canis *'Frans Hals'.*

Ihre kräftigeren Verwandten E. *'Pagoda' (siehe S. 109) und* E. californicum *haben nicht die auffälligen Blattzeichnungen; ihre größeren Blüten halten sich im Wasser aber länger.*

Kultur *Die Blumenzwiebeln sind teuer; kaufen Sie deshalb nur wenige und warten Sie, bis sich die Pflanzen ausbreiten. Da diese Zwiebeln nicht austrocknen dürfen, sollten Sie sie deshalb sofort einpflanzen oder vorübergehend in feuchter Rinde bzw. Kompost lagern. Die Pflanzen lassen sich im Sommer durch Brutzwiebeln vermehren; ich bin aber zu ungeduldig, um auf die Blumen zu warten, die erst nach drei oder vier Jahren erscheinen. Setzen Sie die Zwiebeln an einem schattigen Platz 8-10 cm tief (mit einem Abstand von etwa 5-8 cm) in humose, gut durchlässige Erde. Die Pflanzen vertragen keine Störungen.*

HESPERIS MATRONALIS

Nachtviole

Zweijährige Pflanze; Winterhärte: 4-9
Höhe: 90 cm-1,2 m

Eignung als Schnittblume *Die hohe blaßlila, dem Silberling ähnliche Nachtviole ist als Schnittblume besser geeignet als der kräftig scharlachrote Judassilberling* (Lunaria annua). *Sie verströmt besonders nachts einen süßen Duft und hat dichtere Blüten. Ihre Blütezeit ist von Mai bis Juni. Ich empfehle Ihnen, rosapurpurne sowie weiße Sorten zu kultivieren (siehe S. 100) und diese als Strauß in einem großen Krug auf den Küchentisch zu stellen. Sie lassen sich auch mit der Süßkirsche kombinieren.*

❶ Gartenanemone (*Anemone coronaria*, Gruppe De Caen)
❷ Hundszahn (*Erythronium dens-canis*)
❸ Tulpe (*Tulipa saxatilis*)
❹ Wiesenschaumkraut (*Cardamine pratensis*)
❺ Bergwaldrebe (*Clematis montana* 'Elizabeth')
❻ Seidelbast (*Daphne × burkwoodii*)

❼ Nachtviole (*Hesperis matronalis*)
❽ Chinesische Pfingstrose (*Paeonia lactiflora* 'Sarah Bernhardt')
❾ Bauernpfingstrose (*Paeonia officinalis*)
❿ Tulpe 'China Pink'

Kultur *Nachtviolen bevorzugen einen sonnigen oder halbschattigen Standort; die weiße Sorte kann im Garten unter Bäumen in der Dämmerung einen hübschen leuchtenden Schleier bilden. Für die Schnittblumenernte sind fünf bis sieben Pflanzen ausreichend. Diese zweijährige Pflanze läßt sich leicht aus Samen vermehren. Säen Sie sie zu Beginn des Sommers in Reihen ins Anzuchtbeet. Diese vereinzeln Sie dann auf 20-30 cm. Im späten Frühjahr sollten Sie einen Mulch aus Stallmist auftragen.*

PAEONIA

Päonie, Pfingstrose

Strauchartige und krautige sommergrüne Stauden; Winterhärte: 3-9
Höhe: P. lactiflora *und Sorten von* P. officinalis *60-100 cm*

Eignung als Schnittblume *Ebenso wie bei Bartiris, Lilien und Rosen erscheinen Pfingstrosen beim Pflücken immer verschwenderisch und extravagant. Meine Lieblingssorten sind die tief karmesinroten gefüllten, zum Beispiel die Bauernpfingstrose* (P. officinalis *'Crimson Globe'*), *und Sorten der Chinesischen Pfingstrose* (P. lactiflora) *wie 'Inspecteur Lavergne' oder 'Monsieur Martin Cahuzac', die dunkelste von allen. Ich mag auch die weiße Sorte 'Shirley Temple' (siehe S. 102 und 103).*

Die prallen rosa Pfingstrosen, die Sie im späten Frühjahr und im frühen Sommer bei Hochzeiten sehen können, sind nicht unbedingt mein Fall. Ihre Farbe bzw. Form erinnern mich an Zuckerwatte und an Ballkleider mit vielen Schichten aus rosa Stoff. Die Sorte 'Sarah Bernhardt' ist allerdings sehr schön und auch leicht duftend.

Die einfachen Pfingstrosen mit ihrem makellosen Aussehen und den großen Blüten sehen den wächsernen Magnolien ähnlich und sind ebenso gute Schnittblumen. Zu empfehlen ist die Chinesische Pfingstrose 'Whitleyi Major'. Sie hat weiße Blütenblätter und eine leuchtend gelbe Mitte.

Auch die jungen, rötlich getönten Blätter der Chinesischen Pfingstrose eignen sich für Blumensträuße. Weil die Triebe aber Blütenknospen tragen können, sollten Sie sie vorsichtig einsetzen. Ich pflücke im späten Sommer und im Herbst auch die hübschen skulpturartigen Fruchtstände (siehe S. 117).

Konditionierung *Pfingstrosen können eigenwillig sein. Lassen Sie sie nach dem Pflücken niemals ohne Wasser; wenn die Blütenköpfe erst einmal herabhängen, ist es schwer, sie wieder aufzurichten. Pflücken Sie sie als Knospen oder in der Blüte. Wenn die Blumen immer sauberes, frisches Wasser erhalten, können sie sich bis zu zwei Wochen halten.*

Kultur *Pfingstrosen gedeihen auf nährstoffreichen, leicht sauren Böden in der vollen Sonne. Ggf. müssen Sie sie abstützen, weil die schweren Blüten, besonders die der gefüllten Sorten, häufig bis zum Boden überhängen und schmutzig werden. Auch können die Stiele abbrechen. Zur Düngung sollten Sie im Herbst Knochenmehl einarbeiten und im Frühjahr einen Mulch aus Kompost oder gut verrottetem Stallmist auftragen. Pflücken Sie von einer Pflanze immer nur ein oder zwei Stiele, weil die Blätter an denselben Trieben wachsen wie die Blüten. So behalten sie für die Photosynthese ausreichend Laub zurück.*

Pflanzen Sie von jeder Sorte eine Gruppe von drei bis fünf Exemplaren an. Der Wurzelhals muß direkt unter der Erdoberfläche sein, wobei sich die schlafenden Augen nicht mehr als 3 cm darunter befinden dürfen. Die Vermehrung erfolgt durch Teilung im Herbst (siehe S. 37 und 41-42).

TULIPA

Tulpe

Haupteintrag: Frühjahr; Orange und Rot, Seite 108. *An einem felsigen Berghang im Westen Kretas habe ich die Wildart* T. saxatilis *gefunden. Es handelt sich dabei um die »frechste« Wildtulpe. Sie hat leuchtend rosa Blütenblätter und eine dottergelbe Mitte. Stellen Sie diese Tulpe nicht mit anderen Pflanzen zusammen; sie fühlt sich als wahre Königin und möchte für sich alleine stehen.*

Die kräftigen grellrosa Sorten verwende ich nur zusammen mit leuchtend grünem Pferdeeppich (Smyrnium perfoliatum) *oder mit Wolfsmilch. Beide kontrastieren gut mit der Farbe der Tulpe.*

Orange und Rot

AQUILEGIA

Akelei

Staude; Winterhärte: 5-9

Höhe: 50-75 cm

Eignung als Schnittblume *Diese hübschen, kunstvollen Blüten erinnern mich an eine Nonnenhaube. Auch wenn sie sich im Wasser nur drei bis vier Tage halten – es sind schöne, zierliche Schnittblumen, die Sie kultivieren sollten.*

Ziehen Sie eine Mischung aus langspornigen Sorten, zum Beispiel die McKana-Hybriden in Rot, Rosa, Weiß und Blau – ein- wie auch zweifarbige Sorten. Daraus lassen sich vielfarbige Sträuße für die Mitte eines Tisches zusammenstellen. Sie können auch große Gruppen der zweifarbigen, langspornigen Sorten in Rotgold oder Blauweiß anpflanzen sowie einfarbige Sorten wie die kurzspornige, nahezu schwarze Gemeine Akelei (A. vulgaris, *siehe S. 112*).

Konditionierung *Stellen Sie die Akelei vor dem Arrangieren für einige Stunden in tiefes Wasser.*

Kultur *Die McKana-Hybriden bevorzugen einen sonnigen Standort und gut durchlässige, aber nicht trockene Böden. Andere Arten gedeihen in leichtem Schatten und können sogar an einer absonnigen Wand wachsen. Gewöhnlich handelt es sich um kurzlebige Stauden, die Sie regelmäßig neu pflanzen müssen. Sie können im Frühjahr leicht durch Aussaat vermehrt werden. Säen Sie sie unter Glas. Im Sommer kommen sie dann in ein Anzuchtbeet mit nährstoffreicher Erde. Im Herbst können Sie sie an ihren endgültigen Standort bringen. Die Akelei sät sich leicht selbst aus; allerdings kreuzen sich die Sorten auch untereinander, weshalb Sie sie voneinander getrennt halten sollten.*

CHEIRANTHUS CHEIRI

Goldlack

Zweijährige Pflanzen und Stauden; Winterhärte: 3-9

Höhe: 25-70 cm

Eignung als Schnittblume *Der süße, traditionelle Duft des Goldlack (syn.* Erysimum cheiri) *weckt zusammen mit Löwenmaul und Vergißmeinnicht Erinnerungen an alte Bauerngärten. Er ist in den schönsten Farben erhältlich, von der tief schwarzkarmesinroten Sorte 'Blood Red' über die feurig orangefarbene 'Fire King' bis zur weißen und cremefarbenen 'White Dame'.*

Im Garten sollte Goldlack nach Farben sortiert in Gruppen gepflanzt werden. Ich verwende ihn als leuchtende, geschwungene Einfassung für meine einjährigen Schnittblumenbeete und unterpflanze ihn mit Vergißmeinnicht sowie Pferdeeppich (Smyrnium olusatrum). *Die Regel, die Farben nicht zu mischen, gilt freilich nicht für Arrangements – es gibt auf dem Küchentisch nichts hübscheres als einen wundervoll duftenden Krug voller buntem Goldlack, in einem größeren Gefäß auch im Wohnzimmer. Auch in warmen Räumen hält er sich lange; dort kommt sein Duft besonders gut zur Geltung. Er paßt ausgezeichnet zu der Wolfsmilchart* Euphorbia amygdaloides *var.* robbiae.

Kultur *Der Goldlack ist im Herbst als wurzelnackte Pflanze erhältlich. Er bevorzugt einen sonnigen Standort mit nährstoffreichen, gut durchlässigen Böden und läßt sich als zweijährige Pflanze leicht aus Samen ziehen. Sie können ihn im Frühsommer nach Farben getrennt in Reihen mit einem Abstand von 20-30 cm direkt in ein Anzuchtbeet aussäen. Dann vereinzeln Sie die Pflänzchen auf 30 cm und setzen sie Mitte des Herbstes an ihren endgültigen Standort.*

❶ Akelei (*Aquilegia olympica*, langspornige Hybride)
❷ Goldlack (*Cheiranthus cheiri* 'Fire King')
❸ Goldlack (*Cheiranthus cheiri* 'Blood Red')
❹ Wolfsmilch (*Euphorbia griffithii*)
❺ Wolfsmilch (*Euphorbia sikkimensis*, Frühlingslaub)
❻ Schachbrettblume (*Fritillaria meleagris*)

EUPHORBIA
Wolfsmilch
Haupteintrag: Frühjahr; Grün und Silber, S. 96. *Das kraftvolle Ziegelsteinrotorange von Sorten der* E. griffithii *darf im Schnittblumengarten nicht fehlen. In der Vase halten sie lange; sie passen gut zu lindgrün blühenden Wolfsmilcharten und zu fast allen Tulpen (siehe S. 60-61). Ich pflücke sie auch gerne im Herbst, wenn das Laub die rote Farbe von Tomatensuppe angenommen hat. Dann mische ich sie mit dem leuchtenden, sich braun verfärbenden Laub von Eichen und vom Perückenstrauch (siehe S. 82-83).*

FRITILLARIA MELEAGRIS
Schachbrettblume
Haupteintrag: Frühjahr; Gelb, S. 109. *Diese hübsche, zierliche Blume wächst auf Grasland noch immer wild. Präsentieren Sie die pflaumenfarbenen, schlangenhautartigen Blüten für sich alleine oder zusammen mit weißen Sorten (siehe S. 100 und 101).*

PAEONIA
Päonie, Pfingstrose
Haupteintrag: Frühjahr, Rosa, Seite 105. *Das kräftige Karmesinrot der Bauernpfingstrose* (P. officinalis *'Rubra Plena'*) *ist umwerfend, wenn es mit anderen üppigen Farben kombiniert wird – zum Beispiel mit dem Violettpurpur der Gartenanemone oder dem warmen Feurigorange und Rot des Goldlacks. Als Kontrast sollten Sie das frische Laub der Hainbuche oder den immer hilfreichen Pferdeeppich und Wolfsmilch dazustecken. Sie können die Pfingstrosen aber auch mit anderen geflammten Blumen präsentieren, zum Beispiel mit der Tulpe 'Carnaval de Nice' oder Papageientulpen, wobei Sie das Laub der Pfingstrose als Hintergrund einsetzen. Die rötlich getupften neuen Blätter der Chinesischen Päonie (oder von* P. mlokosewitschii) *passen gut zur Nieswurz und zu jungen Artischockenblättern.*

PRIMULA
Primel
Haupteintrag: Frühjahr; Gelb, S. 110. *Ich mag besonders die hübschen roten Primelhybriden – sie sehen so samtig und einladend aus. Stellen Sie sie vom späten Winter bis zum Ende des Frühjahrs für sich alleine in ein Ensemble aus farbigen Gläsern.*

Die Alpenaurikel hat dicke, filzige Blütenblätter. Ein paar Stengel, für sich alleine arrangiert, machen sich besonders gut zum Beispiel unter einer Tischlampe (siehe S. 56-58).

RANUNCULUS ASIATICUS
Ranunkel
Haupteintrag: Frühjahr; Gelb, S. 111. *Diese an eine elegante Anemone erinnernde Knollenpflanze zeigt kräftige burgunderrote Farbtöne. Kombinieren Sie sie zum Beispiel mit rosa, gelbem und orangefarbenem Hahnenfuß oder mit der roten Gartenanemone und mit Hasenohr.*

7 Alpenaurikel (*Primula auricula*)
8 Primel (*Primula*, Gruppe Cowichan Garnet)
9 Primel (*Primula*, Gruppe Cowichan Garnet)
10 Primelsorte
11 Bauernpfingstrose (*Paeonia officinalis* 'Rubra Plena')
12 Pfingstrose (*Paeonia mlokosewitschii*, Frühlingslaub)
13 Ranunkel (*Ranunculus asiaticus*)

TULIPA
Tulpe

Zwiebelpflanze; Winterhärte: 3-9
Höhe: T. greigii *15-30 cm; frühe* T. fosteriana, *einfach und gefüllt 30-40 cm; Darwin-Hybriden, Lilienblütige, Papageientulpen, späte Viridifloratulpen, einfach und gefüllt 45-60 cm*

Eignung als Schnittblume *Tulpen gehören zu den beliebtesten Schnittblumen. In den Blumengeschäften sind sie das ganze Jahr über erhältlich. Ihren Garten können Sie so planen, daß Sie wenigstens das gesamte Frühjahr über eine Sorte nach der anderen ernten können. Ich habe unter den frühen Sorten der Prachttulpe* (T. greigii) *und von* T. fosteriana *keine besonderen Lieblinge, muß aber sagen, daß die frühe 'Prinses Irene' mit ihrem kräftigen Orange als Grundfarbe und einer purpurvioletten Zeichnung am Ansatz der Blütenblätter oder die zweifarbige rotgelbe 'Mickey Mouse' (siehe S. 110 und 111) kaum zu überbieten sind. Ebenfalls zu empfehlen ist die kräftig rote 'Brilliant Star'. Danach kommen die Darwin-Hybriden, die späten Viridifloratulpen und die lilienblütigen Sorten. Eine hervorragende Darwin-Hybride ist die rot auf gelb marmorierte 'Gudoshnik'. Unter den Viridifloratulpen finden sich die cremefarbene und grüne 'Spring Green' sowie die grünorangefarbene 'Artist', die beide sehr elegant aussehen. Auch die lilienblütigen Sorten wirken äußerst anmutig. Sie haben geschwungene Stiele und spitze Blütenformen. Ich mag besonders die kräftig orangefarbene 'Ballerina', die einen freesienähnlichen Duft verströmt.*

Es schließen sich dann die gefüllten späten Sorten an. 'Uncle Tom' ist von tiefem Weinrot, aber 'Carnaval de Nice' bleibt in ihrer Pracht und Eleganz unübertroffen (siehe S. 103). Ebenfalls eine Klasse für sich ist die spinnenartige Horntulpe (T. acuminata). *Mit den phantastischen Papageientulpen erreichen wir einen weiteren Höhepunkt. Sie wirken wie die Prozession bei einem guatemaltekischen Fest, wenn ihr Orange zusammentrifft mit Grün ('Orange Favourite'), Gelb mit roten Adern ('Flaming Parrot', S. 111), Weiß mit roten und grünen Flecken ('Estella Rijnveld', S. 103), Karmesinrot und Grün mit scharlachroten Spitzen ('Rococo') sowie tiefem Purpurschwarz auf Schwarz ('Black Parrot', S. 112 und 113). Sie sind im Garten von nichts zu schlagen.*

Konditionierung *Tulpen halten sich im Wasser gut. Entfernen Sie die unteren Blätter und wickeln Sie die Stiele in Papier, bevor Sie sie für etwa acht Stunden in Wasser legen. So bleiben die Stiele aufrecht.*

Kultur *Tulpenzwiebeln sind im Großhandel preiswert erhältlich. Kaufen Sie 25, evtl. auch 50 bis 100 Stück. Um sie einfach pflücken zu können, sollten Sie sie in Ihrem Gemüse- oder Schnittblumengarten in Reihen oder Gruppen anpflanzen. Wie die meisten Zwiebelpflanzen lieben auch Tulpen im Sommer die volle Sonne und gut durchlässige Böden. Setzen Sie sie in der Mitte des Herbstes mit 10-15 cm Abstand etwa 10 cm tief in den Boden. In der Erde bilden sie Brutzwiebeln, die schließlich auch Blüten hervorbringen werden. Wenn Sie sich viele Blumen abschneiden, mag es vorkommen, daß Sie die Zwiebeln erschöpfen und im folgenden Jahr darum nur wenige Blüten kommen. So ist es sinnvoll, mehr Zwiebeln einzupflanzen, als Sie voraussichtlich benötigen. Das stiftet die Aussicht auf eine ausreichende Blüte im folgenden Jahr.*

Wenn das Laub in der Mitte des Sommers verwelkt ist und die Zwiebeln genug Energie für die Ruheperiode gespeichert haben, können Sie sie aus dem Boden nehmen und bis zum Zeitpunkt der Anpflanzung lagern. Ich lasse sie gewöhnlich in der Erde und nehme sie nur alle drei bis fünf Jahre heraus, um sie zu teilen.

1 Horntulpe (*Tulipa acuminata*)
2 Tulpe 'Artist'
3 Tulpe 'Ballerina'
4 Tulpe 'Gudoshnik'
5 Tulpe 'Orange Favourite'
6 Tulpe 'Prinses Irene'
7 Tulpe 'Uncle Tom'

Gelb

ERYTHRONIUM
Hundszahn
Haupteintrag: Frühjahr; Rosa, S. 104. *Die Schönheit des Hundszahns liegt in seinen filigranen Blüten und in der eleganten Form der zurückgebogenen Blütenblätter. Sie können die gelbblühende Sorte 'Pagoda' für sich alleine arrangieren oder beispielsweise mit der Gnomentulpe* (Tulipa turkestanica) *kombinieren.*

EUPHORBIA
Wolfsmilch
Haupteintrag: Frühjahr; Grün und Silber, S. 96. *Die gelbgrünen Wolfsmilcharten bieten mit das beste Frühjahrslaub. Sie können die Goldwolfsmilch und die höhere Sumpfwolfsmilch mit jeder beliebigen Farbe zusammenstellen.*

FRITILLARIA
Zwiebelpflanze; Winterhärte: 4-9
Höhe: F. meleagris *20-40 cm;* F. persica, F. imperialis *bis 1,5 m*
Eignung als Schnittblume *Die Kaiserkrone* (F. imperialis *'Lutea'*), *eine Primadonna unter den Frühlingsblumen, hat hohe, gewundene Stiele und einen Kranz hängender gelber Glockenblüten. Sie erzielt schon für sich alleine eine aufsehenerregende Wirkung, noch besser aber wirkt sie zusammen mit der Papageientulpe 'Flaming Parrot' und Roßkastanienzweigen, die reich bestückt sind mit klebrigen Knospen. Ich stelle die leuchtend rote Sorte 'Rubra Maxima' auch gerne zu einem glühend exotischen Strauß mit der Persischen Kaiserkrone* (F. persica), *Wolfsmilch* (Euphorbia characias) *und der zottigen Tulpe 'Black Parrot' zusammen. Sie sollten auch die laternenartigen Fruchtstände pflücken; sie hängen unter den oberen Blattquirlen. Der einzige Nachteil dieser Blumen ist ihr leichter Wildgeruch.*
Kultur Fritillaria *bevorzugt tiefe, nährstoffreiche Böden in der Sonne; die Kaiserkrone verträgt auch Halbschatten. Die Persische Kaiserkrone sollten Sie im Schutz einer sonnigen Mauer auf gut durchlässigen Böden pflanzen. Diese Pflanzen vertragen keine Störung; auch dürfen Sie sie nicht bis zum Boden zurückschneiden, weil so die Blütenproduktion beeinträchtigt werden kann. Tragen Sie jedes Jahr einen Mulch aus gut verrottetem Stallmist auf.*

Die Schachbrettblume (Fritillaria meleagris), *die im Großhandel preiswert erhältlich ist, läßt sich zu Hunderten auf einer ungemähten Wiese anpflanzen, auch entlang eines Weges, allerdings mit einer deutlichen Markierung, damit Sie sie später nicht versehentlich ausgraben. Setzen Sie sie mit etwa 15 cm Abstand 10 cm tief.*

Die größeren, teureren Sorten dieser Zwiebelpflanzen blühen erst nach vier bis sechs Jahren; kaufen Sie sie darum bei einem Großhändler, der Ihnen schon gut entwickelte Zwiebeln liefert. Sie sollten mehrere Zwiebeln im Abstand von 20-30 cm 15 cm tief setzen. Die Vermehrung erfolgt durch Samen oder Brutzwiebeln.

NARCISSUS
Narzisse
Zwiebelpflanze; Winterhärte: 3-9
Höhe: Zwergsorten 15 cm; volle Größe 30-50 cm
Eignung als Schnittblume *Früher hatte ich Vorbehalte gegen die großen gelben oder orangegelben trompetenförmigen Sorten. Heute liebe ich sie, vor allem auf Gras; in einem hohen weißen Krug kommen sie besonders gut zur Geltung. Ich mag diese unverfälschten Blumen mehr als die offensichtlich überzüchteten Sorten mit geschlitzten Kronen oder gefüllten Blüten.*

Von den Zwergnarzissen läßt sich die kleine Tazette (N. tazetta *'Canaliculatus'*) *gut mit anderen kleinblütigen Zwiebelpflanzen zusammenstellen, zum Beispiel mit* Scilla, *Traubenhyazinthen und Primel-Hybriden. Ebenfalls zu empfehlen ist die schwach duftende cremefarbene Tazettensorte 'Geranium'. Eine andere Sorte, die ich wegen ihres Duftes pflücke, ist 'Soleil d'Or'. Einen besonderen Duft verströmt auch die Sorte 'Paper White' (siehe S. 152); sie läßt sich gut für eine Winterblüte vortreiben.*

1 *Erythronium* 'Pagoda'
2 Narzisse 'Canaliculatus'
3 *Euphorbia polychroma*
4 *Euphorbia palustris*
5 *Fritillaria imperialis* 'Lutea'
6 Narzisse 'Geranium'

❶ Alpenaurikel (*Primula auricula* 'Blairside Yellow')
❷ Primel, Gruppe Gold-laced
❸ Kissenprimel (*Primula vulgaris*)
❹ Schlüsselblume (*Primula veris*)
❺ Veilchen (*Viola lutea*)

Kultur *Narzissen gedeihen in der Sonne oder im Halbschatten auf gut durchlässigen Böden. Kaufen Sie die Zwiebeln bei einem seriösen Großhändler, am besten in großer Stückzahl zu 50 oder 100, dann sind sie preiswerter. Bei einer Anpflanzung gegen Ende des Sommers erhalten Sie größere und schönere Blüten; anders als Tulpen profitieren Narzissen davon, wenn sie länger in der Erde sind. Aber auch später angepflanzt gedeihen sie noch ganz gut. Es empfiehlt sich, die Blumen regelmäßig zu pflücken oder welke Blüten zu entfernen. Das Laub sollten Sie erst nach der Blüte abschneiden, wenn es vergilbt ist. So kann die Zwiebel noch ausreichend Nährstoffe für die Ruheperiode aufnehmen.*

Die Sorten sollten Sie 8-10 cm tief, und zwar im Abstand von etwa 10-15 cm pflanzen, die Zwergsorten im gleichen Abstand 5-8 cm tief. Bei einer Anpflanzung auf Gras sollten Sie mit einem Zwiebelpflanzer oder einer Handschaufel arbeiten *(siehe S. 40).*

Die Pflanzen profitieren von einer regelmäßigen Teilung alle drei bis fünf Jahre. Nehmen Sie diese Teilung frühestens sechs Wochen nach der Blüte vor.

PRIMULA

Primel

Staude; Winterhärte: 4-9 (Alpenaurikel 3-8)

Höhe: 10-30 cm

Eignung als Schnittblume *Zum Ende des Winters beginnt die Blütezeit der Primeln und ihrer Hybriden. Als erstes erscheinen die satten Farben der Gruppe Cowichan Garnet. Darauf folgen die Hybriden der Gruppe Gold-laced, Schlüsselblumen und Kissenprimeln. Die Kissenprimel* (P. vulgaris) *erzielt in einem niedrigen Glas für sich alleine die beste Wirkung, während die höhere Schlüsselblume* (P. veris) *auch in einem Arrangement aus Wildblumen gut zur Geltung kommt.*

In der Mitte des Frühjahrs beginnen die Alpenaurikeln zu blühen. Sie sind kompakt und plüschig. Ihre Stiele und Knospen sehen aus, als wären sie mit etwas Mehl bestäubt. Der Rand der Blütenblätter hat oft eine andere Farbe, als sei ein Lidstrich gezogen worden *(siehe S. 107).*

Das Hauptproblem bei den Primel-Hybriden besteht darin, daß ihre Knospen gern von den Vögeln abgefressen werden. Sie können das verhindern, indem Sie etwa 10 cm über den Blumen ein feines schwarzes Netz ausspannen.

Kultur *Die Hybriden der Gruppe Gold-laced, Kissenprimeln und Schlüsselblumen bevorzugen feuchte, aber gut durchlässige kalkhaltige Böden, und zwar in der Sonne, im Halbschatten oder im Schatten. Die Alpenaurikel benötigt einen gröberen, alkalischeren Boden und will in der Sonne stehen.*

Alle Primeln und Hybriden können am Anfang des Jahres aus Samen gezogen werden. Wenn Sie das früh genug tun, erhalten Sie die ersten Blumen noch im selben Jahr. Beim Kauf sollten Sie für eine Gruppenbepflanzung von jeder Sorte fünf Stück nehmen. Primeln säen sich selbst aus, können im Herbst aber auch geteilt werden.

❻ Ranunkel (*Ranunculus asiaticus*)
❼ Ranunkel (*Ranunculus asiaticus*)
❽ Tulpe 'Mickey Maus'
❾ Zwergsterntulpe (*Tulipa tarda*)
❿ Gnomentulpe (*Tulipa turkestanica*)

RANUNCULUS ASIATICUS

Ranunkel

Knollenpflanze; Winterhärte: 9-10
Höhe: 15-45 cm

Eignung als Schnittblume *Diese etwas empfindlichen Knollenpflanzen sind in strahlenden Farben erhältlich: in Burgunderrot (siehe S. 107), Marmeladenorange, leuchtendem Sonnenblumengelb und Karmesinrosa.*

Die gefüllten Sorten sehen, wenn sie hervortreten, aus wie kleine Pfingstrosen; geöffnet erinnern sie mit ihrer dunklen, knolligen Mitte und den butterblumenartigen Blütenblättern dann eher an Anemonen. Die nicht gefüllten Sorten, etwas butterblumenartig, aber größer und prächtiger, können Sie zusammen mit Tulpen, Anemonen, Säckelblumen und Wolfsmilch zu einem farbenfrohen Frühlingsstrauß arrangieren (siehe S. 62). Zu einem Sträußchen gebunden, machen sie sich auch gut zusammen mit Weidenkätzchen sowie neuen Ahornblättern und -blüten.

Konditionierung *Entfernen Sie bei diesen Pflanzen vorsichtig alle außer den obersten Blättern. Die Blumen halten sich in frischem Wasser bis zu zwei Wochen.*

Kultur *Ranunkeln bevorzugen einen sonnigen bis halbschattigen Standort und gut durchlässige, feuchte Böden. Weil sie nur eingeschränkt winterhart sind, empfiehlt es sich, sie im Gewächshaus zu kultivieren. Pflanzen Sie sie in große Töpfe oder besser noch in ein Gewächshausbeet (Abstand: 10-15 cm; Tiefe: 8 cm).*

SALIX CAPREA

Salweide

Haupteintrag: Winter; Grün und Silber, S. 150. *Ihre silbergrünen Knospen erscheinen häufig schon früh im Winter. Doch den weichen gelben Inhalt zeigen sie erst zu Beginn des Frühjahrs. In den ersten Frühlingswochen schneide ich meine Weiden ganz unterschiedlich lang und kombiniere sie mit fast allem. Sie sehen auch für sich alleine gut aus, wenn die langen Zweige in einer hohen Vase beispielsweise auf der Fensterbank stehen und die Sonne dann den zarten Schleier aus Staubgefäßen und Pollen erstrahlen läßt.*

TULIPA

Tulpe

Haupteintrag: Frühjahr; Orange und Rot, S. 108. *Tulpen sind im Frühjahr der Mittelpunkt des Schnittblumengartens. Die gelben, hier abgebildeten Sorten sind mir besonders lieb und teuer.*

VIOLA

Veilchen

Haupteintrag: Frühjahr; Blau und Purpur, S. 113. *Vom zeitigen Frühjahr bis zu den ersten Herbstfrösten pflücke ich die kleinen Veilchen (z.B. die gelbe* V. lutea*) und stelle sie für sich alleine in flache Gläser. Veilchen sind in Blumengeschäften oder auf Märkten nur selten zu finden; aber es ist relativ einfach, sie selbst zu kultivieren.*

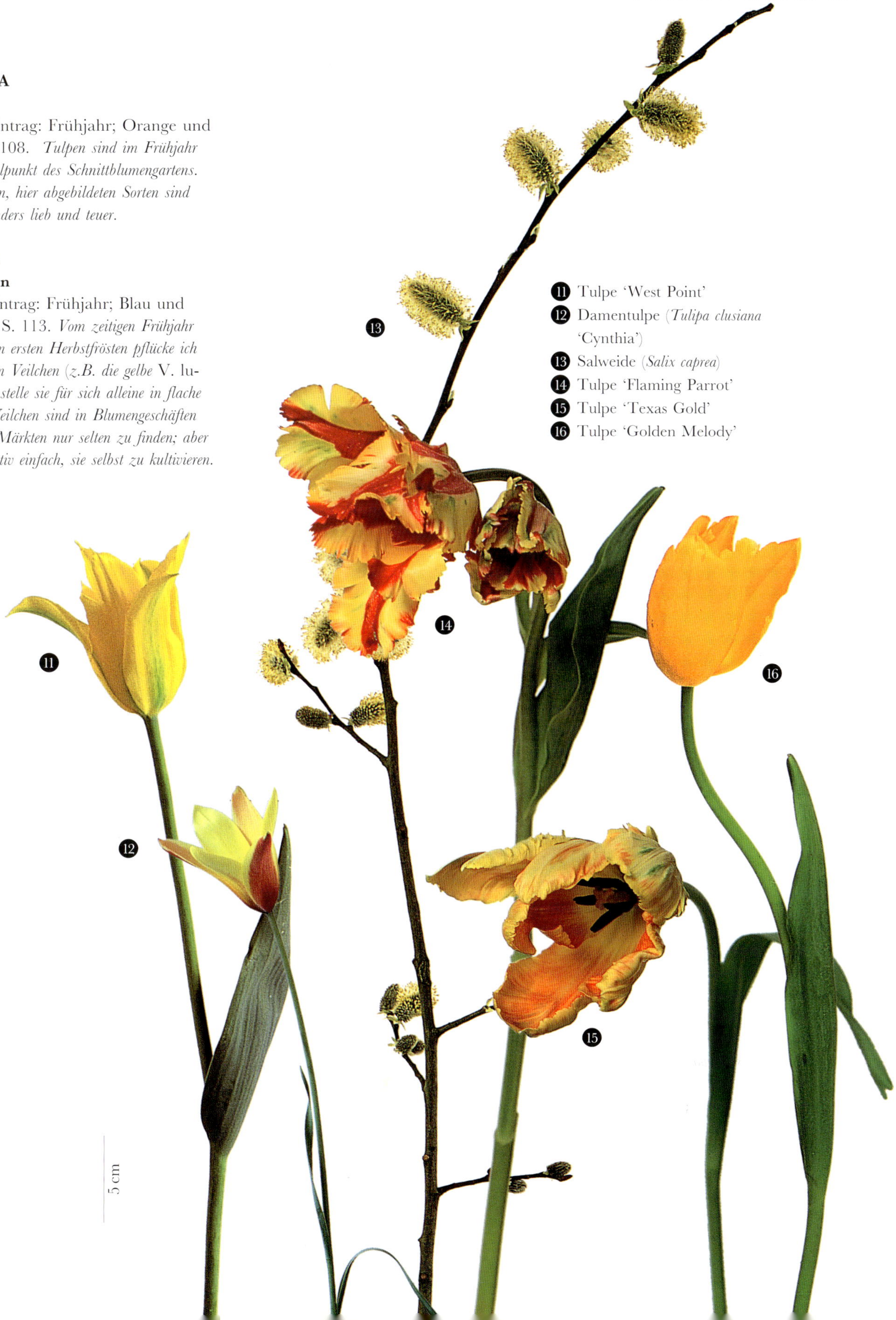

11 Tulpe 'West Point'
12 Damentulpe (*Tulipa clusiana* 'Cynthia')
13 Salweide (*Salix caprea*)
14 Tulpe 'Flaming Parrot'
15 Tulpe 'Texas Gold'
16 Tulpe 'Golden Melody'

Blau und Purpur

ANEMONE

Haupteintrag: Frühjahr; Weiß, S. 98. *Erfreuen Sie sich an der tiefblauen Balkananemone* (A. blanda *'Atrocaerulea')* – *in einem Glas auf Ihrem Schreibtisch oder in einem gemischten Sträußchen. Die samtig blaue Gartenanemone* (A. coronaria, *Gruppe De Caen) kann fast jeder anderen Farbe eine vornehme Note verleihen.*

AQUILEGIA

Akelei

Haupteintrag: Frühjahr; Orange und Rot, S. 106. *Die dunkelviolette, kurzspornige Gemeine Akelei* (A. vulgaris) *paßt hervorragend zu dunklen Tulpen und zu hellgrüner Wolfsmilch (siehe S. 60-61).*

CEANOTHUS

Säckelblume

Immer- und sommergrüne Sträucher oder Bäume; Winterhärte: C. arboreus *'Trewithen Blue',* C. *'Autumnal Blue' 9-10; C. 'Italian Skies' 8-10;* C. × delileanus *'Gloire de Versailles' 7-10 Höhe und Ausbreitung:* C. × delileanus *'Gloire de Versailles' 1,5 × 1,5 m;* C. *'Italien Skies' 1,5 × 3 m;* C. *'Autumnal Blue' 3 m x 2 C. arboreus 'Trewithen Blue' 6 × 7,5 m*

Eignung als Schnittblume *Ich mag besonders die tiefblauen Sorten, zum Beispiel den für eine Mauer geeigneten immergrünen Strauch* C. *'Italian Skies' oder* C. *'Puget's Blue'. Wenn Sie genug Platz haben, können Sie sich auch für eine der größeren Sorten, zum Beispiel die immergrüne* C. arboreus *'Trewithen Blue', entscheiden. Sie hat größere Blüten, verspricht Ihnen aber eine reiche Ernte und eignet sich für vielfarbige Arrangements als Hintergrundlaub oder als Blume (siehe S. 62). Wenn der Platz beschränkt ist, sollten Sie eine Sorte mit langer Blütezeit kultivieren. Die immergrüne* C. *'Autumnal Blue' trägt im späten Sommer und im Herbst (manchmal auch im Frühjahr) blasse blaue Blüten.*

Konditionierung *Schneiden Sie die Stielenden nach dem Pflücken etwa 2,5 cm weit ein (oder brechen Sie die Enden mit einem Hammer auf). Dann stellen Sie Ihre Blumen für einige Stunden in tiefes Wasser.*

Kultur *Pflanzen Sie wenigstens jeweils eine Sorte für die Frühlings- und die Herbstblüte. Säckelblumen bevorzugen volle Sonne und leichte, gut durchlässige Böden; es ist ratsam, sie an einer sonnigen Mauer vor Kälte und Wind zu schützen. Die Pflanzen können kurzlebig sein, deshalb sollten Sie im Sommer Stecklinge nehmen. Entfernen Sie bei den immergrünen Arten nur das tote Holz, denn ein stärkerer Rückschnitt würde ihre Lebensdauer verkürzen. Bei den sommergrünen Sorten können Sie die Seitentriebe im zeitigen Frühjahr auf 8-10 cm des vorjährigen Wuchses einkürzen.*

HYACINTHOIDES

Zwiebelpflanze; Winterhärte: 5-8
Höhe: 60 cm

Eignung als Schnittblume *Das Hasenglöckchen* (H. non-scripta) *steht am besten alleine oder in einem Wildblumenarrangement zusammen mit Schlüsselblumen und dem Salomonssiegel (siehe S. 58).*

Konditionierung *Schneiden Sie Ihre* Hyacinthoides *sobald sie erscheinen, und zwar über dem weißen Teil des Stiels, der das Wasser nicht so gut aufnehmen kann wie der grüne, und tauchen Sie die Stielenden für einige Sekunden in heißes Wasser. Sie sollten diese Blumen niemals abreißen, wie es Kinder häufig tun, weil so die Zwiebeln beschädigt werden könnten.*

Kultur *Der beste Platz für diese Pflanzen ist ein baumreiches oder strauchiges Gelände. Pflanzen Sie sie im Herbst 10-15 cm tief. Die Vermehrung erfolgt durch Teilung im Sommer oder durch Aussaat im Herbst.*

1. Gemeine Akelei (*Aquilegia vulgaris*)
2. Säckelblume (*Ceanothus arboreus* 'Trewithen Blue')
3. Säckelblume (*Ceanothus* 'Italian Skies')
4. Gartenflieder (*Syringa vulgaris* 'Andenken an Ludwig Späth')
5. Tulpe 'Black Parrot'
6. Tulpe 'Queen of Night'

LAVANDULA STOECHAS SSP. PEDUNCULATA
Schopflavendel
Haupteintrag: Sommer; Blau und Purpur, S. 134. *Dieser hübsche Lavendel ist einer der ersten Künder der Frühjahrsmitte. Mit seinem schopfartigen duftenden Blütenstand paßt er zu fast allem. Sie können ihn beispielsweise in einem einfach gehaltenen Strauß mit Knorpelmöhren, weißen und blauen Anemonen sowie gelben Ranunkeln kombinieren. Prachtvoll kommt der Schopflavendel zur Geltung, wenn Sie die Zweige lang abschneiden und die Tulpe 'Flaming Parrot' dazwischenstecken.*

PULSATILLA
Kuhschelle
Staude; Winterhärte: 5-9
Höhe: P. halleri *15-40 cm;* P. vulgaris *15-25 cm;* P. vernalis *5-10 cm*
Eignung als Schnittblume *Pflanzen Sie diese exotisch anmutende violette Blume in Gruppen; vielleicht breitet sie sich zu einem prächtig samtenen Teppich aus, wie es die Wildpflanzen auf kalkreichen Böden in der freien Natur gelegentlich noch tun.*

Stellen Sie ein paar Blumen mit Blättern in ein oder zwei kleine Gläser und machen Sie einen Platz ausfindig, an dem sie rückwärtig beleuchtet werden können. So kommen ihre feinen Härchen noch besser zur Geltung. Auch die Fruchtstände der Kuhschelle eignen sich für Blumensträuße.

Zu den andersfarbigen Sorten gehören eine tief karmesinrote und eine reinweiße Frühlingskuhschelle (P. vernalis). *Es gibt auch eine größerblumige purpurne Art,* P. halleri. *Sie weist 8 cm große, nach oben gerichtete Blüten auf, in deren gelber Mitte ein spitzer, purpurner Rüssel steht.*
Kultur *Die meisten Kuhschellen gedeihen bei voller Sonne, auf kalkreichen, gut durchlässigen Böden. Die Vermehrung erfolgt im Winter durch Wurzelschnittlinge (siehe S. 43) oder durch frische Samen im frühen Sommer.*

SYRINGA VULGARIS
Gartenflieder
Haupteintrag: Frühjahr, Weiß, S. 102. *Die tief purpurlila Sorte 'Andenken an Ludwig Späth' wirkt am besten in der Knospe. Dann sind ihre Farben am kräftigsten. In einem einfachen Arrangement harmoniert sie u.a. gut mit der Tulpensorte 'Spring Green'.*

TULIPA
Tulpe
Haupteintrag: Frühjahr, Orange und Rot, S. 108. *Die dunklen Sorten 'Black Parrot' und 'Queen of Night' sind von besonderer Schönheit. Sie weisen klare Formen und kräftige Farben auf. In einem Gebinde passen Sie als Kontrast zu der Tulpe 'Spring Green', auch zu Pfingstrosen und zur Wolfsmilch.*

VIOLA
Veilchen
Einjährige Pflanzen und Stauden; Winterhärte: 3-9
Höhe: 10-20 cm (V. cornuta *30-60 cm*)
Eignung als Schnittblume *Diese Gattung bietet uns Schnittblumen zu jeder Zeit des Jahres. Im Frühjahr blüht das hübsche, tief purpurne Duftveilchen* (V. odorata). *Sie sollten es für sich alleine arrangieren (siehe S. 56-58), sonst würden sich seine kleinen Blüten nahezu verlieren. Zu empfehlen sind auch die reinweiße* V. obliqua *'Alba' oder das kuriose Pfingstveilchen* (V. sororia *'Freckles'), deren weiße Blüten mit kleinen violetten Flecken bedeckt sind. Die kleineren wilden Veilchen haben häufig nur wenig ausgeprägte Bäckchen und ein größeres Kinn als die Gartenstiefmütterchen.*

Die zahlreichen farbenfrohen Sorten des Hornveilchens (V. cornuta) *blühen viele Monate lang. Sie haben längere Stiele als die anderen Veilchen und lassen sich deshalb auch anders kombinieren, zum Beispiel mit dem kräftig orangefarbenen, kleinblumigen Islandmohn* (Papaver nudicaule *'Matador'). Sie sollten auch die grell orangefarbene und purpurne einjährige Veilchensorte 'Jolly Joker' kultivieren oder die dunklen Sorten 'Molly Sanderson' bzw. 'Bowles Black', die an einem Stiel viele winzige Blüten trägt. Sie hält sich im Wasser besonders lange und sieht auch nach zehn Tagen noch gut aus. Wenn Sie regelmäßig Blumen pflücken oder die welken Blüten entfernen, wird diese Sorte den ganzen Sommer und Herbst über blühen.*

Suchen Sie für den Winter nur solche Sorten, die in den Katalogen ausdrücklich als Kälteblüher ausgewiesen sind. Topfen Sie diese im Herbst ein und stellen Sie sie in die Nähe der Haustür. So lassen sich die Blumen schnell pflücken und bei starkem Frost ins Haus holen.
Konditionierung *Entfernen Sie die unteren Blätter.*
Kultur *Einige der wilden Veilchen bevorzugen eine kühle, schattige Lage; die meisten einjährigen gedeihen aber gewöhnlich besser in der Sonne. Pflanzen Sie sie in Gruppen von fünf bis sieben, und zwar im Abstand von 20-30 cm.*

Veilchen lassen sich in aller Regel leicht aus Samen ziehen. Viele säen sich auch selbst aus. Wenn Sie sie im zeitigen Frühjahr aussäen, werden sie noch im selben Jahr blühen. Vermehrung durch Teilung ist bei den Arten leicht möglich, bei denen sich der Wurzelstock ausbreitet. Die meisten lassen sich aber auch durch Stecklinge vermehren.

7 Balkananemone (*Anemone blanda* 'Atrocaerulea')
8 Gartenanemone (*Anemone coronaria*, Gruppe De Caen)
9 *Hyacinthoides non-scripta*
10 Schopflavendel (*Lavandula stoechas* ssp. *pedunculata*)
11 *Pulsatilla vulgaris*
12 *Pulsatilla vulgaris*
13 *Viola odorata*

Sommer

Im Sommer bietet es sich an, überall im Haus große Blumenarrangements zu haben. Füllen Sie nun Ihre Vasen mit Lilien, Rosen, Bartiris, Rittersporn, Sonnenblumen, Pfeifenstrauch, Steppenkerzen, Akanthus und Artischocken. Wer mag sich mehr wünschen? In jedem Zimmer soll Sie ein anderer herrlicher Anblick willkommen heißen. Für kleinere Arrangements können Sie Wohlriechende Wicken, Nelken, Bartnelken, Phlox, Rosen und Heckenkirschen einsetzen. Mit der Vielfalt an Farben und Leuchtkraft der einjährigen Pflanzen, die zu dieser Jahreszeit in voller Blüte stehen, dürfte Ihnen die Auswahl kaum schwer fallen.

❶ Akanthus (*Acanthus mollis*)
❷ Frauenmantel (*Alchemilla mollis*)
❸ Ackerdill (*Anethum graveolens*)
❹ Sterndolde (*Astrantia major*)

Grün und Silber

ACANTHUS

Akanthus

Halbimmergrüne Staude; Winterhärte: A. mollis *8-10;* A. spinosus, A. hungaricus *6-10*

Höhe: 90 cm-1,5 m; A. spinosus *bis 1,8 m*

Eignung als Schnittblume *Die beeindruckenden, dem Fingerhut ähnlichen Blütenähren des Akanthus erbringen eine Farbmischung aus Grün, Purpur, Weiß und Rosa. Sie sind jeweils aus 20-30 Einzelblüten zusammengesetzt; mit den auffälligen purpurnen Deckblättern sehen sie aus, wie die dunklen, verschleierten Augen der Sibyllen von Michelangelo. Sie können Ihren Akanthus mit anderen kräftigen, strukturgebenden Pflanzen zusammenstellen, zum Beispiel mit Sonnenblumen und Artischocken, oder ihn in größerer Anzahl für sich alleine arrangieren. Reichblühend ist* A. spinosus, *aber auch* A. hungaricus. A. mollis *und* A. spinosus, *Gruppe Spinosissimus, gefallen vor allem durch ihr hübsch geteiltes Laub.*

Konditionierung *Achten Sie beim Pflücken und Arrangieren dieser Blumen auf die langen, spitzen Dornen in den Blüten. Wenn Sie die Stielenden nach dem Schneiden für einige Sekunden in heißes Wasser tauchen, können sich Ihre Pflanzen im Wasser bis zu zwei Wochen halten.*

Kultur *Pflanzen Sie Akanthus im Frühjahr in Gruppen von drei oder fünf, und schützen Sie die Kronen im ersten Winter mit einem Mulch. Es kann zwei Jahre dauern, bis sie sich eingelebt haben und zu blühen beginnen. Akanthus gedeiht auch im Schatten, für eine reiche Blüte sollten Sie aber einen Standort mit tiefem, gut durchlässigem nährstoffreichen Boden in voller Sonne wählen. Die Vermehrung erfolgt im Winter durch Wurzelschnittlinge (siehe S. 43) oder im zeitigen Frühjahr durch Teilung (siehe S. 37, 41).*

ALCHEMILLA MOLLIS

Frauenmantel

Sommergrüne Staude; Winterhärte: 4-8

Höhe: 30-50 cm

Eignung als Schnittblume A. mollis ist *eine robuste und langlebige Schnittblume. Sie entwickelt einen grünlichgelben Blütenschleier und hat flaumige Blätter. Leuchtend und fast kreisrund – so sind diese Blätter in jeder Kombination perfekt für den Vordergrund. Der Frauenmantel ist ein Diplomat unter den Blumen: Sie können ihn mit allem und jedem zusammenstellen.*

Verwenden Sie die Pflanze in einem hübschen ländlichen Strauß zusammen mit Blüten und Samenständen von Schwarzkümmel, mit blauen bzw. weißen Kornblumen, weißen Wicken oder Löwenmaul. Noch besser können Sie ihre lebhafte Farbe als Kontrast zu anderen leuchtenden, vollen Tönen einsetzen. In kleinen kompakten Sträußen paßt sie zu den Waldrebesorten 'Royal Velours', 'Rouge Cardinal' oder

❺ Hasenohr (*Bupleurum griffithii* 'Decor')
❻ Hasenohr (*Bupleurum falcatum*)

'Jackmanii', auch zum Schmuckkörbchen 'Versailles Carmine' und zum leuchtend orangefarbenen oder gelben, seidigen Islandmohn.

Der Frauenmantel läßt sich auch gut in Verbindung mit Blumensteckmasse einsetzen. Mit seinen dichten Blüten kann der häßliche grüne Schaumstoff schnell kaschiert werden. Ich setze den Frauenmantel zusammen mit den Samenständen der Hainbuche als Laub für eine sommerliche Girlande (siehe S. 64-67) mit blauen Kornblumen, Lavendel und Mohnblumen ein.

Konditionierung *Geben Sie der Pflanze vor dem Arrangieren viel Wasser.*

Kultur *Der Frauenmantel kann auf fast allen Böden gedeihen (außer sumpfigen). Am besten kommt er in einer Gruppenbepflanzung in der Sonne oder im Halbschatten zur Geltung. Wenn die Blüten gegen Ende des Sommers ihre Leuchtkraft verlieren, sollten Sie Ihre Pflanzen bis zum Boden zurückschneiden. Sie können dann noch einmal kleinere Blüten hervorbringen. Der Frauenmantel breitet sich unter günstigen Bedingungen schnell aus. Sie können diese Sämlinge einsammeln, im folgenden Jahr wieder auspflanzen und so zur Blüte bringen. Außerdem erreicht eine kleine Pflanze in schon einer Wachstumsperiode eine ansehnliche Größe und läßt sich im Herbst oder im zeitigen Frühjahr des folgenden Jahres in zwei oder sogar drei kleine Pflänzchen teilen (siehe S. 37 und 41).*

ANETHUM GRAVEOLENS

Ackerdill

Winterharte einjährige Pflanze; Höhe: 60-100 cm

Eignung als Schnittblume *Dill sollten Sie so viel anbauen, wie es Ihr Platz erlaubt. Er stellt im Garten eine elegante, bezaubernde Füllpflanze dar und macht sich in jedem Blumenstrauß gut. Die winzigen Einzelblüten stehen in lockeren, grünlichgelben Dolden. Geben Sie ihn als prägende Blattpflanze zu kräftigem Orange und Blau, zu Weiß und Grün, oder am besten als starken Kontrast zum vollen venezianischen Karmesinrot, Purpur und Azurblau.*

Konditionierung *Entfernen Sie alle außer den obersten Blättern und stecken Sie das Stielende einige Sekunden in heißes Wasser.*

Kultur *Setzen Sie kleine Pflanzen im Abstand von 20-25 cm in die Erde. Dill gedeiht auf jedem anspruchslosen, gut durchlässigen Boden in voller Sonne, wenn Sie ihn am Anfang gut wässern und den Boden feucht und überdies unkrautfrei halten. Durch regelmäßiges Pflücken und Wässern erhalten Sie buschige, kräftige Pflanzen und verhindern die Samenproduktion. Wiederholen Sie die Aussaat bzw. das Auspflanzen alle drei oder vier Wochen, um so den ganzen Sommer über ernten zu können.*

Die Aussaat kann am endgültigen Standort in Reihen oder Gruppen erfolgen (siehe S. 35). Die Samen sind so groß, daß Sie sie einzeln in die Furche geben können. Die Sämlinge werden auf 20-25 cm Abstand vereinzelt. Verwenden Sie als Stützhilfe kleine Rohrstöcke (siehe S. 37). Für eine frühe Blüte kann die Aussaat auch im zeitigen Frühjahr erfolgen. Säen Sie in Töpfe oder natürliche Anzuchttöpfe aus, aber vermeiden Sie Aussaatschalen, weil Dill sich nicht gut umpflanzen läßt. Sie sollten die Samen dabei gleichmäßig im Topf verteilen und dann mit Perlit abdecken.

Auch Dill ist stark selbstaussäend und kann sogar zu einer richtigen Plage werden. Wenn Sie nicht alle Blüten für Ihre Blumenarrangements benötigen, sollten Sie sie abschneiden, bevor die Samen reifen und sich verteilen.

ASTRANTIA

Sterndolde

Sommergrüne Staude; Winterhärte: 4-8 Höhe: 60-90 cm

Eignung als Schnittblume *Die Sterndolde weist eine schmuckvolle Blüte mit sternförmigen Hüllblättern auf. Sie erinnert an die stilisierten Blumen der mittelalterlichen Buchmalerei. Die natürliche Eleganz dieser Pflanze vermag jedem Blumenstrauß einen besonderen Charakter zu verleihen.* A. major *läßt sich gut mit Königslilien kombinieren. Der starke Duft dieser Lilien mit goldgelber Mitte wird den leicht modrigen Geruch der Sterndolde gut überdecken. Die mehr rosafarbene Sterndolde* A. maxima *hat leuchtendere, eher kronblattähnliche Hüllblätter. Zusammen mit Frauenmantel und der duftenden, großblumigen rosa Essigrose 'Versicolor' sowie der Rose 'Fritz Nobis' weiß sie zu beeindrucken. Von* A. major *gibt es eine prächtige weißblütige Sorte,* A. major *ssp.* involucrata *'Shaggy' (oder 'Margery Fish'). Ich finde sie noch hübscher als die anderen – vielleicht mit Ausnahme von* A. major *'Ruby Wedding'. Diese Sorte ist pflaumenfarben, hat weinrote Stiele und weist eine interessante wie gemeißelt aussehende Form auf.*

Konditionierung *Stellen Sie die Pflanzen in reichlich warmes Wasser.*

Kultur *Sterndolden lassen sich einfach kultivieren. Pflanzen sie* A. major *in Dreiergruppen im Halbschatten oder in voller Sonne auf feuchten Böden.* A. maxima *benötigt einen trockeneren Standort und hat höhere Bodenansprüche.*

Diese kräftigen Pflanzen breiten sich durch unterirdische Ausläufer aus und können deshalb nach ein oder zwei Jahren leicht durch Teilung vermehrt werden (siehe S. 37 und 41). Kaufen Sie die Sorten Ihrer Wahl jeweils in geringer Anzahl. Daraus können Sie dann nach und nach Ihren Bestand vermehren; aber halten Sie die Sorten getrennt voneinander, damit sie sich nicht untereinander kreuzen können.

BUPLEURUM

Hasenohr

Einjährige Pflanzen, Stauden und Sträucher; Winterhärte: B. fruticosum *7-10;* B. falcatum *4-9*

Höhe und Ausbreitung: B. griffithii *50 × 30 cm;* B. falcatum *90 × 60 cm;* B. fruticosum *1,5 × 1,5 m*

Eignung als Schnittblume *Die schönste Pflanze dieser Gattung und als Schnittblume am besten geeignet ist das winterharte einjährige Hasenohr* B. griffithii. *Seine wolfsmilchähnlichen Blütenstände aus kleinen grünlichgelben Blüten, von denen sich 15-20 Stück an jedem Stiel befinden, bieten mit das beste Grün für den Vordergrund, das Sie sich wünschen können. In frischem Wasser halten sich die Pflanzen bis zu zwei Wochen; sie bilden eine perfekt lockere Grundstruktur, in die Sie Pflanzen jeder Farbe stellen können. So kreieren Sie einen hübschen zwanglosen Strauß. Stellen Sie* B. griffithii *zusammen mit* Ammi majus *oder Muschelblumen als Blattpflanzen und geben Sie dann Wohlriechende*

Wicken, Bartnelken, Mohnblumen sowie Trompeten- oder Türkenbundlilien dazu. B. falcatum, *eine mehrjährige Art, ist weniger kräftig und prachtvoll, eignet sich aber gleichfalls gut als Schnittblume. Ihre kleineren, gelbgrünen Blütenstände erinnern an eine Miniaturausgabe des Dills. Sie passen ausgezeichnet zum tiefen Karmesin- bzw. Weinrot von* Cosmos bipinnatus *'Versailles Carmine', zur hübschen Rose 'Nuits de Young' oder 'Souvenir du Docteur Jamain', auch zu farbenprächtigen Levkojen (siehe S. 70). Später im Jahr kommt auch die strauchige* B. fruticosum *gut zur Geltung. Ich pflücke sie mit Knospen oder mit Samenständen und setze sie für Spätsommer- oder Herbstarrangements ein.*

Kultur *Es handelt sich hierbei um sonnenliebende Pflanzen.* B. griffithii *sollte in größeren Gruppen wachsen und gedeiht auf jedem gut durchlässigen Boden in voller Sonne.* B. falcatum *wird zur Mitte des Herbstes oder im Frühjahr gepflanzt, und zwar in Dreiergruppen im Vordergrund einer Rabatte. Sie gedeiht auf ganz gewöhnlichen Böden.*

Eine ziemlich große, aber etwas empfindliche Pflanze ist B. fruticosum, *von der Sie deshalb nur eine einzelne anpflanzen sollten. Sie profitiert von einem warmen geschützten Standort. Damit sie nicht zu stark verholzt, sollten Sie sie regelmäßig nach der Blüte zurückschneiden.*

B. griffithii *kann man zur Mitte des Frühjahrs im Freien aussäen (siehe S. 34 und 35). Wässern Sie sie gut; die voll entwickelte Pflanze sollten Sie regelmäßig pflücken, um so die Bildung von Seitentrieben und einen buschigen Wuchs anzuregen. Vermehren Sie* B. falcatum *in der Mitte des Frühjahrs durch Aussaat in einem Frühbeetkasten –* B. fruticosum *entweder durch Aussaat oder durch Stecklinge im späten Sommer (siehe S. 38 und 39).*

CYNARA
Artischocke

Haupteintrag: Sommer; Blau und Purpur, S. 132. *Die Artischocke* (Cynara scolymus) *eignet sich mit ihren eßbaren Knospen hervorragend als Grünpflanze für den Vordergrund, wo sie kräftige Farben wie Scharlachrot bzw. Orange hübsch ergänzt (siehe Seite 73); auch zu großblumigen Sonnenblumen und Lilien der Sorte 'Casa Blanca' macht sie sich gut.*

ERYNGIUM
Edeldistel

Zweijährige Pflanzen und Stauden, manche immergrün; Winterhärte: Eryngium planum *5-9;* E. alpinum, E. × tripartitum, E. × zabelii *5-8*
Höhe: E. × tripartitum *60-75 cm;* E. × zabelii, E. alpinum, E. planum *50-100 cm;* E. giganteum *75 cm-2 m*
Eignung als Schnittblume *Edeldisteln gehören neben der Wolfsmilch zu meinen Lieblingspflanzen. Ihre reliefartigen Köpfe in Stahlgrau oder tiefem Königsblau sind unübertroffen schön. Ich schätze sie als dezentes Beiwerk ebenso wie im Mittelpunkt eines Arrangements. Zu den schönsten Sorten der Elfenbeindistel* (E. giganteum) *gehört die kurzlebige Staude 'Miss Willmott's Ghost' und die neue 'Silver Ghost'. Sie können einige Jahre bis zur Blüte brauchen und sterben dann ab, wenn sie ihre Samen verteilt haben. Ihre ornamentalen silbernen, kardenähnlichen Blüten passen gut zu großblumigen Lilien. Andere Schönheiten sind die indigoblaue* E. × zabelii *'Violetta' (siehe S. 133) und die ganz ähnlich aussehende großblumige Alpendistel* (E. alpinum). *Sie können diese Pflanzen mit den Samenkapseln von Mohnblumen, Hasenohr, orangefarbenen und gelben Inkalilien sowie Steppenkerzen zusammenstellen, die alle mit dem prächtigen dunklen Purpur des Prärieenzian kontrastieren.*

Konditionierung *Edeldisteln müssen Sie gut wässern.*

Kultur *Edeldisteln gedeihen am besten in der vollen Sonne. Sie sind ansonsten genügsam und wachsen auch auf stark lehmhaltigen oder nährstoffarmen, steinigen Böden. Die meisten bevorzugen leichte Feuchtigkeit; die Pfahlwurzeln sollten aber nicht kalt und staunaß stehen; geben Sie beim Anpflanzen immer reichlich feinen Kies bei.*

Die Anzucht aus Samen ist unzuverlässig; die sicherste Methode besteht in der Vermehrung durch Wurzelschnittlinge (siehe S. 43) im Winter. Die Vermehrung durch Samen sollte erfolgen, sobald Sie diese im Herbst geerntet haben. Säen Sie sie in flache Schalen mit leichter Erde; dann setzen Sie sie im Frühbeetkasten dem Frost aus. Die Sämlinge werden ausgepflanzt, bevor sich die Pfahlwurzeln zu stark entwickelt haben.

Die selbstaussäende Elfenbeindistel läßt sich in einem Garten oft einführen, indem man einfach die frisch geernteten Samen verteilt. Ansonsten können Sie sich auch junge Sämlinge besorgen und warten dann, bis die Pflanzen Ihren Garten bevölkern.

EUPHORBIA
Wolfsmilch

Haupteintrag: Frühjahr; Grün und Silber, S. 96. *Eine Wolfsmilch ist für*

❶ Artischocke (*Cynara scolymus*)
❷ Alpendistel (*Eryngium alpinum* 'Amethyst')
❸ Elfenbeindistel (*Eryngium giganteum* 'Miss Willmott's Ghost')
❹ Springwolfsmilch (*Euphorbia lathyris*)
❺ Wolfsmilch (*Euphorbia schillingii*)
❻ Wolfsmilch (*Euphorbia seguieriana*)

jeden Floristen das Juwel in der Krone. E. sikkimensis *blüht im Sommer als erste. Dann folgt* E. schillingii *bis in den Herbst hinein. Mit ihren ausgebreiteten hellgrünen Blüten eignet sie sich für jeden großen Strauß.* E. seguieriana, *eine zierliche Pflanze, ist für die kleineren Sommersträußchen von besonderem Wert.*

MOLUCCELLA

Muschelblume

Eingeschränkt winterharte einjährige Pflanze

Höhe: M. laevis *60-90 cm;* M. laevis *'Long spike' 90 cm-1,2 m*

Eignung als Schnittblume *Die Muschelblume ist eine weitere hochwertige Schnittblume, von der Sie so viel anbauen sollten, wie es der Platz erlaubt. Die hohen, gekräuselten und geschwungenen Ähren aus lebhaft grünen, cremefarben geäderten Blütenkelchen gehören zum Besten, was der Sommer bietet, und können für nahezu jedes Arrangement einen eleganten Schlußpunkt setzen.*

Konditionierung *Entfernen Sie die unteren Blätter und alle Seitentriebe. Dabei müssen Sie vorsichtig vorgehen, weil die spröden Stiele an diesen Knotenpunkten leicht brechen.*

Kultur *Die Muschelblumen gedeihen in voller Sonne auf nährstoffreichen, gut durchlässigen Böden. Sie sollten durch ein Geflecht aus dünnen Ästen abgestützt werden.*

Sie können die Samen von Februar bis April bei 10-20 °C unter Glas aussäen. Pikieren Sie die Sämlinge, sobald sie groß genug sind, und härten Sie sie schrittweise ab, um sie dann nach den letzten Frösten auspflanzen zu können. Für eine Blüte zum Sommerende und Herbst lassen sich Muschelblumen im späten Frühjahr auch im Freien in ein geeignetes Anzuchtbeet aussäen.

7 Tabak (*Nicotiana* 'Lime Green')
8 Pfingstrosensorte (*Paeonia*)
9 Muschelblume (*Moluccella laevis*)
10 Wollziest (*Stachys byzantina*)

NICOTIANA

Tabak

Haupteintrag: Herbst; Weiß, S. 139. *Die blaß hellgrüne Sorte* N. *'Lime Green' ist eine hochgewachsene elegante Blume mit röhrenförmigen Blüten. In Beschaffenheit und Farbton gibt sie das ideale Gegenstück ab zu allen kräftigen, feierlichen Farben oder zu pulsierendem Scharlachrot und Orange (siehe S. 73).*

PAEONIA

Päonie, Pfingstrose

Haupteintrag: Frühjahr; Rosa, S. 105. *Viele Päonien haben interessante, auffällige Fruchtstände, hier ist zum Beispiel eine dreiteilige »Narrenkappe« zu sehen. Sie passen gut zu allen kräftigen, ornamentalen Sommer- und Frühherbstblumen.*

STACHYS

Ziest

Stauden und Halbsträucher; Winterhärte: 4-9

Höhe: S. byzantina *30-40 cm (Blütescheinnähren können 90 cm erreichen)*

Eignung als Schnittblume *Der Wollziest* (S. byzantina, *syn.* S. lanata, S. olympica) *ist eine immergrüne, pelzige, silberblättrige Pflanze mit samtenen Rosetten. Im Sommer erscheinen hohe Scheinähren aus kleinen rosa Blüten, eingehüllt in wollige Blätter, die wie die harabhängenden Ohren eines Kaninchens aussehen. Im Garten wird Ziest dazu verwendet, zusammen mit Frauenmantel und Lauch unter Alten Rosen den Boden zu decken. Die Blütenähren lassen sich gut für Handsträußchen verwenden. Sie können sie auch als silbrige Einrahmung für einen Brautstrauß nehmen.*

Konditionierung *Entfernen Sie die unteren Blätter und wässern Sie die Ähren in flachem Wasser, wobei das Laub nicht zu naß werden darf.*

Kultur *Diese Pflanzen lassen sich in durchlässigen Böden leicht kultivieren; magere Böden schätzen sie besonders, auch volle Sonne. Pflanzen Sie sie in großer Zahl entlang eines Weges oder bei Ihren Rosen. Später im Jahr können sie leicht mottenzerfressen aussehen; deshalb sollten Sie sie nach der Blüte zurückschneiden.*

Wollziest läßt sich durch Teilung vermehren (siehe S. 37 und 41). Die Pflanze ist kräftig, breitet sich durch ihre pelzigen Ausläufer rasch aus und kann darum schon nach einer Wachstumsperiode geteilt werden. Auch sät sie sich bereitwillig selbst aus.

Weiß

AGAPANTHUS
Schmucklilie
Haupteintrag: Sommer; Blau und Rosa, S. 130. *Der rosaweiß getönte* A. campanulatus *var.* albidus *wirkt in einem langstieligen Arrangement schon für sich alleine sehr eindrucksvoll. Sie können ihn aber auch mit weißen Lilien und Pfingstrosen mit Fruchtständen kombinieren.*

AMMI MAJUS
Knorpelmöhre
Winterharte einjährige Pflanze
Höhe: 50 cm-1,2 m
Eignung als Schnittblume *Die Knorpelmöhre ist der Wiesenkerbel des Floristen. Wie das Salomonssiegel oder der Gemeine Schneeball machen ihre hohen, spitzenartigen Blüten jeden Strauß zu einem hellen lockeren Arrangement. Kurz geschnitten paßt die Knorpelmöhre zu Schwarzkümmel, Kornblumen, Wohlriechenden Wicken, Löwenmaul und Mohnblumen. Sie sieht auch für sich alleine gut aus. Dann sollten 10 bis 15 Stengel in voller Länge in einer bauchigen Glasvase stehen, am besten in der Mitte eines großen Tisches.*
Konditionierung *Entfernen Sie alle unteren Blätter, auch einen Teil der höheren, weil diese frühzeitig vergilben.*
Kultur *Die Knorpelmöhre gedeiht gut in einer sonnigen bis halbschattigen Lage. Sie benötigt viel Wasser und kann viele Wochen blühen, wenn sie regelmäßig gepflückt wird und die Samenbildung so ausbleibt. Säen Sie die Pflanzen, die 90 cm bis 1,2 m hoch werden sollen, im Herbst direkt am Standort aus. Sie überwintern gut und werden dann im späten Frühjahr blühen. Kleinere Pflanzen erhalten Sie, wenn Sie sie in der Mitte des Frühjahrs aussäen.*

ANTIRRHINUM
Löwenmaul
Haupteintrag: Sommer; Orange und Rot, S. 125. *Das Gartenlöwenmaul* (A. majus *'White Wonder'*) *ist mit seinen großen weißen, flachsähnlichen Blüten ein gelungener Bestandteil für alle einfachen Sträuße.*

ARCTOTIS FASTUOSA
Bärenohr
Haupteintrag: Sommer; Orange und Rot, S. 125. *Die schokoladenbraune und orangefarbene Mitte der blaß cremeweißen, sonnenblumenartigen Sorte* A. fastuosa *'Zulu Prince' erinnert an das Muster auf einem Schmetterlingsflügel. Mit einigen kurz geschnittenen Sonnenblumen der Sorte 'Velvet Queen' zusammengestellt schaffen Sie sich so einen wunderschönen Blickfang.*

CAMPANULA
Glockenblume
Haupteintrag: Sommer; Blau und Purpur, S. 131. *Die reinweißen, jungfräulichen Glocken der Glockenblume* Campanula persicifolia *'Alba' sind langlebig. Für Hochzeitssträußchen können Sie sie mit weißem Fingerhut, gelben Rosen, tief purpurnem Prärieenzian und Dillzweigen kombinieren.*

COSMOS
Schmuckkörbchen, Kosmee
Eingeschränkt winterharte einjährige Pflanzen und knollige Stauden
Winterhärte: C. atrosanguineus *8-9*
Höhe: C. atrosanguineus *60 cm;*
C. bipinnatus *60 cm-1,3 m*
Eignung als Schnittblume *Das einjährige Schmuckkörbchen gehört zu den Pflanzen, die auf jeden Fall einen Platz im Schnittblumengarten verdient haben. Diese hohen, buschigen einjährigen Pflanzen blü-*

1 *Agapanthus campanulatus* var. *albidus*
2 Knorpelmöhre (*Ammi majus*)
3 Gartenlöwenmaul (*Antirrhinum majus* 'White Wonder')
4 Bärenohr (*Arctotis fastuosa* 'Zulu Prince')
5 Glockenblume (*Campanula persicifolia* 'Alba')

hen und blühen; sie bieten Ihnen Schnittblumen in prächtigen Farben und zarten Formen, und zwar vom späten Frühjahr bis zu den ersten strengen Frösten. Ich empfehle C. bipinnatus *'Purity', dessen gekräuselte tellerförmige Blüten zu allem passen, ebenso* C. bipinnatus *'Versailles Carmine' (siehe S. 126). Sie können sie für sich alleine in einem Krug auf die Fensterbank stellen, wo sich das Licht in ihren Kronblättern fängt.*
Konditionierung *Diese robusten, langlebigen Blumen sollten Sie gut wässern.*
Kultur *Das Schmuckkörbchen bevorzugt die volle Sonne und feuchte, aber gut durchlässige Böden. Die einjährigen Pflanzen gedeihen am besten bei regelmäßiger Kopfdüngung sowie regelmäßigem Wässern und Pflücken. In gemäßigten Zonen können die Knollen des eingeschränkt winterharten* C. atrosanguineus *durchaus im Boden überwintern, doch sollten sie dabei mit einem dicken Mulch geschützt werden.*

Einjährige Pflanzen lassen sich im zeitigen Frühjahr durch Aussaat vermehren, und zwar unter Glas bei leichter Beheizung. Pikieren Sie die Sämlinge, sobald sie groß genug sind, und stellen Sie die Heizung schrittweise herunter. Anschließend stellen Sie sie in einen Frühbeetkasten und pflanzen sie aus, wenn keine Fröste mehr zu erwarten sind (siehe S. 35).

DELPHINIUM

Rittersporn

Haupteintrag: Sommer; Blau und Purpur, S. 132. *Jede weiße Sorte des hoch aufragenden Rittersporn ist als Schnittblume geeignet. Setzen Sie den weißen Rittersporn, zum Beispiel 'Lilian Bassett', in einem stattlichen weißen Arrangement ein; er läßt sich auch gut mit königs- und tiefblauem Rittersporn kombinieren.*

DIGITALIS

Fingerhut

Zweijährige Pflanzen und Stauden, manche immergrün; Winterhärte: 4-8
Höhe: D. grandiflora *50-100 cm; Sorten von* D. purpurea *60 cm-1,5 m*
Eignung als Schnittblume *So sehr ich auch den zweijährigen Roten Fingerhut* (D. purpurea) *liebe – ich denke doch, daß sein Rosaton zu grell wirkt, um ihn mit anderen Farben zu kombinieren; dazu eignen sich aber viele andere Arten. Für ein jungfräuliches Gebinde ist die rein weiße* D. purpurea *f.* albiflora *am besten. Sie hat große Ähren mit üppig vollhängenden Glocken. Schneiden Sie diese Sorte kurz und setzen Sie ihre samtene Beschaffenheit als Kontrast zu tief karmesin- und weinroten Levkojen, Bartnelken und Löwenzahn ein.*
Konditionierung *Stellen Sie Ihren Fingerhut nach dem Pflücken für einige Stunden in einen tiefen Eimer mit warmem Wasser. So kann er sich dann über eine Woche halten. Entfernen Sie regelmäßig alle welken Blüten.*
Kultur *Die zweijährigen Arten gedeihen am besten im Halbschatten auf nährstoffreichen, humosen, feuchten, aber gut durchlässigen Böden. Pflanzen Sie sie in Gruppen von 10-15 oder in Reihen. Die Stauden bevorzugen die Sonne, tolerieren aber auch leichten Sommerschatten; Nässe im Winter ist tödlich. Sie können beim Fingerhut die Blütezeit verlängern, indem Sie die Hauptähre zurückschneiden.*

Die feinen Samen der zweijährigen Arten sollten Sie im späten Frühjahr oder Frühsommer unter Glas aussäen, aber nicht mit Erde bedecken. Pikieren Sie zu einem frühen Zeitpunkt und setzen Sie die Pflänzchen dann für den Rest des Sommers in ein Anzuchtbeet. Im Herbst können Sie sie an ihren endgültigen Standort bringen.

EPILOBIUM

Staude; Winterhärte: 3-7
Höhe: 1,2-1,5 m
Eignung als Schnittblume *Das Weidenröschen* (E. angustifolium), *das gern an Straßenrändern und Bahndämmen heimisch ist, halte ich für zu wuchernd. Aber die Sorte* E. angustifolium *'Album' hat mit ihren weißen Blütenähren eine geradezu ätherische Ausstrahlung. Sie ist eine hervorragende Füllpflanze für weiße und grüne Arrangements (siehe S. 72).*
Konditionierung *Entfernen Sie die unteren Blätter und tauchen Sie die Stielenden für einige Sekunden in heißes Wasser.*
Kultur *Setzen Sie die Pflanze in die Sonne oder in den Schatten. Sie bevorzugt feuchte, aber gut durchlässige Böden.*

6 Schmuckkörbchen (*Cosmos bipinnatus* 'Purity')
7 *Delphinium* 'Lilian Bassett'
8 Fingerhut (*Digitalis*)
9 Roter Fingerhut (*Digitalis purpurea* f. *albiflora*)
10 Weidenröschen (*Epilobium angustifolium* 'Album')

LATHYRUS

Platterbse

Winterharte einjährige Pflanzen und kletternde Stauden
Winterhärte: L. latifolius *5-9*
Höhe: L. latifolius, L. odoratus *3 m;* L. chloranthus *1,5-2,5 m*

Eignung als Schnittblume *Von dem Duft der Wohlriechenden Wicke* (L. odoratus) *hat sich noch jedermann begeistern lassen. Im Blumenbeet sollten Sie einfarbige Gruppen an anmutigen Haselnußgerüsten in Ihren Lieblingsfarben wachsen lassen, in einer sonnigen Ecke des Gemüsegartens aber eine farbenfrohe Mischung aus leuchtenden Rot-, Malven-, Rosa-, Blau- und Weißtönen. Weiße Wohlriechende Wicken, zum Beispiel 'White Supreme', passen in Sträußen im Bauernstil gut zu Rittersporn, Frauenmantel und Kornblumen. Ich kultiviere zum Beispiel die dunkel weinrote Sorte 'Pageantry' zusammen mit der zweifarbigen, purpur und karmesinroten Sorte 'Matucana' (siehe S. 70 und 134).*

Konditionierung *Damit die Wohlriechenden Wicken nicht vorzeitig welken, sollten Sie direktes Sonnenlicht und hohe Temperaturen vermeiden.*

Kultur *Wohlriechende Wicken bevorzugen tiefgründige, humose, gut durchlässige Böden bei voller Sonne. Lassen Sie die Samen einjähriger Pflanzen über Nacht vorquellen, bevor Sie sie in große Töpfe aussäen. Die Aussaat sollte im Frühherbst unter Glas unbeheizt erfolgen, so daß Sie im zeitigen Frühjahr kräftige Pflanzen ausbringen können (oder sie erfolgt im späten Winter beheizt). Sie können Sie auch im Frühjahr direkt am Standort aussäen. Sobald die ersten Laubblätter erscheinen, sollten Sie die Triebspitze pinzieren. Entfernen Sie sofort die Blattranken, und binden Sie die Triebe am Gerüst fest. So erhalten Sie hübsche lange Triebe.*

Die Stauden lassen sich durch Aussaat im Herbst oder durch Teilung im Frühjahr vermehren. Schneiden Sie sie im Herbst bis auf Bodennähe zurück.

LILIUM

Lilie

Zwiebelpflanzen; Winterhärte: 4-8
Höhe: L. *'Fire King'*, L. longiflorum *90 cm;* L. monadelphum *50 cm-2 m;* L. *'Casa Blanca'*, L. *Gruppe Pink Perfection*, L. regale *1,2-1,5 m*

Eignung als Schnittblume *In Ihrem phantastischen Aussehen ist die reinweiße Lilie 'Casa Blanca' kaum zu übertreffen. Ihre weit geöffneten Blüten mit den gewellten Kronblatträndern und den Blütenpollen in der Farbe gebrannter Ziegelsteine verströmen einen herrlichen, raumfüllenden Duft. Am besten sehen sie aus, wenn sie mit festen, flechtenbesetzten Zweigen zusammenstehen, die ihre Schönheit und Extravaganz noch unterstreichen. Alle Lilien orientalischer Herkunft, zum Beispiel 'Casa Blanca', sind ihren Preis allemal wert. Die reinweiße Osterlilie* (Lilium longiflorum) *wird von vielen Floristen wegen ihres köstlichen Duftes und ihrer langen Lebensdauer im Wasser besonders geschätzt; es gibt aber noch erlesenere Arten. Die Königslilie* (L. regale) *gibt einen Duft von sich, der eine verwunschene Prinzessin aufwecken könnte. Noch beeindruckender ist für mich die dunkle, pflaumenfarbene, romantisch anmutende Lilie der Gruppe Pink Perfection – eine seidige Pflanze voller Charme. Ich möchte Sie aber auch auf die Türkenbundlilie* (L. martagon) *und die ihr ähnliche Art* L. monadelphum (*syn.* L. szovitsianum) *aufmerksam machen. Letztere hat gewellte, zurückgebogene, schmiedeeisern wirkende Kronblätter und Blüten, die herabhängen wie von einem barocken Kronleuchter (siehe S. 129). Die weniger zierlichen, nicht duftenden Asiatischen Lilien sind ebenfalls gute Schnittblumen, halten sich aber weniger lange. Entscheiden Sie sich für die kräftige, tief bernsteinfarbene, fast weinrote oder auch orangefarbene 'Fire King' (siehe S. 126 und 127), die sich zusammen mit Rittersporn trefflich für eine herabhängende Kugel eignet.*

Konditionierung *Wenn Sie Lilien abschneiden, sollte an der Pflanze jeweils ausreichend Laub für die Photosynthese verbleiben. So können die Zwiebeln Nährstoffe für den Winter und das Frühjahr speichern.*

Kultur *Fast alle Lilien bevorzugen gute, durchlässige Böden in der vollen Sonne, vorzugsweise mit beschatteten Wurzeln. Die Türkenbundlilie gedeiht auch im Halbschat-*

1. Wohlriechende Wicke (*Lathyrus odoratus* 'White Supreme')
2. Immergrüne Magnolie (*Magnolia grandiflora*)
3. Lilie 'Casa Blanca'
4. Königslilie (*Lilium regale*)
5. Lupine (*Lupinus*, Gruppe Noble Maiden)

ten. Besonders auf schweren Böden sollten Sie die Zwiebeln beim Anpflanzen mit grobem Sand umgeben.

Experimentieren Sie zunächst mit den am leichtesten zu kultivierenden Sorten und Arten, zum Beispiel mit Königslilien. Dann können Sie Ihren Bestand aufbauen. Entscheiden Sie sich für Zwiebeln, die Sie den ganzen Sommer über mit Blumen versorgen. Sie sollten sie in größeren Gruppen ziemlich dicht stehend anpflanzen. So lassen sich später mehrere Blumen auf einmal pflücken, ohne daß Sie Ihren Garten dabei entblößen. Geben Sie dem Boden Humus und einen kali- sowie phosphathaltigen Dünger bei, zum Beispiel Knochenmehl.

Lilien werden im Sommer, im frühen Herbst oder im Frühjahr angepflanzt, und zwar 8-15 cm tief (je nach Größe der Zwiebeln). Sie können über Jahre hinweg ungestört bleiben und müssen nur umgepflanzt werden, wenn sie zu dicht wachsen.

LUPINUS
Lupine

Haupteintrag: Sommer; Blau und Purpur, S. 134. *Die weißen Lupinen der Gruppe Noble Maiden weisen hohe Blütenähren aus fortlaufenden Wirteln auf. Sie eignen sich in jedem weißen Arrangement als frische, kräftige Zugabe, ebenso in einem mehrfarbigen Gebinde.*

MAGNOLIA
Magnolie

Haupteintrag: Frühjahr; Weiß, S. 101. *Die große Immergrüne Magnolie* (M. grandiflora) *hat wächserne, tellergroße Blüten; sie braucht lange bis zur Blüte, wird aber schließlich mit herrlichen, nach Zitrone duftenden Blütenkelchen bedeckt sein. Stellen Sie sie in einer einfachen silbernen Schale auf Ihren Tisch oder Schreibtisch.*

MATTHIOLA
Levkoje

Haupteintrag: Sommer; Rosa, S. 123. *Weiße Levkojen sind für jeden Bauernstrauß eine überaus wertvolle Zugabe.*

PHILADELPHUS
Pfeifenstrauch

Strauch; Winterhärte 5-8

Höhe und Ausbreitung: P. *'Manteau d'Hermine' 90 cm × 1,2 m;* P. *'Belle Etoile',* P × purpureomaculatus *1,5 × 1,5 m;* P. *'Beauclerk' 3-3,5 × 2,5 m;* P. coronarius *3 × 2,5 m*

Eignung als Schnittblume *Für mich sind die Arten und Sorten, die weiße Blüten mit leuchtend gelber Mitte hervorbringen (z.B.* P. *'Belle Etoile' oder* P. × purpureomaculatus), *die hübschesten. Sie verdienen es, für sich alleine in der Vase zu stehen, können aber auch kurz geschnitten und mit rosa sowie tief pflaumenblauen Rosen arrangiert werden.*

P. coronarius *und der stark duftende* P. *'Beauclerk' blühen als erste; pflanzen Sie sie in den Hintergrund der Rabatte.*

❻ Levkoje (*Matthiola*-Sorte)
❼ Hoher Staudenphlox (*Phlox paniculata*)
❽ Pfeifenstrauch (*Philadelphus* 'Belle Etoile')
❾ Rose (*Rosa mulliganii*)

Konditionierung *Brechen Sie die Stielenden mit einem Hammer auf.*

Kultur *Sie können den Pfeifenstrauch in der Sonne oder im Halbschatten auf nahezu jedem Boden ziehen. Schneiden Sie die Triebe nach der Blüte auf 2,5 cm über dem alten Holz zurück. So wird das Erscheinungsbild aufgelockert und der Wuchs neuer Triebe angeregt. Die Vermehrung geschieht durch Absenker oder Steckhölzer.*

PHLOX

Einjährige Pflanzen und Stauden

Winterhärte: 4-8

Höhe: P. maculata *90 cm;* P. paniculata-*Hybriden 1,2 m*

Eignung als Schnittblume *Die großen, nach Honig duftenden Blüten der Phloxstauden sehen aus, als sollten sie von einem Cheerleader geschwungen werden. Die etwas kleineren zylinderförmigen Blüten des Wiesenphlox* (P. maculata) *erscheinen zu Beginn des Sommers. Mit den Sorten 'White Admiral' und 'Fujiyama' des Hohen Staudenphlox läßt sich ein Arrangement aus weißen Rosen 'Iceberg', grünem Dill und tief purpurnem Prärieenzian gut ergänzen. 'Fujiyama' und 'Graf Zeppelin' (siehe S. 141), beide spätblühend, können bis zum Ende des Herbstes gepflückt werden.*

Konditionierung *Sie sollten die älteren Blüten entfernen und so Platz für die kleineren Knospen schaffen.*

Kultur *Phlox gedeiht in der vollen Sonne auf nährstoffreichen, feuchten Böden; die Pflanzen müssen abgestützt werden. Sie sollten sie regelmäßig teilen, damit der Wuchs nicht zu dicht wird.*

ROSA
Rose

Haupteintrag: Sommer; Rosa, S. 124. *Die Kletterrose* R. mulliganii *verströmt einen sanften, zauberhaften Duft und hat hübsche, einfache Blüten. Ihre blassen primelgelben Knospen öffnen sich vor dem Hintergrund glänzender flaschengrüner Blätter zu einem klaren Weiß. Diese Rose ist ideal für einen einfachen Krug in der Mitte des Tisches.*

Rosa

AGROSTEMMA
Kornrade
Winterharte einjährige Pflanze
Höhe: 60-90 cm
Eignung als Schnittblume *Die Kornrade* (A. githago) *hat zarte rosa Blüten an hohen dünnen Stengeln. Früher war sie nur als ein verbreitetes Ackerunkraut bekannt. Kombinieren Sie sie in einer Garbe oder weithalsigen Vase mit Hafer, Weizen oder Gerste, Gräsern, blauen Kornblumen, Blauem Natternkopf, scharlachrotem Mohn und Hahnenfuß. 'Milas' ist eine erprobte Sorte mit etwas größeren lilarosa bis rotvioletten nelkenartigen Blüten.*
Konditionierung *Entfernen Sie die unteren Blätter und wässern Sie gut.*
Kultur *Die Kornrade gedeiht in voller Sonne auf durchlässigen, nicht zu nährstoffreichen Böden. Weil sich die empfindlichen Stiele leicht niederlegen können, sollten Sie sie mit Rohrstöcken abstützen. Kornraden säen sich selbst aus. Die Vermehrung erfolgt im Frühjahr oder im frühen Herbst durch Aussaat im Freien.*

CENTAUREA
Flockenblume
Haupteintrag: Sommer; Blau und Purpur, S. 131. *Die Staude* C. dealbata *'Steenbergii' hat der Eselsdistel ähnelnde Blüten und paßt gut zu vielfarbigen Kompositionen mit Orange, Blau und Gelb, auch zu Wildblumenarrangements.*

COTINUS
Perückenstrauch
Haupteintrag: Herbst; Orange und Rot, S. 142. *Die flaumigen, fedrigen Blüten von* C. *'Flame' wirken im Licht wie ein leuchtender rosa Schleier. Verwenden Sie den Perückenstrauch als Blattpflanze, mit der Sie eine Grundstruktur bilden. Dazu stellen Sie dann erlesene teller- oder kugelförmige Blüten in kontrastierenden Farben.*

DIANTHUS
Nelke
Ein- und zweijährige Pflanzen sowie Stauden; Winterhärte: 4-8
Höhe: D. barbatus *45 cm; alte Federnelken und moderne Hybriden 20-30 cm;* D. chinensis *15-40 cm; Gartennelken 30-90 cm*
Eignung als Schnittblume *Nelken verströmen einen aromatischen Duft und zeichnen sich durch lange Haltbarkeit aus. Als erstes blühen die Bartnelken* (D. barbatus). *Pflanzen Sie sie in farbenfrohen Gruppen in Rosa, Weiß und Karmesinrot, ein- und zweifarbig gemischt, und zwar mit einfachen oder gefüllten Blüten. Zu den zweijährigen Pflanzen gehört die kleinblütige, stark duftende, fast schwarze* D. barbatus, *Gruppe Nigrescens (siehe S. 132 und 133). Denken Sie auch an eine kräftig karmesinrote Sorte, zum Beispiel an* D. barbatus *'Dunnett', und an eine rein weiße, zum Beispiel* D. barbatus *'Albus'. Setzen Sie die langstielig geschnittenen, kräftig roten Nelken für ein duftendes Arrangement aus weinroten Levkojen und Löwenmaul ein, das von tief blauer Ochsenzunge oder den samtenen Glocken des weißen Fingerhuts kontrastiert wird. Die Bartnelken der Gruppe Nigrescens lassen sich mit Wicken und Rosen zu einem Gesteck für den Nachttisch zusammenstellen (siehe S. 70).*

Aus der Vielzahl der mehrjährigen Hybriden sollten Sie sich für die größeren entscheiden, die gut zu anderen Blumen passen oder für sich alleine stehen können. Die alten Federnelken blühen nur zur Sommermitte; aber zu dieser Gruppe gehören doch ein paar zauberhaft schöne Blumen. Zwei meiner Favoriten sind die gefüllte blaßrosa D. barbatus *'Alice' und die kräftig karmesinrote, rosa geränderte* D. *'Laced Monarch'. Beide verströmen einen aromatischen Duft.*
Konditionierung *Nelken halten sich im Wasser bis zu zwei Wochen; Sie müssen nur die untersten Blätter entfernen.*
Kultur *Nelken bevorzugen einen sonnigen Standort und gut durchlässige, kalkhaltige Böden. Zweijährige Bartnelken sollten Sie im späten Frühjahr im Haus aussäen und im Sommer in ein Anzuchtbeet setzen.*
Die Stauden lassen sich gut durch Abrisse vermehren. Setzen Sie sie im frühen Herbst in einen sandigen Boden oder in Töpfe mit gut durchlässiger, sandiger Erde (siehe S. 42).

DIGITALIS
Fingerhut
Haupteintrag: Sommer; Weiß, S. 119. *Zu der Gruppe Excelsior gehören einige hübsche blaßrosa, einfache, gefleckte Sorten. Arrangieren Sie hiervon sieben bis fünfzehn Blumen als Blütenkaskade für die Mitte eines großen Tischs.*

GLADIOLUS
Gladiole, Siegwurz
Haupteintrag: Herbst; Orange und Rot, S. 143. *Die kräftig karmesinroten*

❶ *Agrostemma githago* 'Milas'
❷ Bartnelke (*Dianthus barbatus* 'Alice')
❸ Nelke (*Dianthus* 'Laced Monarch')
❹ *Centaurea dealbata* 'Steenbergii'
❺ Perückenstrauch (*Cotinus* 'Flame')

Blüten der Art G. communis *ssp.* byzantinus *haben die Farbe eines prächtigen Seidensari, der zu besonderen Anlässen getragen wird. Ein phantastischer Kontrast ergibt sich, wenn sie mit hellgrüner Wolfsmilch, mit Muschelblumen, purpurblauer Ochsenzunge und Prärieenzian zusammenstehen.*

LONICERA

Heckenkirsche, Geißblatt

Immer- und sommergrüne Sträucher oder Kletterpflanzen

Winterhärte: L. splendida *9-10;* L. periclymenum *5-9;* L. × brownii, L. sempervirens *4-9*

Höhe: 2-6 m

Eignung als Schnittblume *Die Heckenkirsche kann in einem Arrangement jede Symmetrie und Akuratesse aufbrechen.*

Für mich ist sie wegen ihres süßen, aromatischen Duftes unschätzbar wertvoll. Wenn Sie ausreichend Platz haben, sollten Sie zwei oder drei duftende Sorten anpflanzen, die zu verschiedener Zeit blühen, zum Beispiel eine gelbe, eine rosarote und vielleicht eine intensiv orangefarbene. Als gelbe Sorte können Sie das Waldgeißblatt (L. periclymenum *'Graham Thomas',* *siehe S. 129) anpflanzen, als rote bzw. rosa* L. × americana *sowie das am stärksten duftende Waldgeißblatt 'Serotina', das von der Mitte des Sommers an bis zur Herbstmitte blüht. Diese kräftig karmesinrosa und gelben Pflanzen lassen sich mit dem Schmuckkörbchen* (Cosmos bipinnatus *'Versailles Carmine') und mit grünem Dill zu einem lockeren, duftenden Strauß zusammenstellen.*

Kultur *Heckenkirschen vertragen Sonne oder Halbschatten. Die Wurzeln sollten beschattet sein. Geben Sie dem Boden organisches Material bei und halten Sie ihn im Sommer feucht. Einmal im Jahr sollten Sie mit einem Laubkompost mulchen. Kürzen Sie beim Anpflanzen die Haupttriebe. So erreichen Sie eine frühzeitige Verzweigung. Bei entwickelten Pflanzen ist kein regelmäßiger Rückschnitt erforderlich, es lohnt sich aber, bei den kletternden Arten von Zeit zu Zeit das abgeblühte Holz zurückzuschneiden. Das fällt bei den im Sommer blühenden Pflanzen nach der Blüte an; bei den im Herbst blühenden sollten Sie damit aber bis zum zeitigen Frühjahr warten.*

Die Vermehrung erfolgt durch Stecklinge im Sommer oder durch Steckhölzer im späten Herbst (siehe S. 38, 39 und 42).

MATTHIOLA

Levkoje

Ein- und zweijährige Pflanzen sowie Stauden; Höhe: M. incana, *Gruppe Brompton, und weiße Stauden 45 cm;* M. incana, *Gruppe Giant Imperial und Giant Excelsior 60-75 cm*

Eignung als Schnittblume *Der berauschende, warm aromatische Duft der Levkojen erinnert mich an laue Sommerabende. Pflanzen Sie sie in Gruppen nahe einer Sitzgruppe im Garten oder direkt unter Ihrem Küchenfenster. Die dunkel purpurrosa und kräftig weinroten Arten eignen sich am besten als Schnittblumen. Sie lassen sich mit Pflanzen in leuchtendem Hellgrün und Orange zu einem strahlenden Blumenstrauß zusammenstellen (siehe S. 70).*

Kultivieren Sie auch weiße, hochwachsende Sorten, zum Beispiel aus den Gruppen Giant Imperial oder Giant Excelsior. Eine lange Blume können Sie immer kürzen, eine kurze aber nicht wieder länger machen. Levkojen sollten vorzugsweise mit anderen Blumen zusammenstehen, weil der Wert in ihrem Duft liegt, weniger im Aussehen.

Konditionierung *Entfernen Sie alle Blätter unterhalb der Wasserlinie.*

Kultur *Levkojen bevorzugen einen sonnigen Standort und nährstoffreiche, gut durchlässige und wenn möglich kalkhaltige Böden. Einjährige Arten lassen sich im späten Winter unter Glas aussäen (oder Mitte des Frühjahrs im Freien). Zweijährige, zum Beispiel aus der Brompton-Serie, werden im Hochsommer in Beetkästen gesät und blühen dann im folgenden Frühjahr. Die Samen der Stauden sollten Sie im Frühjahr unter Glas aussäen (siehe S. 32-34).*

❻ Fingerhut (*Digitalis*, Gruppe Excelsior)
❼ Gladiole (*Gladiolus communis* ssp. *byzantinus*)
❽ Levkojensorte (*Matthiola*)
❾ Waldgeißblatt (*Lonicera periclymenum* 'Serotina')

ROSA
Rose

Sommer- oder halbimmergrüne Sträucher und Kletterpflanzen; Winterhärte: 6-10, außer: R. mulliganii *5-10;* R. *'Souvenir du Docteur Jamain' 6-9; R. 'Cardinal de Richelieu',* R. *'Charles de Mills',* R. gallica *'Versicolor',* R. moyesii *'Geranium',* R. *'Nevada',* R. *'Nuits de Young',* R. *'Tuscany Superb',* R. xanthina *'Canary Bird' 5-9;* R. glauca *4-9*
Höhe und Ausbreitung: R. *'Iceberg' 90 × 60 cm;* R. *'Cardinal de Richelieu',* R. *'Charles de Mills',* R. *'Felicia',* R. gallica *'Versicolor',* R. *'Graham Thomas',* R. *'Heritage',* R. *'Nuits de Young',* R. *'Tuscany Superb' 1,2 × 1,2 m;* R. *'Fritz Nobis' 1,5 × 1,2 m;* R. glauca, R. *'Nevada',* R. xanthina *'Canary Bird',* R. moyesii *'Geranium' 2,5 × 1,8 m;* R. *'New Dawn,* R. *'Souvenir du Docteur Jamain' 3 × 2,5 m;* R. mulliganii *4,5 × 3 m*

❶ Rose 'Charles de Mills'
❷ Rose 'Fritz Nobis'
❸ Essigrose (*Rosa gallica* 'Versicolor')
❹ Rose 'Nuits de Young'

Eignung als Schnittblume *Rosen können Sie wegen der Farbe auswählen oder weil Ihnen der Duft gefällt; achten Sie aber auch darauf, daß sie sich im Wasser gut halten. Ich empfehle besonders jede der kräftig schokoladefarbenen-karmesinroten oder tief purpurroten, zum Beispiel 'Cardinal de Richelieu', oder noch besser solche mit goldgelber Mitte, die von Duftwolken umhüllt sind, zum Beispiel 'Nuits de Young' oder 'Tuscany Superb'. Letztere hat die Farbe und Beschaffenheit eines verschwenderischen, seidig samtenen, golddurchwirkten Brokatvorhangs. Denken Sie auch an eine dunkelrosa Sorte wie die kräftige 'Charles de Mills'. Ich habe eine Vorliebe für die alten gestreiften, zweifarbigen Rosen. Die Essigrose* (Rosa gallica *'Versicolor') ist die älteste; sie hat karmesinrote oder rosa Tupfen und Streifen.*

Jede dieser Blumen läßt sich für sich alleine in einer flachen Rosenschale arrangieren. Sie können sie aber auch mit anderen prächtigen, samtenen Schönheiten kombinieren. Leicht zu kultivieren, stark duftend und lange Zeit blühend ist die bekannte, wenn auch oft verkannte weiße Sorte 'Iceberg'. Sie blüht vom Sommer bis in den Winter hinein. Es gibt in dieser Kategorie auch drei blaßrosa Rosen, nämlich 'New Dawn', 'Felicia' und die moderne Englische Rose 'Heritage'. Sie lassen sich gut pflücken, blühen vom frühen Sommer bis zu den ersten Frösten, erfordern nur wenig Pflege und verströmen einen angenehmen Duft. Auch 'Souvenir du Docteur Jamain' blüht lange und ist in Bezug auf Farbe und Duft eine der prächtigsten. Sie blüht viele Monate lang bis in den Herbst hinein.

Steht Ihnen ausreichend Platz zur Verfügung, sollten Sie für die Frühlingsblüte überdies eine kräftige, frühblühende Rose anpflanzen. Die cremefarbene Rose 'Nevada' und die primelgelbe R. xanthina *'Canary Bird' blühen beide von Mitte bis Ende Frühjahr. Füllen Sie einen Krug mit einigen interessant gewundenen Zweigen und stellen Sie ihn dann in die Mitte eines großen Tisches.*

Wenn Sie eine Mauer oder Pergola zur Verfügung haben, sollten Sie auch eine der im Sommer blühenden Ramblerrosen in Betracht ziehen. Gut eignet sich R. mulliganii. *Sie hat gelbe Knospen, einfache weiße Blüten und ist nicht zu starkwüchsig (siehe S. 121). Im Herbst bestechen* R. moyesii *'Geranium' (siehe S. 144 und 145) und die Hechtrose* (R. glauca), *beide wegen ihrer hübschen Hagebutten.*

Konditionierung *Schneiden Sie die Stielenden von Rosen immer in einem spitzen Winkel ab, um auf diese Weise mehr von dem markigen Inneren freizulegen. So vergrößern Sie die wasserabsorbierende Fläche. Tauchen Sie die Stielenden dann für ein paar Sekunden in heißes Wasser. Anschließend stellen Sie Ihre Rosen einige Zeit in lauwarmes Wasser.*

Kultur *Alle oben genannten Rosen sind leicht zu kultivieren und vertragen auch nährstoffarme Böden. Die meisten bevorzugen volle Sonne, und alle lieben einen feuchten Standort, dabei aber einen gut durchlässigen Boden. Wenn Sie wurzelnackte Pflanzen kaufen, achten Sie darauf, daß das Pflanzloch alle Wurzeln gut aufnehmen kann. Setzen Sie Ihre Rose so in den Boden, daß die Veredlungsstelle sich 2,5 cm tief in der Erde befindet. Sie sollten die Erde dabei in zwei oder drei Schritten auffüllen, wobei Sie sie jedesmal sorgfältig festtreten; schließlich geben Sie der Rose eine Kopfdüngung mit Knochenmehl.*

Im zeitigen Frühjahr sollten Sie einen ausgewogenen Dünger beigeben und einen Mulch aus Kompost auftragen. Die Vermehrung erfolgt durch Abrisse im Sommer oder durch Steckhölzer im Winter.

❶

❷

❸

❹

Orange und Rot

ALSTROEMERIA

Inkalilie

Rhizombildende Staude; Winterhärte: 7-10

Höhe: Hybriden von A. ligtu *50-150 cm; großblumige Hybriden von* A. aurea *60 cm - 1 m*

Eignung als Schnittblume *Das in einem Supermarkt gewöhnlich erhältliche Arrangement von Inkalilien, Wucherblumen und ein paar Farnwedeln bringt diese Pflanze nicht voll zur Geltung. Sie ist beliebt, weil sie sich im Wasser gut hält, eine lange Blütezeit hat und in einer Vielzahl von Farben erhältlich ist. Beginnen Sie am besten mit den bekannten Sorten der hohen, großblumigen Hybriden von* A. aurea, *die eigens für den Schnittblumenhandel gezüchtet wurden. Sie können sich dabei für die tief orangefarbene* A. *'Princess Margaret' entscheiden oder für die weiße, getigerte* A. *'Bianca' (für einen ruhigeren Strauß). Die winterhärteren Hybriden von* A. ligtu *haben kleinere Blüten und kürzere Stiele, sind aber in vielen Farbtönen erhältlich.*

Konditionierung *Wässern Sie sie gut.*

Kultur *Inkalilien heimisch zu machen, kann schwierig sein. Pflanzen Sie sie in Gruppen von drei bis fünf Stück auf nährstoffreichen, gut durchlässigen Böden in voller Sonne. Sie können sich durch unterirdische fleischige Wurzelausläufer ausbreiten und, wenn Sie Glück haben, dann auch stark vermehren. In kalten Wintern müssen die Wurzeln mit einem dicken Mulch aus trockenem Kompost abgedeckt werden.*

Die Vermehrung erfolgt durch Teilung, möglichst aber durch Samen, da sie eine Störung der Wurzeln nicht gut vertragen.

ANTIRRHINUM

Löwenmaul

Stauden und halbimmergrüne Halbsträucher, gewöhnlich einjährig kultiviert

Winterhärte: 5-9

Höhe: Zwergformen (z.B. A. majus *'Black Prince') 45 cm; hohe Sorten (wie* A. *Forerunner-Serie) 90 cm*

Eignung als Schnittblume *Das Löwenmaul verströmt den Charme alter Vorgärten, wo es früher auch oft zu finden war. In den richtigen Farben kann es hübsch aussehen, sogar ausgesprochen prachtvoll wirken. Die Sorte* A. majus *'Black Prince' weist hohe schokoladig-karmesinrote Blütenähren und dunkles Laub auf.* A. majus *'Crimson Monarch' ist mehr rosa und im Laub weniger dunkel. Beide Sorten beeindrucken, wenn 15-20 Stengel für sich alleine arrangiert werden, passen aber auch gut zu anderen samtenen Blumen. Es gibt auch noch höherwüchsigere Sorten, von denen sich viele als Schnittblumen eignen; aber leider sind sie nur selten in einer einzelnen Farbe erhältlich. Beachten Sie auch die Rocket- oder Forerunner-Serien, die bis zu 90 cm hoch werden können.*

Konditionierung *Entfernen Sie die unteren Blätter und wässern Sie gründlich.*

Kultur *Gärtnereien und Gartencenter verkaufen das Löwenmaul in Schalen, gewöhnlich aber in gemischten Farben. Sie sollten deshalb besser Ihre eigenen aussäen. Behandeln Sie sie wie eingeschränkt winterharte einjährige Pflanzen, und säen Sie sie im späten Winter unter Glas oder im Anzuchtkasten aus (siehe S. 32-34). Wenn Sie später langstielige Schnittblumen haben möchten, dürfen Sie die Triebspitzen der Sämlinge nicht pinzieren. Auspflanzen können Sie Ihr Löwenmaul auf vorgedüngtem Boden, sobald keine Fröste mehr zu erwarten sind. Das Löwenmaul bevorzugt Sonne und einen nährstoffreichen, gut durchlässigen Standort. Wenn Sie Löwenmaul regelmäßig wässern und pflücken, wird es bis in den Herbst hinein blühen.*

Ältere Pflanzen werden anfällig gegen den Rostpilz. Löwenmaul kann sich an einem geschützten Standort auch selbst aussäen.

ARCTOTIS FASTUOSA

Bärenohr

Eingeschränkt winterharte einjährige Pflanzen und Stauden; Winterhärte: 10

Höhe: 60 cm

Eignung als Schnittblume *Diese leuchtend orangefarbene Blume (syn.* Venidium fastuosum*) hat dunkle Markierungen auf den Blütenblättern und eine kräftig schokoladenbraun gefleckte orangefarbene Mitte. Sie sieht aus wie eine Ringelblume, die sich für eine Party herausgeputzt hat. Arrangieren Sie 15-20 Blumen für sich alleine in einem chinesischen Krug für Ihren Küchentisch, oder stellen Sie sie mit Hasenohr und den indigoblauen Ähren des Enziansalbei zusammen. Ich verweise in diesem Zusammenhang auch auf die großblumige, cremeweiße* A. fastuosa *'Zulu Prince'. Sie hat ungewöhnliche, sonnenblumenähnliche Blüten (siehe S. 118).*

Konditionierung *Entfernen Sie die unteren Blätter.*

Kultur *Das Bärenohr bevorzugt volle Sonne und durchlässige, sandige Lehmböden. Die Stiele wachsen eher weich und biegsam als fest und aufrecht; deshalb sollte das Bärenohr am besten im Vordergrund einer*

❶ *Alstroemeria ligtu*-Hybriden
❷ *Antirrhinum majus* 'Black Prince'
❸ Bärenohr (*Arctotis fastuosa*)
❹ *Calendula*, Gruppe Art Shade

Rabatte stehen. Wenn Sie regelmäßig wässern und pflücken, haben Sie Blumen bis in den Herbst hinein.

Die Aussaat erfolgt im zeitigen Frühjahr beheizt unter Glas. Wenn die Sämlinge ausreichend groß sind, können Sie sie pikieren und dann später auspflanzen, wenn keine Fröste mehr zu erwarten sind.

CALENDULA

Ringelblume

Winterharte einjährige Pflanze

Höhe: 60 cm

Eignung als Schnittblume *Die Gartenringelblume ist nicht jedermanns Sache. Denn sie verströmt einen sonderbaren Duft. Sie können sie in einigen grellen, ja frechen Farben erhalten. Früher sagte ich wie viele: »Kein Gelb und kein Orange in meinem Garten!« Aber seit ich regelmäßig Blumen arrangiere, habe ich meine Meinung geändert, und heute stehen Ringelblumen deshalb weit oben auf meiner Wunschliste.*

Wählen Sie eine der anspruchsvolleren Mischungen, zum Beispiel die gefüllte Gruppe Art Shade, dann erhalten Sie das typische Orange zusammen mit Gelb (siehe S. 128), Cremefarbe, Lederbraun sowie Aprikosenfarbe mit dunkler, schokoladenbrauner Mitte. Unter den einfarbigen Sorten ist 'Indian Prince' eine der besten; sie hat eine tieforangefarbene Mitte und marmeladenfarbene Rückseite.

Für die Küche können Sie alle Farben zusammenbringen. Stellen Sie Ihre Blumen dort am besten in einen blauen Keramikkrug. Wegen ihrer Leuchtkraft und der kräftigen Blütenstruktur eignen sich die Ringelblumen in einem großen, repräsentativen Arrangement auch gut als Kontrast (siehe S. 70-71).

Konditionierung *Entfernen Sie die unteren Blätter.*

Kultur *Ringelblumen lassen sich auf jedem normalen Gartenboden kultivieren. Sie benötigen dabei einen sonnigen oder halbschattigen Standort. Wenn Sie diese Blumen regelmäßig pflücken bzw. die welken Blüten entfernen, bleiben sie Ihnen bis zu den ersten Frösten erhalten. Ringelblumen können Sie im Frühjahr direkt im Freien aussäen und später dann auf 20 cm vereinzeln.*

CLEMATIS
Waldrebe

Haupteintrag: Frühjahr; Weiß, S. 99. *Unter den Sommersorten bevorzuge ich besonders die tief karmesinweinrote Italienische Weinrebe* (C. viticella *'Royal Velours'*) *sowie 'Rouge Cardinal' und 'Jackmanii'. Anders als bei der Bergwaldrebe* (C. montana) *pflücke ich bei diesen schwachwüchsigeren Pflanzen keine ganzen Zweige, sondern schneide die Blütentriebe nur auf das Holz zurück.*

COSMOS
Schmuckkörbchen, Kosmee

Haupteintrag: Sommer; Weiß, S. 118. C. bipinnatus *'Versailles Carmine' hat eine samtene Beschaffenheit und paßt gut zur Waldrebe 'Royal Velours', zu gelbem und orangefarbenem Islandmohn sowie grünem Tabak.*

❶ Waldrebe (*Clematis* 'Royal Velours')
❷ Schmuckkörbchen (*Cosmos bipinnatus* 'Versailles Carmine')
❸ Knautie (*Knautia macedonica*)
❹ Sonnenblume (*Helianthus annuus* 'Velvet Queen')
❺ Schwertlilie (*Iris* 'Ruby Mine')

HELIANTHUS
Sonnenblume

Haupteintrag: Sommer; Gelb, S. 128. *Die kräftig rote Sonnenblume* (H. annuus *'Velvet Queen'*) *sieht alleinstehend in einer hohen Karaffe besonders extravagant aus, läßt sich aber auch gut mit anderen leuchtend warmen Farben zusammenstellen (siehe S. 74-75).*

IRIS
Schwertlilie

Haupteintrag: Winter; Blau und Purpur, S. 158. *Ich kultiviere die tief bronzeweinrote Schwertlilie 'Ruby Mine', eine hübsche, langblühende späte Bartiris und bringe sie mit Orange und Gelb zusammen.*

KNAUTIA MACEDONICA
Knautie

Haupteintrag: Scabiosa, Sommer; Blau und Purpur, S. 135. *Diese den Skabiosen ähnliche Staude bringt vom Ende des Frühjahrs bis zur Herbstmitte hübsche, farbenprächtige Blüten hervor, die Sie mit nahezu allen Farben Ihrer Wahl zusammenstellen können. Sie ist in verschiedenen Weiß-, Rosa und Malventönen erhältlich.*

LILIUM
Lilie

Haupteintrag: Sommer; Weiß, S. 120. *Die schmucke, kräftig orangefarbene Lilie 'Fire King' sieht in einem Strauß mit entgegengesetzten Farben, auch mit Hellgrün ganz vorzüglich aus.*

LYCHNIS
Lichtnelke

Ein- und zweijährige Pflanzen sowie Stauden; Winterhärte: 4-8
Höhe und Ausbreitung: L. × arkwrightii *'Vesuvius' 45 cm;* L. chalcedonica *90-120 × 30-45 cm*

Eignung als Schnittblume *Sie werden kaum etwas leuchtenderes finden als die feurigrote Brennende Liebe* (L. chalcedonica) *oder die aufsehenerregende ziegelsteinrotorange* L. × arkwrightii *'Vesuvius'. Dabei tragen die hübschen sternförmigen Blüten mit Blütenblättern, die wie die gespaltene Zunge einer Schlange aussehen, zu ihrer Ausdrucksstärke noch bei. Die Hybride* L. × arkwrightii *'Vesuvius' hat eine längere Blütezeit als die Art; die intensive Blütenfarbe steht in einem hübschen Kontrast zu dem dunkelbraunroten Laub. Sie können die beiden zum Beispiel für ein schwungvoll vielfarbiges Arrangement verwenden, zusammen mit lindgrünem Hasenohr, Dill, goldgelben Sonnenblumen und tiefblauen* Agapanthus*-Rosetten.*

Kultur *Lichtnelken gedeihen auf nährstoffreichen Böden in voller Sonne.* L. × arkwrightii *'Vesuvius' ist kurzlebig und sollte am besten einjährig kultiviert werden. Säen Sie sie im Warmen aus. Sie werden ausgebracht, wenn keine Fröste mehr zu erwarten sind.*

PAPAVER
Mohn

Winterharte ein- und zweijährige Pflanzen, auch Stauden; Winterhärte: 4-9
Höhe: P. nudicaule *35-50 cm;* P. commutatum *45 cm;* P. somniferum *'Danebrog', Sorten von* P. rhoeas *45-60 cm;* P. orientale *'Ladybird' 60-90 cm*

Eignung als Schnittblume *Viele Menschen meinen, Mohn sei zu zart als Schnittblume. Das ist falsch – Mohn gehört zu den schönsten Blumen, die Sie im Schnittblumengarten kultivieren können. Der zweijährige Islandmohn* (P. nudicaule) *ist am kräftigsten und hält sich im Wasser am längsten. Die festen Knospen öffnen sich, wenn die Stiele abgebrüht worden sind. Ich kann mir nichts schöneres vorstellen als eine glatte Glasvase mit 10 bis 15 dieser gekräuselten Blumen – in den verschiedensten weißen, cremigen, gelben, orangefarbenen und ziegelroten Farbtönen.*

Die schönsten, kräftig scharlachorangefarbenen Sorten, 'Matador' oder 'Red Sail', passen gut zur Wolfsmilch (Euphorbia cornigera), *zur ähnlich gefärbten Lichtnelke* (Lychnis × arkwrightii *'Vesuvius'*) *und zu Salbei* (Salvia × superba). *Auch die wilden Klatschmohnsorten* (P. rhoeas) *halten sich einige Tage. Arrangieren Sie den scharlachroten Klatschmohn mit seinen eleganten, hängenden, haarigen Knospen für sich alleine oder stellen Sie einen Potpourri aus den Gruppen Shirley oder Mother of Pearl zusammen. Diese Komposition reichern Sie mit weißen, rosa und malvenfarbenen, einfachen oder gefüllten Blumen an. So kreieren Sie einen Strauß von großer Schönheit und Grazie. Doch Achtung! – ein Windstoß könnte alles zerstören und die Blütenblätter über den ganzen Tisch verteilen.*

Der mehrjährige Türkenmohn (P. orientale) *behält seine Blütenblätter für einige Tage, wenn Sie die Stielenden direkt nach dem Pflücken abbrühen. Von der weißen Sorte 'Perry's White' bis zur graukarmesinroten 'Patty's Plum' eignen sich alle gut als Schnittblumen.*

Konditionierung *Sie sollten die Stielenden für einige Sekunden in heißem Wasser abbrühen und die Blumen dann länger in lauwarmes Wasser stellen* *(siehe S. 48).*

Kultur *Diese Pflanzen sind einfach zu kultivieren; sie gedeihen in der Sonne auf gut durchlässigen Böden. Pflanzen Sie die ein- und zweijährigen Sorten in großen Gruppen im Abstand von 25-30 cm ein, die Stauden in Dreiergruppen mit 45 cm Abstand.*

Bei den winterharten Pflanzen erfolgt die Aussaat im Herbst oder im Frühjahr. Das Umpflanzen würden sie nicht überstehen, deshalb müssen Sie sie an Ort und Stelle aussäen. Die zweijährigen Sorten des Islandmohn lassen sich im späten Frühjahr unter Glas säen und dann umtopfen, so daß sie im Herbst an ihrem endgültigen Standort ausgepflanzt werden *(siehe S. 38).*

6 Lilie 'Fire King'
7 Brennende Liebe (*Lychnis chalcedonica*)
8 Islandmohn (*Papaver nudicaule* 'Matador')
9 Türkenmohn (*Papaver orientale*)
10 Klatschmohn (*Papaver rhoeas*)
11 Schlafmohn (*Papaver somniferum* 'Danebrog')

Gelb

ALCEA

Stockrose

Ein- und zweijährige Pflanzen sowie kurzlebige Stauden
Winterhärte: 3-9
Höhe: 1,2-2 m

Eignung als Schnittblume *Mir scheint, nur weniges vermag eindrucksvoller zu sein als ein Arrangement aus hoch aufragenden Stockrosenähren. Sie haben große offene, gekräuselte, kreppapierartige Blüten, die den ganzen Stiel schmücken. Nutzen Sie die volle Höhe der Blumen für eine große Vase. Sie können dabei viele Blumen einer Farbe zusammenstellen oder auch verschiedene Farben kombinieren. Gut eignen sich die blaßgelben Stauden* A. rugosa *und* A. pallida *zur Kultur, ebenso die dunkelpurpurne* A. rosea *'Nigra'. Wenn Ihnen ausreichend Platz zur Verfügung steht, sollten Sie von* A. rosea *weiße, rosa, gelbe und rote Sorten anpflanzen. Sie blühen vom späten Frühjahr bis zum Ende des Herbstes.*

Konditionierung *Brühen Sie die Stielenden der Stockrosen für einige Sekunden in heißem Wasser ab.*

Kultur *Stockrosen werden im Abstand von 45 cm gepflanzt, und zwar je nach Platz in Dreier- bis Siebenergruppen. Sie gedeihen in der vollen Sonne auf tiefen, nährstoffreichen Böden. Bei Rostbefall sollten Sie alle Blätter abschneiden und die Pflanze mit einem Fungizid behandeln.*

Die Vermehrung erfolgt durch Samen. Die einjährigen Sorten blühen schon im ersten Jahr, wenn sie früh gesät und nach dem Ende der Fröste ausgepflanzt werden. Die stattlichen größeren Pflanzen, die zweijährig wachsen, sollten im Sommer unter Glas gesät und im Herbst ausgebracht werden. Stockrosen samen sich auch von selbst aus.

CALENDULA

Ringelblume

Haupteintrag: Sommer; Orange und Rot, Seite 125. *Die hahnenfußgelben Ringelblumen der Gruppe Art Shade können Sie mit anderen Ringelblumen in Orange, Cremefarbe und Braun zusammenstellen. Sie machen sich auch gut als Blickfang in einem Strauß mit Rosen und Wohlriechenden Wicken (siehe S. 70).*

EREMURUS

Steppenkerze

Knollige Staude; Winterhärte: E. robustus, E. *Ruiter-Hybriden 6-9;* E. stenophyllus *ssp.* stenophyllus *5-9;* E. himalaicus *3-9*
Höhe: E. stenophyllus *90 cm - 1,2 m;* E. *Ruiter-Hybriden 1,5-2 m;* E. himalaicus, E. robustus *1,8-3 m*

Eignung als Schnittblume *Die sich verjüngenden, hoch aufragenden Trauben mit kleinen sternförmigen Blüten erinnern mich an die Schwanzfedern eines Papageis.*

Es handelt sich dabei um verschwenderisch farbenprächtige Schnittblumen in Weiß, Cremefarbe, Rosa, Orange und leuchtendem Gelb. Sie können sie für jedes große Sommerarrangement einsetzen (siehe S. 70-71); auch allein wirken sie prächtig, wobei Sie die Farben so mischen können, daß sie wie ein Ensemble bunter Wunderkerzen aussehen. Kultivieren Sie dafür am besten die frühblühenden Ruiter-Hybriden. Als erste Steppenkerze blüht E. himalaicus; *sie ist ebenfalls hochwachsend und hat große, reinweiße zylindrische Blütenstände. Es folgt* E. robustus *in Blaßrosa; zuletzt blüht* E. stenophyllus. *Wenn Ihr Platz begrenzt ist, sollten Sie letztere anpflanzen – sie ist kleiner und kompakter, als es die anderen Arten sind.*

Konditionierung *Wie auch bei anderen Pflanzen mit vergleichbaren Blütenständen verwelken die unteren Einzelblüten bereits, noch bevor sich die oberen öffnen. Ich empfehle Ihnen, sie zu pflücken, wenn die untere Hälfte in Blüte steht.*

Kultur *Kaufen Sie Ihre Wurzelknollen bei einem seriösen Großhändler, wobei Sie darauf achten sollten, daß Sie frisch ausgehobene Knollen mit saftig aussehenden Wurzeln bekommen. Setzen Sie die Knollen im Abstand von 30-35 cm, und zwar auf sandig lehmige, durchlässige Böden in sonniger Lage; dann steht zu erwarten, daß sie schon im ersten Jahr Blüten austreiben. Die Krone sollte direkt unter der Bodenoberfläche sitzen. Es ist auf jeden Fall ratsam, die Pflanzen an windanfälligen Standorten abzustützen.*

Die Vermehrung erfolgt bei Steppenkerzen am besten durch Teilung im Frühjahr oder im Herbst (siehe S. 37).

❶ Ringelblume (*Calendula*, Gruppe Art Shade)
❷ Stockrose (*Alcea pallida*)
❸ Steppenkerze (*Eremurus stenophyllus*)
❹ Steppenkerze (*Eremurus* Ruiter-Hybride)

HELIANTHUS

Sonnenblume

Winterharte einjährige Pflanze
Höhe 40 cm - 3 m

Eignung als Schnittblume *Das offene, fröhliche Gesicht der prallen einjährigen Sonnenblume* (Helianthus annuus) *gibt es in allen Gelb-, Creme- und jetzt auch Kastanienbraun- und Mahagonitönen. Oftmals kontrastieren die Blütenblätter hübsch mit der schokoladenbraunen Mitte. Frische, saftige Blumen können im Wasser*

❺ Sonnenblume (*Helianthus annuus* 'Henry Wilde')
❻ *Lilium monadelphum*
❼ Sonnenblume (*Helianthus annuus* 'Italian White')
❽ *Lonicera periclymenum* 'Graham Thomas'
❾ Islandmohn (*Papaver nudicaule*, Gruppe Oregon Rainbow)

5

6

7

8

9

mehr als zwei Wochen überdauern, wenn sie noch als Knospe oder mit soeben geöffneten Blüten gepflückt werden. Zu empfehlen sind die Königin unter den Sonnenblumen, H. annuus *'Velvet Queen' (Siehe S. 126), die blaßgelbe 'Lemon Queen' sowie einige der klassischen goldgelben Sorten, zum Beispiel 'Henry Wilde' und 'Valentine'.*

Konditionierung *Stellen Sie die Blumen sofort ins Wasser; vermeiden Sie aber zu große Hitze.*

Kultur *Setzen Sie pro m² sechs bis acht Pflanzen, und zwar auf feuchten, aber durchlässigen Böden bei voller Sonne. Sie vertragen auch leichten Schatten. Eine Stütze ist anzuraten – der Wind könnte die schweren Blütenköpfe sonst niederdrücken.*

Die Aussaat erfolgt im Frühjahr am späteren Standort. Die großen Samen können Sie in Gruppen oder Reihen ausbringen. Wässern Sie sie gut. Sonnenblumen lassen sich im Anzuchtkasten oder Gewächshaus auch schon früher in Töpfe aussäen.

LILIUM MONADELPHUM

Haupteintrag: Sommer; Weiß, S. 120. *Die elegante goldgelbe* L. monadelphum *paßt gut zu Blau und Purpur. Sie können diese Pflanzen ausgezeichnet mit Hasenohr, dem Perückenstrauch, mit Rittersporn, Lupinen und Prärieenzian kombinieren.*

LONICERA
Heckenkirsche, Geißblatt

Haupteintrag: Sommer; Rosa, S. 123. *Das langblühende Waldgeißblatt* (L. periclymenum *'Graham Thomas')* ist *eine der schönsten gelben Heckenkirschen. Wenn Sie die Heckenkirsche im Frühjahr zurückschneiden, kann sie bis in den späten Herbst hinein blühen. Im Arrangement mit ihrem Namensvetter, der Rose 'Graham Thomas', kreieren Sie ein schlichtes, aber hübsches und duftendes Sträußchen.*

PAPAVER
Mohn

Haupteintrag: Sommer; Orange und Rot, S. 127. *Den Islandmohn* (P. nudicaule) *gibt es in vielen Farbtönen. Die blaßgelben Blumen aus der Gruppe Oregon Rainbow machen sich in einem hohen Glas gut auf dem Schreibtisch. Sie können sie auch mit rauchigem Purpur kombinieren.*

Blau und Purpur

AGAPANTHUS

Schmucklilie

Stauden, teilweise immergrün: Winterhärte: 8-10; Headbourne-Hybriden 6-9
Höhe: meist 60 cm - 1,5 m

Eignung als Schnittblume *Ihre doldenartige Rosette aus vielen blauen Einzelblüten am langen aufrechten Stiel erinnert an das Stabholz eines kirchlichen Würdenträgers. Sie können Ihre Schmucklilie in hohen, schmalen Vasen für sich alleine oder aber zusammen mit Steppenkerzen und Lauch arrangieren. So kreieren Sie eine einzigartige Farbenpracht (siehe S. 70-71). Am winterhärtesten sind die Headbourne-Hybriden, die in vielen Farben von Tiefblau bis Weiß erhältlich sind. Hochwachsend und stattlich ist die mittelblaue Sorte 'Loch Hope', die bis zu 1,5 m hoch wird. 'Buckingham Palace' zeichnet sich durch ein kräftigeres Blau aus und kann noch größer werden, trägt aber weniger Blüten. Als kleinere Sorte, die gut zu Rosen, Phlox und Hasenohr paßt, empfehle ich die dunkelblaue 'Lilliput', die nur 30 cm erreicht. Auch die blasseren Sorten von* A. campanulatus *sind einigermaßen winterhart.*

Konditionierung *Schmucklilien sollten sie pflücken, wenn die meisten Blüten noch geschlossen sind.*

Kultur *Die schönsten, mitternachtsblauen Sorten sollten Sie sich aussuchen, wenn sie in Blüte stehen. Setzen Sie sie je nach Größe in Dreier- bis Fünfergruppen. Schmucklilien sind sonnenliebend und gedeihen auf nährstoffreichen, feuchten, aber (besonders im Winter) gut durchlässigen Böden, am besten im Schutz einer sonnigen Mauer. Im Winter sollten Sie die Wurzeln mit einem dicken Mulch abdecken (siehe S. 37).*

1. Schmucklilie (*Agapanthus* 'Loch Hope')
2. Lauch (*Allium cernuum*)
3. Sternkugellauch (*Allium christophii*)
4. Riesenlauch (*Allium giganteum*)
5. Ochsenzunge (*Anchusa azurea* 'Royal Blue')

ALLIUM

Lauch

Zwiebelgewächse, Stauden; Winterhärte: Triteleia laxa *7-10;* A. giganteum, A. *'Globemaster',* A. narcissiflorum *6-10;* Triteleia hyacinthina *5-10;* A. aflatunense, A. christophii, Nectaroscordum siculum *4-10;* A. flavum *3-9;* A. cernuum, A. sphaerocephalon *3-8*
Höhe: A. narcissiflorum *bis 30 cm;* Triteleia laxa *30-50 cm;* A. cernuum, A. christophii, A. flavum *30-70 cm;* A. sphaerocephalon *bis 90 cm;* A. *'Globemaster' 90 cm - 1,2 m;* Triteleia hyacinthina, Nectaroscordum siculum *1,2 m;* A. aflatunense *1,5 m;* A. giganteum *2 m*

Eignung als Schnittblume *Es gibt zu viele Laucharten (und deren Verwandte), die sich als Schnittblumen eignen, um auf alle hier eingehen zu können. Ihre Blüten sehen aus wie die Kugeln aus explodierenden Feuerwerkskörpern. Der Sternkugellauch* (A. christophii), *der Riesenlauch* (A. giganteum) *und* A. *'Globemaster' gehören dabei zu den größten und eindrucksvollsten Pflanzen. Sie sollten diese für sehr große Arrangements kultivieren (siehe S. 70-71). Die melonengroßen Blütenkugeln von* A. giganteum *stelle ich mit großblumigen, köstlich duftenden weißen Lilien zusammen, zum Beispiel mit Lilium 'Casa Blanca'. Sie überdeckt den unangenehmen Zwiebelgeruch des Lauchs. Beide Pflanzen halten sich ohne weitere Pflege 10-14 Tage; nur das Wasser sollten Sie täglich wechseln.*

Zu den niedrigeren Arten mit kleineren Blüten gehört das Spitzhäubchen (A. sphaerocephalon). *Seine magentapurpurnen, federballförmigen Blüten passen gut zu Weiß und Grün oder zu einer Komposition aus wärmeren Farben.*

Auch die weniger winterharte Triteleia *(syn.* Brodiaea) *ist zu empfehlen; mit ihren sechsblättrigen, sternförmigen Blüten sieht sie aus wie eine Lauchblüte von doppeltem Ausmaß.* Triteleia hyacinthina, *eine hübsch weiß angehauchte rosa Pflanze, ähnelt dem Knoblauch (aber ohne dessen Geruch zu verströmen).* Triteleia laxa *ist eine schöne violettblaue Art (siehe S. 134 und 135). Eine weitere eindrucksvolle, dem Lauch verwandte Pflanze ist* Nectaroscordum siculum *ssp.* bulgaricum. *Auf die hängenden, glockenförmigen Frühsommerblüten in Weiß mit purpurner und grüner Tönung folgen Fruchtstände, die denen der Schmucklilie ähneln.*

Konditionierung *Damit sich der Zwiebelgeruch nicht zu stark ausprägt, sollten Sie bei den größeren Arten regelmäßig das Wasser wechseln.*

Kultur *Lauch ist in offen sonnigen Lagen mit durchlässigen Böden leicht zu kultivieren. Pflanzen Sie ihn im Herbst in größeren Gruppen (Tiefe: 10-15 cm). Ohne Störung der Wurzelruhe werden die meisten Laucharten schnell größere Zwiebelklumpen bilden, die dann geteilt werden können – die frühjahrsblühenden im Spätsommer und die sommerblühenden im Frühjahr (siehe S. 37 und 41). Lauch läßt sich auch aus Samen ziehen.*

ANCHUSA

Ochsenzunge

Ein- und zweijährige Pflanzen sowie Stauden; manche immergrün; Winterhärte: 4-8
Höhe und Ausbreitung: Sorten von A. azurea *1,2 m × 60 cm; Sorten von* A. capensis *20-45 × 20 cm*

Eignung als Schnittblume Die Blütenrispen von A. azurea erinnern mich an einen Zirkusclown, der auf Stäben mit 30 oder 40 Tellern jongliert. Die Blütenteller wirken, als seien sie aus feinstem Porzellan, haben ein weißes Zentrum und leuchtend blaue Blätter. Es handelt sich hierbei um kräftige, langlebige und elegante Schnittblumen. Von den kurzlebigen Stauden ist die leuchtendste Sorte A. azurea (syn. A. italica) 'Loddon Royalist'. Sie hat indigoblaue, fast purpurne Blüten. Für ein kontrastreiches Arrangement können Sie A. azurea 'Royal Blue' mit kräftigem Scharlachrot oder Orange zusammenstellen.

Das Sommervergißmeinnicht (A. capensis), eine buschige südafrikanische zweijährige Pflanze, die gewöhnlich als eingeschränkt winterharte einjährige Pflanze gezogen wird, eignet sich besonders für kleinere Sträuße. Die Sorte 'Blue Angel' ist nur für kleine Sträußchen zu verwenden, aber die purpurne 'Blue Bird' erreicht nahezu 60 cm und ist lohnend als Füllpflanze für den Vordergrund einer Rabatte.

Konditionierung Entfernen Sie alle älteren Blüten.

Kultur Die Ochsenzunge ist eine mediterrane Pflanze, die Sonne und nährstoffreiche Böden bevorzugt, im Winter aber nicht zu feucht stehen darf. Die Stauden sollten Sie in Dreier- bis Fünfergruppen im Abstand von 45 cm anpflanzen und die hohen Blütenstiele dabei abstützen.

Die Stauden lassen sich im Winter durch Wurzelschnittlinge vermehren. Sorten von A. azurea können Sie auch zweijährig kultivieren, wenn sie im späten Frühjahr gesät und dann im Sommer in einem Anzuchtbeet ausgebracht werden. Im Herbst können Sie diese Pflanzen an ihren endgültigen Standort setzen, wo sie dann im folgenden Frühjahr blühen werden. Eingeschränkt winterharte einjährige Arten, zum Beispiel Sommervergißmeinnicht, lassen sich durch Frühjahrsaussaat beheizt unter Glas vermehren.

CAMPANULA

Glockenblume

Ein- und zweijährige Pflanzen sowie Stauden, manche immergrün; Winterhärte: 3-8; C. pyramidalis 8
Höhe: C. 'G.F. Wilson' 8-10 cm; C. portenschlagiana 15 cm; C. glomerata, C. persicifolia 75-90 cm; C. lactiflora, C. pyramidalis 1,5-2 m

Eignung als Schnittblume Die Glockenblumen bilden mit ihren hängenden Glocken sehr einfache Umrisse. Ich empfehle Ihnen, die Pfirsichblättrige Glockenblume (C. persicifolia) in Blau und Weiß anzubauen (siehe S. 118) und sie mit Frauenmantel, Löwenmaul, Rosen sowie anderen Bauerngartenpflanzen zusammenzustellen. Sie ist eine robuste Schnittblume und läßt sich mit Steckmasse auch gut zu Girlanden arrangieren. Kultivieren Sie auch die langblühende, hochwachsende zweijährige Pyramidenglockenblume (C. pyramidalis) in Blau und Weiß, vielleicht auch die ebenfalls hohe, prächtige, im Spätsommer blühende Riesenglockenblume (C. lactiflora 'Superba'). Diese letztere kommt in einem hohen Keramikkrug gut zur Geltung, den Sie in die Mitte eines großen Tisches stellen sollten. Auch in Kombination mit Rosen machen sie sich gut. Für kleine Sträußchen empfiehlt sich die Sorte C. 'G.F. Wilson'.

Die kräftigere, farbenfrohere und sich schnell ausbreitende Knäuelglockenblume (C. glomerata 'Superba') ist eher eine Rabattenpflanze, eignet sich aber auch als Schnittblume.

Konditionierung Tauchen Sie die Stielenden der Riesenglockenblume nach dem Pflücken für einige Sekunden in heißes Wasser.

Kultur Glockenblumen sind anspruchslos; sie gedeihen in der Sonne oder im Halbschatten und bevorzugen feuchte, gut durchlässige Böden. Die kräftigeren Arten, zum Beispiel die Knäuelglockenblume, sollten Sie regelmäßig teilen, weil die Mitte des sich ständig ausbreitenden Wurzelballens leicht absterben kann. Die hohe Pyramidenglockenblume und die Riesenglockenblume müssen abgestützt werden (siehe S. 37).

Die Vermehrung der Stauden erfolgt im Sommer durch Stecklinge oder Abrisse (siehe S. 36, 38 und 39) bzw. im Herbst oder Frühjahr durch Teilung (siehe S. 37 und 41). Sie lassen sich auch leicht durch Samen vermehren (außer bei Hybriden, die nicht sortenecht sind). Die zweijährige Pyramidenglockenblume wird im späten Frühjahr unter Glas gesät und im Sommer in einem Anzuchtbeet ausgepflanzt.

CENTAUREA

Flockenblume

Ein- und zweijährige Pflanzen; Winterhärte: 4-8
Höhe. Sorten von C. moschata (korrekt: Amberboa moschata) 45-60 cm; Sorten von C. cyanus 30-90 cm; C. dealbata, C. macrocephala 90 cm

Eignung als Schnittblume Die leuchtenden Blüten der blauen Kornblume (C. cyanus) passen zu jeder anderen Farbe. Kultivieren Sie die fein gezüchtete größerblütige 'Blue Diadem' und versuchen Sie Ihr Glück auch mit der fast schwarzen 'Black Ball'. Sie paßt gut zu der tiefdunklen Wohlriechenden Wicke 'Pageantry'.

❻ Pfirsichblättrige Glockenblume (*Campanula persicifolia*)
❼ Kornblume (*Centaurea cyanus* 'Black Ball')
❽ Kornblume (*Centaurea cyanus* 'Blue Diadem')

Die gedrungenen Zwergsorten sind als Schnittblumen wenig ergiebig. Dagegen eignen sich viele der Stauden unter den Flockenblumen. Gut sind auch die rosa Sorten von C. dealbata, *zum Beispiel 'Steenbergii' (siehe S. 122).*

Konditionierung *Pflücken Sie die Flocken- und Kornblumen, wenn die Blüten halb geöffnet sind. Die unteren Blätter sollten Sie entfernen.*

Kultur *Flockenblumen gedeihen auf anspruchslosen Böden in voller Sonne. Legen Sie auf betont große Blüten wert, können Sie die Jungpflanzen entknospen; mir erscheint das aber übertrieben, denn mit vielen etwas kleineren Blüten erzielen Sie dieselben Effekte wie mit weniger, aber größeren. In heißen Sommern können die Pflanzen vom Echten Mehltau befallen werden.*

Die winterharten einjährigen Sorten lassen sich im Frühjahr im Freien aussäen; später werden sie auf 10-15 cm vereinzelt. Besser noch ist die Aussaat im frühen Herbst. So können die Pflanzen große Rosetten ausbilden und sich einen reichen Energiespeicher zulegen, bevor sie Blüten hervorbringen.

CLEMATIS

Waldrebe

Haupteintrag: Frühjahr; Weiß, S. 99.

Ich liebe es, ein paar samtene Blüten der Clematis × durandii *für die Mitte eines Tisches zu arrangieren. Im Spätsommer und Herbst bringe ich ihre fedrigen, spiraligen Samenkapseln mit Heckenkirschenbeeren und späten Rosen zusammen.*

CYNARA

Artischocke

Staude; Winterhärte: 7-9

Höhe und Ausbreitung: C. cardunculus *2-2,5 × 1 m;* C. scolymus *1-1,2 m × 60 cm*

Eignung als Schnittblume *Die Pflanzen dieser Gattung, zu der Kardonen und Artischocken gehören, eignen sich besonders für große Arrangements in hohen Vasen oder Amphoren. In 90 cm Länge abgeschnitten, kommen die Blätter der Kardone* (C. cardunculus) *mit blauem Rittersporn und Steppenkerzen gut zur Geltung. Das Laub von jungen Artischocken* (C. scolymus) *paßt trefflich zu den Fruchtständen der Nieswurz* (Helleborus orientalis, *S. 56-58). Sie können die Artischockenblüten als Knospen oder voll geöffnet pflücken. Wenn diese noch grün sind, eignet sich die Artischocke gut für Arrangements in leuchtendem Scharlachrot und Orange und gibt den Sträußen so eine schöne Grundstruktur (siehe S. 73). Aber wenn sie geöffnet sind und ihre purpurnen Federn zeigen, läßt sich die Pflanze mit großblütigen Sonnenblumen und Akanthus zusammenstellen.*

Konditionierung *Entfernen Sie die unteren Blätter, und wechseln Sie das Wasser, sobald es sich braun verfärbt.*

Kultur *Artischocken werden im Frühjahr in Gruppen von drei bis fünf angepflanzt. Auch wenigstens eine Kardone sollten Sie sich leisten. Beide benötigen einem warmen, sonnigen Standort mit gut durchlässigen Böden. Im Spätherbst sollten Sie Ihre Artischocken zurückschneiden und mit einem dicken Mulch aus Stroh oder Laub abdecken.*

DELPHINIUM

Rittersporn

Einjährige Pflanzen und Stauden; Winterhärte: Delphinium, *Gruppe Belladonna 3-8; großblumige Hybriden 2-8;* D. grandiflorum *4-9*

Höhe: D. grandiflorum *30-45 cm; zwergförmige großblumige Hybriden,* D. consolida, D., *Gruppe Belladonna 90 cm -1,5 m; großblumige Hybriden 1,5-1,8 m*

Eignung als Schnittblume *Rittersporn ist immer eine Bereicherung. Es gibt ihn in Blau, Weiß und Rosa, neuerdings auch in Gelb, Rot sowie Cremefarbe. Von den großblumigen Hybriden sollten Sie die Gruppe Black Knight,* D. *'Nobility' oder die blassere* D. *'Cristella' kultivieren (siehe S. 70-71). Alle beschenken Sie von der Sommermitte an bis in den Herbst hinein mit Blüten über Blüten. Setzen Sie sie im Hintergrund der Rabatte neben eine kräftige Kardone, mit der zusammen Sie später ein 1,5 m hohes Arrangement aus Blüten und Laub kreieren können. Zu den schönsten Zwergsorten gehört die indigoblaue 'Blue Tit'.*

Auch viele der alten Arten und Hybriden des Rittersporns sind als Schnittblumen geeignet. Die Pflanzen der Gruppe Belladonna zeigen eine feine Verzweigung und haben hübsche offene, tiefblaue Blüten mit weißer Mitte. Zu empfehlen ist auch der Zwergrittersporn (D. grandiflorum, *oft auch als* D. chinense *bezeichnet), eine kurzlebige Staude, die gewöhnlich einjährig gezogen wird.*

Der einjährige Ackerrittersporn (D. consolida) *ist eine weitere Schnittblume von beachtlichem Wert. Kultivieren sollten Sie dabei die kräftig purpurblauen Sorten, zum Beispiel die besonders hübsche 'Blue Spire' (Serie Exquisite) und die reinweiße Sorte 'Weißer König'.*

Konditionierung *Pflücken Sie Ihren Rittersporn, wenn sich die Mehrzahl der Blüten geöffnet hat. Die Pflanzen reagieren empfindlich auf Äthylen, das besonders von reifenden Früchten abgesondert wird; stellen Sie Rittersporn deshalb nicht in die Nähe von Obstschalen.*

Kultur *Rittersporn gedeiht auf kalkhaltigen, leicht feuchten Böden in der vollen Sonne. Einige Arten vertragen auch Halbschatten, wenn sie ausreichend gewässert und gedüngt werden und wenn der Standort unkrautfrei ist.*

Die Stauden werden am besten in Dreier- oder Fünfergruppen im Abstand von 60 cm angepflanzt. Einjährige Arten sollten etwas enger zusammenstehen. Abstand ist wichtig für eine gute Luftzirkulation, und diese ist von Belang, weil die Pflanzen anfällig für Mehltau sind. Durch regelmäßiges Abschneiden wird bei Rittersporn der Wuchs von Seitentrieben angeregt und so die Blütezeit verlängert. Die höherwachsenden Arten müssen abgestützt werden (siehe S. 37).

Die einjährigen Pflanzen können im zeitigen Frühjahr unter Glas gesät werden, im Freien im frühen Herbst oder im Frühjahr (siehe S. 32-34 und 35). Bei verschiedenen Hybriden der Stauden und der Gruppe Belladonna sollte die Vermehrung durch 5-8 cm lange Stecklinge erfolgen. Sie werden

❶ Waldrebe (*Clematis × durandii*)
❷ Bartnelke (*Dianthus barbatus*, Gruppe Nigrescens)
❸ Ackerrittersporn (*Delphinium* 'Blue Spire', Serie Exquisite)
❹ Prärieenzian (*Eustoma grandiflorum*, F_1-Hybride)

genommen, sobald sich die jungen Triebe im zeitigen Frühjahr zeigen – noch bevor sich die hohle Mitte bildet. Setzen Sie sie ohne Beheizung einzeln in 8-10 cm große Töpfe.

DIANTHUS BARBATUS
Bartnelke

Haupteintrag: Sommer; Rosa, S. 122. *Die Bartnelken der Gruppe Nigrescens haben schwärzlichpurpurne Blüten, die in einem stark duftenden Bukett einen hübschen Kontrast zu rosa Rosen oder Wohlriechenden Wicken abgeben (siehe S. 70).*

ECHIUM
Natternkopf

Ein- und zweijährige Pflanzen; auch Stauden und Sträucher
Höhe: E. plantagineum *'Blue Bedder' 35 cm;* E. vulgare *60 cm*
Eignung als Schnittblume *Der zweijährige Gemeine Natternkopf* (Echium vulgare) *ist eine Wildpflanze, die auf Brachland wächst. Ihre blauen, rosa und purpurnen Blüten, von behaarten Kelchblättern umgeben, passen gut zur Ochsenzunge und bilden einen schönen Kontrast zu Dill und weinroten Levkojen. Mit den Blütenähren läßt sich die strenge Symmetrie eines Straußes gut auflösen. Von den winterharten einjährigen Arten ist das Schlangenkraut* (E. plantagineum *'Blue Bedder'*) *die schönste Sorte und zudem leicht erhältlich.*
Konditionierung *Entfernen Sie die unteren Blätter.*
Kultur *Natternkopf sollten Sie in Gruppen auf trockenen Böden in sonniger Lage kultivieren. Den Gemeinen Natternkopf ziehen Sie am besten zweijährig, indem Sie ihn im späten Frühjahr unter Glas säen, im Sommer auspflanzen und später an seinem endgültigen Standort ausbringen (siehe S. 38).*

ERYNGIUM
Edeldistel

Haupteintrag: Sommer; Grün und Silber, S. 116. *Die rötlichvioletten Blütenköpfe von* Eryngium × zabelii *können Sie mit Mohnsamenkapseln, mit Hasenohr, orangefarbenen und gelben Inkalilien sowie Steppenkerzen zusammenstellen – als Kontrast mit dem prächtigen tiefpurpurnen Prärieenzian.*

EUSTOMA
Prärieenzian

Eingeschränkt winterharte zweijährige Pflanze; wird auch einjährig gezogen
Höhe: 40-60 cm
Eignung als Schnittblume *Der Prärieenzian* (E. grandiflorum, *syn.* Lisianthus russelianus) *ist eine überaus farbenfrohe einjährige Pflanze, als Schnittblume robust und langlebig. Sie sollten ihn in großer Zahl kultivieren, da er jeden Strauß bereichern kann – in Verbindung mit Orange, Blau und Grün erhalten Sie ein verschwenderisches Arrangement. Sie können ihn auch mit Weiß und Grün in einem Brautstrauß einsetzen. Zu empfehlen sind u.a. die sortenreinen F_1-Hybriden der Yodel-Serie.*
Konditionierung *Die Stielenden sollten Sie um 2,5 cm nachschneiden.*
Kultur *Prärieenzian ist eine einjährige, nicht einfach zu kultivierende Pflanze, die aber die Mühe lohnt. Er wird im Winter beheizt unter Glas gesät und später an einem hellen, gut durchlässigen Standort ausgebracht.*

IRIS
Schwertlilie

Haupteintrag: Winter; Blau und Purpur, S. 158. *Die Mitte des Sommers blühende blauviolette Bartiris 'Jane Phillips' ist eine prächtige Blume mit süßem Duft.*

❺ Kardone (*Cynara cardunculus*)
❻ Rittersporn (*Delphinium* 'Nobility')
❼ Gemeiner Natternkopf (*Echium vulgare*)
❽ Edeldistel (*Eryngium × zabelii*)
❾ Schwertlilie (*Iris* 'Jane Phillips')

LATHYRUS ODORATUS

Wohlriechende Wicke

Haupteintrag: Sommer; Weiß, S. 120. *Die tief dunkelweinrote Sorte 'Pageantry' paßt gut zu der zweifarbigen, purpurnen und karmesinroten Sorte 'Matucana'. Lassen Sie Wicken im Hauptteil Ihres Gartens zusammen mit den tief purpurnen kletternden Gartenbohnen wachsen. Sie können sie für sich alleine arrangieren oder mit Rosen, Levkojen und Bartnelken zu einem duftenden Strauß in Weinrot und Rot zusammenstellen (siehe S. 70).*

LAVANDULA

Lavendel

Immergrüner Strauch; Winterhärte: L. stoechas *8-9;* L. angustifolia *(Sorten) 6*
Höhe und Ausbreitung: 60-90 cm

Eignung als Schnittblume *Lavendel kann als Schnittblume etwas mager aussehen; Ihr Strauß sollte darum aus vielen Blumen bestehen. Besonders lohnend sind die malvenpurpurne 'Munstead' und die violette 'Hidcote', zwei Sorten des Echten Lavendels* (L. angustifolia)*. Der Schopflavendel* (L. stoechas *ssp.* pedunculata) *ist eine hervorragende Schnittblume. Sie können ihn auch in Kübeln kultivieren und diese im Winter ins Haus nehmen.*

Konditionierung *Wollen Sie sich den Duft von Lavendel erhalten, dann pflücken Sie die Blumen vormittags und lassen sie in einem kühlen, trockenen, aber nicht sonnigen Raum trocknen.*

Kultur *Für eine reiche Ernte benötigt Ihr Lavendel einen sonnigen Standort und kalkhaltige Böden. Er verträgt keinen feuchten Lehm. Schneiden Sie ihn nach der Blüte stark zurück (allerdings nicht ins alte Holz).*

LUPINUS

Lupine

Einjährige Pflanzen, Stauden und Sträucher
Winterhärte: 3-9
Höhe: 90 cm - 1,5 m, außer: L. luteus, L. varius *45-60 cm;* L. mutabilis *var.* cruckshanksii *'Sunrise' 90 cm*

Eignung als Schnittblume *Ich liebe die Blütentrauben der Lupinen über alles. Lupinen sind in vielen schönen Farben zu erhalten. Lassen Sie sie am besten in Gruppen zusammen wachsen. Ich empfehle Ihnen die indigoblaue Staudenlupine* (L. polyphyllus) *sowie die weiße und blaue Sorte 'The Governor'. Eine weitere hübsche Sorte ist die tief purpurblaue und weiße 'Blue Jacket', die außerdem auch noch angenehm duftet und lange blüht. Von exotischer Schönheit sind die weißen Lupinen der Gruppe Noble Maiden. Sie passen zu vielen Arrangements (siehe S. 120 und 121).*

Lupinen kommen auch in vielfarbigen Gruppen besonders gut zur Geltung, wenn Sie dafür im Garten einen geeigneten, geschlossenen Platz zur Verfügung haben. Pflanzen Sie beispielsweise 'The Page' in Karmesintönen neben 'Chandelier' in vielen Gelbschattierungen. Dazwischen sollten auch noch einige rote, rosa und purpurne Sorten eingestreut werden. Später pflücken Sie sie, wie sie gerade kommen und geben sie dann in einen großen Krug, der in frech kontrastreichen Farben gehalten ist.

Auch einige der einjährigen Lupinen sind empfehlenswert. Ganz vorzüglich ist die winterharte duftende L. mutabilis *var.* cruckshanksii *'Sunrise'. Sie hat weiße, dottergelbe und blaue Blüten. Auch an die eingeschränkt winterharte, außergewöhnlich leuchtende Gelbe Lupine* (L. luteus) *und die tief dunkelblaue* L. varius *denke ich in diesem Zusammenhang.*

Konditionierung *Damit sich die gepflückten Blütentrauben nicht der Sonne entgegenrecken müssen, sollten Sie Lupinen nicht in Körben sammeln, sondern sie sofort in einen Eimer Wasser stellen.*

Kultur *Lupinen gedeihen in der Sonne oder im Halbschatten auf kalkfreien, durchlässigen, vorzugsweise sandigen Böden. Durch das Pflücken wird der Wuchs neuer Seitentriebe angeregt und so die Blütezeit verlängert. Das Laub ist anfällig gegen Mehltau, weshalb Sie Lupinen zweijährig kultivieren sollten.*

Die Staudenlupinen lassen sich im Frühjahr durch Abrisse vermehren (siehe S. 38 und 39). Bei den meisten ist zur Mitte des Frühjahrs auch die Aussaat möglich; sie blühen dann im zweiten Jahr. Rauhen Sie die großen Samenkörner kurz mit Sandpapier auf und weichen Sie sie dann in Wasser ein, bis sie sich vollgesogen haben; das kann ein oder zwei Tage in Anspruch nehmen. Dann setzen Sie die Samen einzeln in 8-10 cm große Töpfe, etwa 5 mm tief. Sobald sich drei oder vier der Laubblätter gebildet haben, können Sie sie umtopfen und dann später in einem Anzuchtbeet auspflanzen. Die winterharte einjährige L. mutabilis *var.* cruckshanksii *'Sunrise' läßt sich leicht aus Samen ziehen; sie wird direkt an ihrem Standort ausgesät.*

1. *Lathyrus odoratus* 'Pageantry'
2. *Lathyrus odoratus* 'Matucana'
3. *Lavandula angustifolia* 'Munstead'
4. *Salvia × superba*
5. *Triteleia laxa*

MATTHIOLA

Levkoje

Haupteintrag: Sommer; Rosa, S. 123. *Diese rauchig purpurne Levkoje wirkt besonders gut zusammen mit Hasenohr und Muschelblumen; die dunkelfarbigen Sorten können Sommerarrangements gut füllen und ihnen einen angenehmen Duft verleihen.*

NIGELLA

Schwarzkümmel

Winterharte einjährige Pflanze

Höhe: Sorten von N. damascena, N. hispanica *35-45 cm;* N. damascena *'Oxford Blue',* N. hispanica *'Curiosity' 75 cm*

Eignung als Schnittblume *Die Blüten sehen aus wie eine Halskrause aus der Tudorzeit. Ebenso wie diese Blüten sind auch die kugeligen Fruchtstände für Blumenarrangements geeignet. Schwarzkümmel können Sie als Füllpflanze an der Vorderseite einer Rabatte wachsen lassen und später für Bauernsträuße einsetzen. Aus den Fruchtständen und dem hübschen fedrigen Laub lassen sich entzückende kleine Sträußchen binden. Die eindrucksvollste Art ist* N. hispanica*; sie hat große tiefblaue Blüten sowie ausgeprägt schwarze und kastanienbraune Staubgefäße. Sie können es auch mit der höchsten, tiefblauen Sorte von Braut in Haaren versuchen, mit* N. damascena *'Oxford Blue'; sie weist einen dunkel gestreiften Fruchtstand auf. Daneben sind u.a. auch hübsche rosa und weiße Sorten erhältlich.*

Konditionierung *Entfernen Sie die unteren Blätter.*

Kultur *Schwarzkümmel gedeiht am besten in der Sonne, und zwar auf nährstoffreichen, gut durchlässigen Böden. Lassen Sie beim Pflücken ein paar Blüten stehen, damit sich Fruchtstände bilden, die Sie dann mit späteren Blumen arrangieren können. Die Aussaat erfolgt breitwürfig – am endgültigen Standort, denn Schwarzkümmel läßt sich nicht gut umpflanzen. Sie sollten Ihr Saatgut eher im frühen Herbst als in der Frühjahrsmitte ausbringen. So erhalten Sie große, frühblühende Pflanzen.*

SALVIA

Salbei

Haupteintrag: Herbst; Blau und Purpur, S. 147. *Der purpurne Salbei* S. × superba, *eine der am frühesten blühenden Arten, paßt im Beet und später im Arrangement gut zu der Sorte 'Matador' des Islandmohns, zu Lichtnelken* (Lychnis Arkwrightii-*Hybride 'Vesuvius'*) *und zu den unreifen Fruchtständen der Lampionblume.*

SCABIOSA

Skabiose

Winterharte ein- bis zweijährige Pflanzen und Stauden; Winterhärte: 4

Höhe: Sorten von S. caucasica *60 cm; gefüllte Mischungen von* S. atropurpurea *90 cm*

Eignung als Schnittblume *Die malvenfarbenen, dunkelorangen, weißen und rosa Blüten der gefüllten Mischung der Purpurskabiose* (S. atropurpurea) *sehen in lockeren Sträußen gut aus; ich ziehe aber die tief karmesinrote Form vor. Die langgestielten dunklen Blütenstände geben mit der Zinnie 'Envy' ein hübsches Paar ab und lassen sich gut mit karmesinroten Levkojen, Bartnelken sowie Löwenmaul zusammenstellen; um einen Kontrast zu setzen, entscheide ich mich außerdem für den Natternkopf oder die Ochsenzunge. Zu den Stauden gehören viele ansehnliche großblumige Arten in Blaßblau, Malve und Weiß. Empfehlenswert ist die kräftige, leuchtend malvenfarbene langblühende Kaukasusskabiose* (S. caucasica *'Fama'*), *die Sie mit blühenden Karden, Schwarzkümmel-Fruchtständen und Dill zusammenbringen können.*

Konditionierung *Wässern Sie die Pflanzen gut, bevor Sie sie arrangieren.*

Kultur *Skabiosen gedeihen in der Sonne auf nährstoffreichen, durchlässigen, leicht kalkhaltigen Böden. Setzen Sie die Stauden je Sorte in Dreier- oder Fünfergruppen, weil die einzelne Pflanze nicht sehr viele Blüten gleichzeitig trägt.*

Die Vermehrung der einjährigen Arten erfolgt im Frühjahr durch Aussaat unter Glas oder im Herbst für einen frühen Blühbeginn. Die Stauden vermehren Sie durch Stecklinge im Frühsommer, durch Samen im Herbst oder durch Teilung im zeitigen Frühjahr.

TRITELEIA LAXA

Frühlingsstern

Haupteintrag: siehe Allium, S. 130. *Der blauviolette Frühlingsstern ist eine langlebige Schnittblume. Stellen Sie ihn in ein Ensemble aus orangefarbenen und gelben Inkalilien, Mohnblumen und Hasenohr.*

6 Lupinen (*Lupinus*)
7 Levkojensorte (*Matthiola*)
8 Braut in Haaren (*Nigella damascena* 'Oxford Blue')
9 Purpurskabiose (*Scabiosa atropurpurea*)
10 Kaukasusskabiose (*Scabiosa caucasica* 'Clive Greaves')

Herbst

Mit dem Herbst kommt die Zeit für Ihre Vasen in phantasievollem Design, in denen Sie nun kräftig gefärbte Blätter, Fruchtstände, Beeren und Hagebutten zusammenstellen. Kreieren Sie lockere, großzügige Arrangements und bringen Sie jetzt, da die Helligkeit im Freien abgenommen hat, all Ihre prächtigen Herbstfarben ins Haus – die der samtenen Dahlien, Gladiolen oder Zinnien.

Silber, Grün und Braun

AGAPANTHUS
Schmucklilie
Haupteintrag: Sommer; Blau und Purpur, S. 130. *Die hohen Fruchtstände des* Agapanthus *sehen mit ihren Jadetröpfchen an zierlichen Stielen aus wie die Juwelen von Fabergé. Arrangieren Sie diese Fruchtstände mit farbenprächtigen Dahlien, Lampionblumen und späten Sonnenblumen.*

AMARANTHUS CAUDATUS
Gartenfuchsschwanz
Eingeschränkt winterharte einjährige Pflanze
Höhe: 90 cm - 1,5 m
Eignung als Schnittblume *Die leuchtende grüne Sorte des Gartenfuchsschwanz ist für alle großen Herbssträuße eine wertvolle Zugabe. Diese sich spät entwickelnde einjährige Pflanze paßt gut zu Weiß und Blau; sie kontrastiert hübsch mit dem Orange, Karmesinrot, Braun und Scharlachrot der Beeren und gefärbten Blätter. Den Gartenfuchsschwanz (oder die bekanntere rotblühende Form, siehe S. 22) können Sie langstielig arrangieren, so wirkt er überaus majestätisch. Seine Blütenähren hängen kaskadenartig herab und erinnern an die Eiszapfen eines gefrorenen Wasserfalls. Einige der aufrechteren Arten, zum Beispiel 'Green Thumb' oder 'Pygmy Torch', wirken für meinen Geschmack nicht locker genug.*
Konditionierung *Entfernen Sie die unteren Blätter und tauchen Sie die Stielenden für einige Sekunden in kochendes Wasser.*
Kultur *Pflanzen Sie im Abstand von 45-60 cm. Der Standort sollte sich in der vollen Sonne befinden und einen leichten, nährstoffreichen Boden aufweisen. Die Pflanzen erreichen ihre volle Höhe und Blühreife erst im späten Sommer oder Anfang Herbst, können dann aber bis in den frühen Winter hinein blühen. Die Aussaat erfolgt im zeitigen Frühjahr unter Glas. Pikieren Sie die kleinen, dünnen Sämlinge, wenn sie ein oder zwei Laubblätter entwickelt haben (siehe S. 34). Die Pflanze kann sich auch selbst aussäen.*

ARTEMISIA
Beifuß
Stauden und sommer- bzw. halbimmergrüne Sträucher oder Halbsträucher; Winterhärte: A. arborescens *'Faith Raven', A. 'Powis Castle' 7-10;* A. pontica *5-10;* A. absinthium *'Lambrook Silver' 4-10*
Höhe und Ausbreitung: 60 × 20 cm; A. absinthium *'Lambrook Silver' 70 × 50 cm; A. 'Powis Castle' 60-90 × 90 cm-1,2 m; Sorten von* A. arborescens *90 cm-1,2 m × 90 cm*
Eignung als Schnittblume *Das leuchtend silbrige, feingeteilte Laub vieler Beifußarten bildet einen schönen Kontrast zu den warmen, intensiven Farben des Herbstes. Es kann solche Sträuße, deren Orange, Rot oder Ockergelb leicht überladen wirken, hübsch aufhellen und beleben.*

A. arborescens *'Faith Raven' (nach meiner Mutter benannt, die diese Sorte auf dem Gipfel eines Berges auf Rhodos fand) wächst schnell zu einem hübschen silbrigen Hügel heran; wenn Sie diese Blumen von der Unterseite abernten, vermeiden Sie jeden »Kahlschlag«. Von zierlicherer Erscheinung sind der Absinth* (A. absinthium *'Lambrook Silver'), der ein locker fedriges Laub aufweist, und die aufrecht elegante* A. pontica, *die sich für kleine, farbenfrohe Handsträußchen eignet.*
Konditionierung *Beifuß läßt schnell die Köpfe hängen. Sie sollten die Stielenden abbrühen (siehe S. 48) und die Pflanzen dann über Nacht ins Wasser legen.*
Kultur *Diese mediterranen Pflanzen gedeihen am besten an sonnigen Standorten mit gut durchlässigen Böden. Die etablierten Sträucher und Halbsträucher sollten Sie im Frühjahr stark zurückschneiden; sie werden aus ihrer verholzten Basis schnell neue Triebe hervorbringen. Wenn Sie die Triebspitzen der jungen Pflanzen pinzieren, erzielen Sie einen buschigen Wuchs.*

1. *Agapanthus* (Fruchtstand)
2. Gartenfuchsschwanz (*Amaranthus caudatus* 'Viridis')
3. Absinth (*Artemisia absinthium* 'Lambrook Silver')
4. Beifuß (*Artemisia arborescens* 'Faith Raven')

Die Ausläufer bildende A. pontica *wird im Frühjahr oder Herbst durch Teilung vermehrt. Von den Sträuchern und Halbsträuchern können Sie im Sommer Stecklinge oder Abrisse nehmen.*

CLEMATIS
Waldrebe
Haupteintrag: Frühjahr; Weiß, S. 99. *Die buschigen Fruchtstände der Sorte 'Bill Mackenzie' erinnern mich ebenso wie die von* C. × durandii *oder der Goldwaldrebe* (C. tangutica) *an adrett gekämmte altenglische Schäferhunde. Sie lassen sich gut mit dem Schmuckkörbchen 'Versailles Carmine' und mit Tithonien zusammenstellen.*

CYPERUS
Zypergras
Immergrüne Stauden; Winterhärte: 4-8
Höhe: C. albostriatus *60 cm*
Eignung als Schnittblume *Die meisten Arten dieser Gattung sind empfindliche Gewächshauspflanzen. Die Art* C. albostriatus *kann aber auch in kühleren Klimaten gedeihen und ist mit ihrem lindgrünen Laub im Herbst von großem Wert, wenn die Wolfsmilch schon fast verblüht ist und es keine Pflanzen wie das Hasenohr mehr gibt. Die vergleichbare Art* C. eragrostis *können Sie mit Astern, Dahlien und* Iris foetidissima *zusammenstellen (siehe S. 78), auch mit schicken rosa Nerinen.*
Kultur *Das Zypergras gedeiht am besten auf feuchten Böden, in der Sonne oder im Schatten. Die Vermehrung erfolgt durch Teilung im Frühjahr oder im Herbst; die Pflanze sät sich auch leicht selbst aus.*

EUPHORBIA
Wolfsmilch
Haupteintrag: Frühjahr; Grün und Silber, S. 96. *Das hübsche graugrüne Schnee-auf-dem-Berge* (E. marginata) *hat weiß gezeichnete Blätter. Es kommt im Spätsommer und Herbst zu seinem Recht. Mischen Sie es mit Rosen der Sorte 'Iceberg', mit überhängendem Hopfen und Hakenlilien. Dann haben Sie ein hübsches, frisch aussehendes Arrangement für die Mitte Ihres Tisches.*

HUMULUS LUPULUS
Gemeiner Hopfen
Sommergrüne Kletterpflanze; Winterhärte: 3-9
Höhe und Ausbreitung: 3-6 m
Eignung als Schnittblume *Der Gemeine Hopfen hat rechtswindende Triebe mit leuchtend grünen, stark duftenden Früchten, die bei weiblichen Pflanzen auf die Blüten folgen. Diese Pflanze ist eine der Stützen des Herbstes. Lang oder kurz geschnitten läßt dieser Hopfen sich gut an Hauswänden ziehen und ist wie geschaffen für ein kleines Sträußchen oder einen Kranz (siehe S. 78-79).*

Der gemeine Hopfen hat dunkelgrünes Laub. Die Sorte 'Aureus' trägt weniger Blüten und Früchte; ihr leuchtend gelbgrünes Laub weist aber einen noch höheren Zierwert auf.
Konditionierung *Hopfen sollten Sie sofort aufhängen, so daß er trocknen kann, ohne von Mehltau befallen zu werden. Die Früchte halten sich länger, wenn Sie die Pflanze mit geruchlosem Haarspray behandeln.*
Kultur *Hopfen gedeiht in der Sonne oder im Halbschatten auf feuchten, aber durchlässigen Böden. Geben Sie ihm einen warmen, geschützten Standort; er benötigt eine Kletterhilfe. Die Vermehrung kann durch Teilung im zeitigen Frühjahr erfolgen.*

NICANDRA PHYSALODES
Nicandra, Peruanische Edelkirsche
Winterharte einjährige Pflanze
Höhe: 1 m
Eignung als Schnittblume *Die leuchtend grünen oder schwarzgrünen Fruchtkapseln der Nicandra passen gut zu einem Strauß dunkler Dahlien oder leuchtend rosa, orangefarbener oder gelber Zinnien. Ihr kräftiges Laub gleicht diese lebhaften Farben aus. Beachten Sie vor allem die großblumigen Sorten mit den weißblauen glockenförmigen Blüten, worauf schmucke Fruchtkapseln folgen. Wegen ihrer Blüten ist die Nicandra auch eine schöne Füllpflanze; in der Vase hält sie sich aber nur einen Tag.*
Konditionierung
Da die Fruchtkapseln langlebiger sind, sollten Sie einige oder alle Blätter entfernen.
Kultur *Diese einfach zu kultivierende einjährige Pflanze benötigt eine sonnige Lage und gute nährstoffreiche Böden. Die Aussaat erfolgt im zeitigen Frühjahr unter Glas; wenn keine Fröste mehr zu erwarten sind, können die Pflanzen ausgebracht werden.*

PENNISETUM
Federborstengras
Staude; Winterhärte: P. alopecuroides *'Woodside' 7-10;* P. orientale *5-6;* P. villosum *5-10*
Höhe: P. alopecuroides *'Woodside' 60 cm;* P. orientale *50-75 cm;* P. villosum *90 cm*
Eignung als Schnittblume *Diese weichen Gräser, deren an einen buschigen Eichhörnchenschwanz erinnernden Blütenstände eine grüne Mitte mit haarigem, rosaweißem Äußeren aufweisen, bieten mit das beste Herbstlaub. Sie sollten das bräunlichrosa Orientlampenputzergras* (P. orientale) *kultivieren, ebenso das hellere* P. villosum. *In der Vase passen diese beiden Arten gut zu leuchtendem Salbei und zu Astern (siehe S. 78), auch zu kräftig karmesinroten Dahlien und Zinnien der Sorte 'Envy'. Stellen Sie Ihr Arrangement auf eine Fensterbank,*

5 Waldrebe (*Clematis* 'Bill Mackenzie')
6 Zypergras (*Cyperus albostriatus*)
7 Gemeiner Hopfen (*Humulus lupulus*)
8 Schnee-auf-dem-Berge (*Euphorbia marginata*)
9 *Nicandra physalodes* (Fruchtkapseln)

1 Federborstengras (*Pennisetum villosum*)
2 *Rubus cockburnianus* 'Golden Vale'
3 Brombeere (*Rubus fruticosus*)
4 Breitblättriger Rohrkolben (*Typha latifolia*)
5 Zinnie 'Envy'

Kultur *Das Federborstengras gedeiht auf nährstoffreichen, durchlässigen Böden bei voller Sonne. Es darf aber nicht zu stark gedüngt werden, weil der Wuchs dann zu weich wird und im Winter abstirbt.*

Die Vermehrung erfolgt durch Teilung im späten Frühjahr oder im Herbst. Die neuen Ableger sollten im Frühbeetkasten überwintern. Besonders das Orientlampenputzergras ist nicht wirklich winterhart, und so haben Sie einen Vorrat.

RUBUS

Himbeere, Brombeere

Sommergrüner Strauch; Winterhärte: 6
Höhe: R. cockburnianus *3,7 m;* R. fruticosus, R. idaeus *90 cm-1,8 m;* R. phoenicolasius *1,8-2,5 m*

Eignung als Schnittblume *Ein Zweig mit roten oder schwarzen Beeren ist in einem spätsommerlichen oder herbstlichen Arrangement nicht selten der Blickfang. Die herrlichen Beeren kontrastieren mit leuchtendem Rot, Gelb sowie Orange und passen gut zu rotem oder gelbem Chili, auch zu Zinnien oder zu tiefrotem Löwenmaul. Ich empfehle Ihnen, eine dornenfreie Sorte der Brombeere* (R. fruticosus) *zu kultivieren, zum Beispiel 'Loch Ness'. Auch die leuchtend rote, flaumige Japanische Weinbeere* (R. phoenicolasius) *eignet sich gut für die Vase. Ihre Zweige tragen in üppiger Zahl langlebige Beeren.*

Für große repräsentative Arrangements des Spätherbstes oder Winters können Sie den hoch aufragenden weißstämmigen R. cockburnianus *anpflanzen.*

Konditionierung *Um Rubus zu pflücken, sollten Sie sich dornenfeste Handschuhe anschaffen. Halten Sie die fruchtenden Arten so kühl wie möglich, weil sie anfällig für Mehltau sind.*

Kultur *Die meisten Arten gedeihen am besten auf tiefen, nährstoffreichen, feuchten, aber gut durchlässigen Böden in voller Sonne. Die fruchttragenden Ruten der Himbeeren und Brombeeren sollten Sie zur Basis zurückschneiden und den frischen Wuchs dann einbinden. Mulchen Sie im Spätherbst und Frühjahr mit Stallmist. Himbeeren benötigen einen stark kalihaltigen Dünger (gut geeignet ist Holzasche). Wenn sie fruchten, müssen sie gut gewässert werden.*

Die Vermehrung erfolgt im Sommer durch Abrisse (siehe S. 38 und 39) oder im Herbst durch Teilung. Brombeeren werden im Sommer durch Absenker oder im Herbst durch Ausläufer vermehrt.

TYPHA

Rohrkolben

Sommergrüne Stauden; Winterhärte: 3-9
Höhe: 1,8-2,5 m

Eignung als Schnittblume *Die langen zylindrischen, braunen Kolben sind die weiblichen Blüten- und Samenstände. Kultivieren Sie am besten den Breitblättrigen Rohrkolben* (T. latifolia) *oder den etwas kleineren Schmalblättrigen Rohrkolben* (T. angustifolia). *Später können Sie diese Rohrkolben zum Beispiel als Blickfang mit vielen Hakenlilien zusammenstellen.*

Konditionierung *Sie sollten Rohrkolben nicht zu lange im Haus behalten; nach zwei oder drei Wochen öffnen sich die Kolben; dann treten die Samen wie die Blasen aus einer soeben geöffneten Sektflasche aus.*

Kultur *Rohrkolben gedeihen in der vollen Sonne, in einem flachen Teich oder auf feuchten, sumpfigen Böden. Die Vermehrung erfolgt im Frühjahr durch Aussaat oder Teilung.*

ZINNIA

Zinnie

Eingeschränkt winterharte einjährige Pflanzen
Höhe: 30-90 cm

Eignung als Schnittblume *Diese umfangreiche Gattung ist vielerorts heimisch. Ich liebe jede dieser Pflanzen; die schönste ist aber die gefüllte lindgrüne 'Envy'. Sie können sie mit kräftigen kontrastierenden Rottönen kombinieren. Aber ein bis zwei Blumen wirken auch für sich alleine. Für Rot- und Orangetöne sollten Sie Ihre Wahl aus der Gruppe Giant Cactus oder unter den skabiosenblütigen treffen (siehe S. 145).*

Konditionierung *Entfernen sie die untersten Blätter.*

Kultur *Zinnien gedeihen bei voller Sonne auf nährstoffreichen, gut durchlässigen Böden. Wenn Sie sie regelmäßig pflücken, kann ihre Blütezeit bis in den Winter hinein andauern. Am besten entwickeln sie sich in heißen Sommern. Sie dürfen sie nach dem Anpflanzen nicht mehr zu stark wässern, weil sie anfällig für Mehltau sind. Die Vermehrung erfolgt im Frühjahr durch Aussaat unter Glas.*

Weiß

ANEMONE × HYBRIDA
Herbstanemone
Haupteintrag: Frühjahr; Weiß, S. 98.
Die schneeweißen, schalenförmigen Blüten der Sorte 'Honorine Jobert' mit der festen gelben und grünen Mitte können warme Farben zusätzlich noch gut unterstreichen. Verwenden Sie sie in voller Länge oder kurz geschnitten, am besten mit Herbstkrokussen und Zeitlosen.

CRINUM × POWELLII
Hakenlilie
Zwiebelpflanze; Winterhärte: 7-10
Höhe: 80 cm – 1,2 m
Eignung als Schnittblume *Nach der Blüte Ihrer Lilien sind die Hakenlilien ein guter Ersatz. Besonders hübsch finde ich die trichterförmigen weißen Blüten der Sorte 'Album'. Die fünf bis 15 Blüten an jedem Stiel öffnen sich nacheinander und verströmen einen phantastischen Duft. Sieben oder neun dieser Blumen stiften so das Flair von seltenem Luxus.*

Hakenlilien sind auch in Rosa erhältlich. Empfehlenswert sind die tiefrosa Sorten 'Krelagei' und 'Ellen Bosanquet', die Sie mit weißen Hakenlilien oder mit Wolfsmilch (Euphorbia schillingii) *und der Rose 'New Dawn' zu hübschen Duftgebinden zusammenstellen können.*
Kultur *Pflanzen Sie Hakenlilien an einem sonnigen Standort auf durchlässigen Böden, und zwar so, daß die Spitze der Zwiebel zu sehen ist. Sie bevorzugen nährstoffreiche, tiefe, aber nicht zu feuchte Böden; in jedem zweiten Jahr sollten Sie einen Mulch aus Stallmist auftragen. Kaufen Sie sich bei einem Großhändler fünf bis zehn dieser Blumenzwiebeln. Im Frühjahr lassen sie sich durch Brutzwiebeln vermehren.*

NICOTIANA
Tabak
Eingeschränkt winterharte einjährige Pflanzen und einjährig gezogene Stauden
Höhe: N. alata *60 cm;* N. langsdorffii, N. sylvestris *bis 1,8 m*
Eignung als Schnittblume *Viele Tabakarten geben mit ihren schönen röhrenförmigen, abends stark duftenden Blüten vorzügliche Schnittblumen ab. Der große Dufttabak* (N. sylvestris) *ist im Herbstgarten ebenso wie im Arrangement (siehe S. 82) eine Augenweide. Sie können diese Art auch gut mit dem hoch aufragenden Gartenfuchsschwanz 'Viridis' zusammenstellen.*

Ich empfehle die einjährige Sorte 'Lime Green' (siehe S. 117) oder die hübsche lindgrüne Art N. langsdorffii. *Letztere hat kleine, ballkleidähnliche Blüten, die Sie gut in einem duftenden Strauß verwenden können.*
Konditionierung *Tabak sollte sich vor dem Arrangieren gut mit Wasser vollsaugen dürfen.*
Kultur *Die Pflanzen gedeihen auf nährstoffreichen, gut durchlässigen Böden, in der Sonne oder im Halbschatten. Bei regelmäßigem Pflücken regen Sie den Wuchs von Seitentrieben an und verlängern so die Blütezeit. Tabak läßt sich im zeitigen Frühjahr leicht durch Aussaat unter Glas vermehren (siehe S. 32-34).*

ROSA
Rose
Haupteintrag: Sommer; Rosa, S. 124.
Die Rose 'Iceberg' ist ein Muß im Schnittblumengarten. Sie duftet nur schwach, bringt aber vom frühen Sommer bis zu den ersten wirklich kalten Tagen Blüten hervor.

❶ *Anemone × hybrida* 'Honorine Jobert'
❷ Hakenlilie (*Crinum × powellii* 'Album')
❸ Dufttabak (*Nicotiana sylvestris*)
❹ Rose 'Iceberg'

❶ Herbstzeitlose (*Colchicum autumnale*)
❷ Zeitlose (*Colchicum* 'The Giant')
❸ Neapolitanisches Alpenveilchen (*Cyclamen hederifolium*)
❹ Glattblattaster (*A. novi-belgii* 'Carnival')
❺ Dahlie (*Dahlia* 'Edinburgh')
❻ Bartfaden (*Penstemon* 'Blackbird')
❼ Rose 'New Dawn'
❽ Spaltgriffel (*Schizostylis coccinea* 'Major')
❾ Guernseylilie (*Nerine bowdenii* 'Mark Fenwick')
❿ *Phlox paniculata* 'Graf Zeppelin'

Rosa

ASTER
Staude; Winterhärte: 5-10
Höhe: A. amellus *30 cm;* A. × frikartii *'Mönch' 90 cm;* A. novi-belgii *90-120 cm*
Eignung als Schnittblume *Diese einfachen oder gefüllten Astern sind in vielen Blau-, Purpur-, Malven- und Weißtönen erhältlich. Ich mag besonders die blaue Sorte* A. × frikartii *'Mönch' mit weißer Mitte, die dunkelblaue Bergaster* (A. amellus *'Veilchenkönigin'*) *mit gelber Mitte, die dunkelblaue Glattblattaster* (A. novi-belgii *'Sailor Boy'*) *und die kräftig kirschrosa Glattblattaster 'Carnival'.*
Konditionierung *Entfernen Sie die unteren Blätter und legen Sie die Blumen über Nacht ins Wasser.*
Kultur *Astern gedeihen in der vollen Sonne auf nährstoffreichen, durchlässigen Böden, die im Sommer ausreichend feucht sein müssen. Die hochwachsenden Arten müssen u.U. abgestützt werden.*
Astern lassen sich im Frühjahr leicht durch Stecklinge oder Teilung vermehren.

COLCHICUM
Zeitlose
Knollenpflanze; Winterhärte: 6
Höhe: C. autumnale *10-15 cm;* C. speciosum *'Album',* C. *'The Giant' 15-20 cm*
Eignung als Schnittblume *Die großen kelchförmigen Blüten der Zeitlosen erinnern an robuste, stämmige Krokusse. Viele Blumen dieser Gattung wirken im Strauß hübsch für sich alleine oder mit dem frischen grünen Gras arrangiert, in dem sie wachsen. Die untersetzte großblumige, violette oder rosa Sorte 'The Giant' hat eine weiße Basis. Sie kommt in einem flachen, farbigen Glas gut zur Geltung oder kann zum Beispiel mit der weißen* C. speciosum *'Album' zusammenstehen. Zu empfehlen ist ferner die klassische Herbstzeitlose* (C. autumnale).
Kultur *Zeitlose gedeihen am besten in der vollen Sonne oder im Halbschatten auf durchlässigen, leicht feuchten Böden. Sie lassen sich gut unter Obstbäumen anpflanzen, und zwar in einer Tiefe von etwa 10 cm. Sobald die Pflanzen dann durch den Boden treten, sollten Sie um jede Knolle Schneckenkorn auslegen.*
Entwickelte Pflanzen lassen sich nach der Blüte durch Brutknollen vermehren.

CYCLAMEN
Alpenveilchen
Haupteintrag: Winter; Rosa, S. 153. *Das empfindliche rosafarbene Neapolitanische Alpenveilchen* (C. hederifolium) *kommt in einer Schale auf der Fensterbank oder im Lichtkegel einer Lampe besonders gut zur Geltung.*

DAHLIA
Dahlie
Haupteintrag: Herbst; Orange und Rot, S. 143. *Die hübsche langstielige Sorte 'Edinburgh' hat große Blütenköpfe in kräftigem Purpurrosa mit weißen Spitzen. Sie ist als Schnittpflanze ganz vorzüglich. Am besten stellen Sie sie mit Kalmuszweigen oder mit Herbstlaub, Hagebutten und Beeren zusammen (siehe S. 82-83).*

NERINE
Zwiebelpflanze; Winterhärte: 8-10
Höhe: 30-60 cm
Eignung als Schnittblume *Die winterhärteste Art, die wie von rosa Nagellack überzogene Guernseylilie* (N. bowdenii), *dürfte in Ihrem sonnigen Blumenbeet eine zu auffällige Erscheinung sein. Sie können*

aber trotzdem Freude an ihr haben: Setzen Sie sie als modernes Stilleben in eine Vase oder kombinieren Sie sie mit grünem Zypergras, buschigem Hasenohr und himmelblauem Salbei (Salvia uliginosa). *Es gibt auch sehr gefällige Züchtungen, die aber empfindlich sind.*

Konditionierung *Wenn Sie die Blumen anfangs gut wässern, halten sie sich vielleicht länger als eine Woche.*

Kultur *Die eher winterharten Arten werden im Spätsommer bzw. nach der Blüte gepflanzt, wobei die Spitze der Zwiebel aus dem Boden herausragen sollte. Wählen Sie einen Standort in der vollen Sonne, am besten im Schutz einer warmen, sonnigen Mauer. Nerinen gedeihen auf nährstoffreichen, durchlässigen sandigen Böden.*

Die Blätter der Nerine erscheinen nach der Blüte und sterben im Sommer ab. Die schönsten Blüten erhalten Sie, wenn Sie die Pflanzen wässern, bis die Blätter vergilben (die Sie dann austrocknen lassen). Alle vier oder fünf Jahre im Herbst oder sobald die Blätter absterben sollten Sie Ihre Nerinen aus dem Boden nehmen, sie teilen und neu einpflanzen. Die Vermehrung ist aber auch durch Samen möglich.

PENSTEMON

Bartfaden

Immergrüne Stauden und Halbsträucher

Winterhärte: 8-10

Höhe und Ausbreitung: 45-90 × 30-60 cm

Eignung als Schnittblume *Die großblumigen Penstemon-Hybriden haben hübsche Blütenrispen mit vielen röhrenförmigen Blüten; sie sitzen am Stiel wie aufgereihte Trompeten. Im Herbst ist der Bartfaden eine der Stützen des Schnittblumengartens. Seine samtenen Farben reichen von Weiß über Rosa und von leuchtendem Scharlachrot bis fast zu einem Schwarz. Ich bevorzuge die Sorten 'Raven' oder 'Blackbird', die ich mit orangefarbenen oder gelbroten Fackellilien und Lampionblumen kombiniere (siehe S. 80-81), die blaupurpurnen 'Sour Grapes' und 'Stapleford Gem', die blaumalvenfarbene 'Blue Bedder' sowie die hübsche, kräftige 'Burgundy'.*

Konditionierung *Entfernen Sie die unteren Blätter und brühen Sie die Stiele ab, bevor Sie sie dann über Nacht ins Wasser legen.*

Kultur *Bartfaden bevorzugt nährstoffreiche, durchlässige Böden in voller Sonne, wenn möglich an der Süd- oder Westseite Ihres Gartens und windgeschützt. Wenn Sie ihn regelmäßig pflücken oder die welken Blüten entfernen, haben Sie vielleicht drei oder vier Monate lang Blumen – bis in den Herbst hinein. Der Bartfaden wird am besten als eingeschränkt winterharte Pflanze kultiviert und im Spätsommer oder im frühen Herbst durch Stecklinge vermehrt, die zum frostfreien Überwintern in einem kühlen Gewächshaus oder im Frühbeetkasten stehen sollten. Elternpflanzen können Sie eintopfen und dann frostfrei aufbewahren. Schneiden Sie Ihre Pflanzen im späten Winter zurück; wenn keine Fröste mehr zu erwarten sind, werden sie ausgebracht.*

6 7 8

9 10

PHLOX

Haupteintrag: Sommer; Weiß, S. 121. *Der leicht duftende, weiß getönte tiefrosa* P. paniculata *'Graf Zeppelin' ist ein hervorragender Spätblüher, der sehr gut zu Herbstanemonen und zur Rose 'Iceberg' paßt.*

ROSA

Rose

Haupteintrag: Sommer; Rosa, S. 124. *Der Kletterer 'New Dawn' ist eine zart duftende, reich- und langblühende blaßrosa Rose mit hübschen offenen Blüten.*

SCHIZOSTYLIS COCCINEA

Spaltgriffel

Knollenpflanze; Winterhärte: 8-9

Höhe: 60 cm

Eignung als Schnittblume *Diese tiefrosa und roten Blumen haben duftende Ähren. Ihre gefälligen Blüten an dünnen Stielen sehen am besten aus, wenn Sie sie in großer Zahl kultivieren. Der Spaltgriffel ist nicht ganz winterhart. Er bietet aber selbst dann noch Farbe, wenn durch die ersten Fröste fast alles andere schon zum Erliegen gekommen ist. Zu empfehlen sind auch die Sorten 'Major' und 'Sunrise'.*

Kultur *Der Spaltgriffel gedeiht auf fast allen Böden in voller Sonne, muß aber im Sommer gut gewässert werden. Die filzigen Wurzeln wachsen sehr dicht. Eine konstante Blütenproduktion können Sie sicherstellen, indem Sie die Pflanzen alle paar Jahre teilen und an einen neuen Standort setzen.*

Orange und Rot

ABUTILON

Schönmalve

Stauden und sommergrüne Sträucher

Winterhärte: 9-10

Höhe und Ausbreitung: A. *'Ashford Red', 'Canary Bird' 90 cm-1,8 m × 45-90 cm; Sorten von* A. × suntense, A. vitifolium *1,8-3 m × 90 cm*

Eignung als Schnittblume *Schönmalven haben offene, schalen- oder glockenförmige Blüten in leuchtendem Rot, Gelb, Orange, Purpur und Weiß. Sie sind für jeden Blumenstrauß eine hübsche Ergänzung. 'Ashford Red' weist papierne, tieforangefarbene Blüten und damit im Kontrast stehende blaßgrüne Knospen auf. Diese Art blüht vom Sommer bis zu den ersten Frösten. Ein ähnliches Aussehen hat die kräftig gelbe 'Canary Bird'. Die im Sommer blühende hübsche, blaß malvenfarbene* A. vitifolium *'Veronica Tennant' trägt große scheibenförmige Blüten mit leuchtend goldenen Staubgefäßen.*

Konditionierung *Tauchen Sie die Stielenden für einige Sekunden in heißes Wasser.*

Kultur *Ziehen Sie die empfindlicheren Sorten, zum Beispiel 'Ashford Red' oder 'Canary Bird', in großen Töpfen, so daß Sie sie im Winter ins Haus stellen können. Die meisten benötigen feuchte, aber nicht zu nasse Böden. Für eine lange Blütezeit müssen die Pflanzen regelmäßig gedüngt werden. Wenn Sie sie im Winter bis zum Boden zurückschneiden, bringen sie Mitte des Frühjahrs reichlich neuen Wuchs hervor.*

A. vitifolium *und* A. × suntense *gedeihen am besten im Schutz einer Mauer oder als freistehende Solitäre an einem geschützten, sonnigen Standort. Der Boden sollte etwas trocken sein. Schneiden Sie die kleineren Zweige heraus, damit die elegante Form des Strauches erhalten bleibt.*

Die Vermehrung erfolgt Mitte bis Ende des Sommers durch Stecklinge, bei A. vitifolium *auch durch Samen; diese Art sät sich auch leicht selbst aus.*

ASCLEPIAS

Seidenpflanze

Knollige Staude; Winterhärte: 4-9

Höhe und Ausbreitung: A. tuberosa, A. tuberosa, *Gruppe Gay Butterflies 45-70 × 30-60 cm*

Eignung als Schnittblume *Ich habe lange gemeint, daß diese wächsernen, exotisch anmutenden Pflanzen nur für das Treibhaus geeignet seien. Tatsächlich gibt es mehrere empfindliche Arten, andere aber können in gemäßigten Klimaten durchaus im Freien kultiviert werden, wenn sie einen geschützten Standort bekommen.* A. tuberosa *ist eine wirklich schöne Blume. Sie blüht im späten Sommer und frühen Herbst für viele Wochen. Ihre leichten, luftigen Blüten passen gut zu* Tithonia *und bilden einen Kontrast zu hellgrünem Dill, Hasenohr und purpurnem Prärieenzian. Mit roten Holzäpfeln läßt sich ein hübsches Herbstgebinde kreieren; wenn Sie noch blaßgelbe Sonnenblumen beigeben, erhalten Sie eine geradezu phantastische Kombination.*

Konditionierung *Entfernen Sie die unteren Blätter und tauchen Sie die Stielenden in heißes Wasser. Die Stiele sondern einen klebrigen Saft ab, der andernfalls die Wasseraufnahme hemmen kann.*

Kultur *Pflanzen Sie die fleischigen Wurzeln etwa 10 cm tief. Die Seidenpflanze gedeiht auf tiefen, sandigen, trockenen Böden, die ausreichend Platz für die Wurzeln bieten.*

Die Vermehrung erfolgt durch Teilung im Frühjahr. Bei A. tuberosa *ist auch die Aussaat möglich; gekaufte Samen sind aber häufig nicht sortenrein.*

1. Seidenpflanze (*Asclepias tuberosa*)
2. Schönmalve (*Abutilon* 'Ashford Red')
3. Schmuckkörbchen (*Cosmos atrosanguineus*)
4. Dahlie 'Arabian Night'
5. Dahlie 'Bishop of Llandaff'
6. Dahlie 'Queen Fabiola'

COSMOS

Schmuckkörbchen

Haupteintrag: Sommer; Weiß, S. 119. C. atrosanguineus, *ein imposanter, kräftig schokoladenroter Rubin unter den Blumen, verströmt einen exotischen Duft. Arrangieren Sie das Schmuckkörbchen am besten für sich alleine oder zusammen mit einzelnen anderen Blumen.*

COTINUS

Perückenstrauch

Sommergrüner Strauch oder Großstrauch

Winterhärte: 5-8

Höhe und Ausbreitung: C. coggygria *2,5-4 × 2,5-4 m;* C. obovatus *6 × 4,5 m*

Eignung als Schnittblume *Vielleicht ist* C. coggygria *für Ihren Schnittblumengarten zu groß, aber das Laub und die Blüten des Sommers (siehe S. 122) eignen sich vorzüglich für Blumengestecke, besser noch die orangefarbenen, rosa, roten oder purpurnen Blätter im Herbst. Ich empfehle die weinrote Sorte 'Royal Purple', auch 'Notcutt's Variety', die leuchtend farbenfrohes Herbstlaub hervorbringt. Wenn Ihnen der Platz für einen noch größeren Strauch bleibt, sollten Sie* C. obovatus *anpflanzen (siehe S. 82-83). Diese Art hat ausdrucksstarke Blätter mit einer Farbmischung aus Karmesinrot, tiefem Karmesinrosa, Goldgelb, Mandarinenorange und Flammenrot.*

Konditionierung *Brechen Sie die Stielenden mit einem Hammer auf.*

Kultur *Diese Sträucher sind einfach zu kultivieren; sie gedeihen auf jedem ausreichend durchlässigen Boden. Ein zu nährstoffreicher Boden kann allerdings die Entwicklung der Herbstfärbung beeinträchtigen. In der vollen Sonne gedeihen sie am besten und bringen dann die schönsten Farben hervor; im Schatten können die purpurblättrigen Sorten rückmutieren.*

DAHLIA

Dahlie

Knollige Stauden; Winterhärte: 9
Höhe: 90 cm-2 m

Eignung als Schnittblume *Ich kultiviere in meinem Garten nahezu alle Dahlien. Es gibt hochwachsende, krautige Pflanzen, zum Beispiel die Sorte 'Edinburgh' (siehe S. 140). Die feuerorangefarbene Sorte 'Glow' stelle ich gern mit der tief karmesinroten 'Queen Fabiola' oder der fast schwarze 'Natal' oder 'Arabian Night' (siehe S. 76-78) zusammen. Eine zartere Sorte ist beispielsweise 'Bishop of Llandaff'. Diese Blume hat scharlachrote Blütenblätter und eine Halskrause in der Mitte. Ihr exotisch anmutendes dunkelkarmesinrotes Laub paßt gut zu der lindgrünen Zinnie 'Envy'.*

Konditionierung *Dahlien sollten Sie nur in voller Blüte pflücken. Schneiden Sie die hohlen Stielenden unter Wasser nach, um so Lufteinschlüsse zu vermeiden.*

Kultur *Die Farbbeschreibungen der Dahlien sind immer etwas irreführend. Treffen Sie Ihre Entscheidung darum am besten vor Ort in einer Gärtnerei, wenn sie in voller Blüte stehen. Beginnen Sie mit der Kultur im Frühjahr, dann entwickeln sich rasch kräftige Pflanzen, die Sie im Frühsommer ausbringen können. Dahlien bevorzugen einen sonnigen Standort und benötigen gut durchlässige Böden. Geben Sie eine Handvoll Knochenmehl in das Pflanzloch und setzen Sie die Knollen etwa 10 cm tief in den Boden. Sobald sich Ihre Pflanzen kräftig entwickelt haben, sollten Sie die Spitze des Leittriebs pinzieren, um so einen buschigen, verzweigten Wuchs anzuregen. Hochwachsende Sorten benötigen eine Stützhilfe. Im Sommer sollten Sie Ihre Pflanzen gut gießen und die welken Blüten entfernen.*

EUPHORBIA

Wolfsmilch

Haupteintrag: Frühjahr; Grün und Silber, S. 96. *Die kräftig orangefarbene Art* E. griffithii *beschert uns im Herbst eine Farbmischung aus Rot und Gelb; ich finde, daß sie jedem Arrangement den besonderen Schwung verleiht (siehe S. 82-83).*

GLADIOLUS

Gladiole, Siegwurz

Knollenpflanze; Winterhärte: G. communis *ssp.* byzantinus *6-9; Guildhall-Hybriden 9-10*
Höhe und Ausbreitung: 90 cm-1,5 m × 10-15 cm

Eignung als Schnittblume *Gladiolen haben Ihren guten Ruf durch das häßliche Rosa, das blasse Karamelorange und das ausgewaschene Gelb verloren – Farben, denen Sie bei Grabkränzen unweigerlich begegnen. Dabei gibt es hübsche karmesinrote, violette, hellgrüne, feurigorange und nahezu schwarze Gladiolenhybriden, nicht zu vergessen auch die prachtvolle tief karmesinrosa Gemeine Siegwurz* (G. communis *ssp.* byzantinus, *siehe S. 122-123*). *Bemerkenswert ist ferner die Sorte 'Green Woodpecker', die karmesinrote Trichter sowie schwefelgrüne Blüten aufweist und gut zu der schokoladig karmesinroten, fast schwarzen 'Queen of Night' paßt. Ich liebe besonders die weinrote Sorte 'Black Lash'.*

Konditionierung *Entfernen Sie die unteren Blätter. Manchmal werden die obersten 5 cm der Blütenähren entfernt, damit sich auch die unteren Knospen öffnen; ich schätze das aber überhaupt nicht, weil auch die gewunden und gebogenen Enden der Ähren den Charme der Pflanze ausmachen.*

7 Perückenstrauch (*Cotinus coggygria* 'Royal purple')
8 Wolfsmilch (*Euphorbia griffithii* 'Dixter')
9 Gladiole 'Black Lash'
10 Sonnenbraut (*Helenium* 'Moerheim Beauty', siehe S. 144)

❶ *Iris foetidissima*
❷ Löwenohr (*Leonotis ocymifolia*)
❸ Lampionblume (*Physalis alkekengi* var. *franchetii*)
❹ Blutrose (*Rosa moyesii* 'Geranium')

Kultur *Pflanzen Sie Ihre Knollen aus, wenn im Frühjahr keine Fröste mehr zu erwarten sind. Wählen Sie einen Standort in der vollen Sonne. Der Boden soll nährstoffreich und humos sein. Setzen Sie die Knollen in Gruppen oder Reihen etwa 10 cm tief und wässern Sie während der Wachstumsperiode regelmäßig und reichlich. Anfang Oktober kommen die Gladiolen aus dem Boden. Schneiden Sie alle Triebe ab. Dann werden die Knollen gereinigt, getrocknet, mit einem Fungizid bestreut und bis zum nächsten Jahr an einem frostfreien, kühlen, gut durchlüfteten Ort gelagert.*

Die Vermehrung erfolgt durch Brutknöllchen, die Sie abnehmen können, nachdem Sie die Pflanzen im Herbst aus dem Boden gehoben haben.

HELENIUM

Sonnenbraut

Staude; Winterhärte: 4-8

Höhe: 90 cm-1,5 m

Eignung als Schnittblume *Die Sonnenbraut ist eine kräftige Blume. Ihre Blütenblätter, die von der flaumigen Mitte herabgebogen sind, erinnern mich an die zierliche Struktur von Insektenflügeln. Ich mag besonders die leuchtend braunrote 'Moerheim Beauty' (siehe S. 143). Sie hat eine gewölbte Mitte und weist einen Ring aus ausgefransten, gekräuselten Blütenblättern auf. Diese Sorte macht sich gut in einem lockeren Strauß mit orangefarbenen und grünen Lampionblumen sowie muskatnußbraunem Sonnenhut. Um einen Kontrast zu setzen, geben Sie die purpurne Gladiole 'Video' und hellgrünes Hasenohr bei.*

Konditionierung *Entfernen Sie die unteren Blätter, dann halten sich die Blumen in der Vase länger als eine Woche.*

Kultur *Die Sonnenbraut benötigt einen sonnigen Standort. Diese anspruchslosen, leicht zu kultivierenden Pflanzen gedeihen auf jedem feuchten Boden. Die Wurzelknollen breiten sich schnell aus und sollten regelmäßig im Frühjahr oder Herbst geteilt werden (siehe S. 37 und 41).*

IRIS

Schwertlilie

Haupteintrag: Winter; Blau und Purpur, S. 158. *Die Fruchtstände der* I. foetidissima *bereichern jedes Herbstgesteck, ob unreif mit kantigen grünen Schoten oder geöffnet mit glänzenden granatapfelähnlichen Früchten.*

LEONOTIS OCYMIFOLIA

Löwenohr

Halbimmergrüner Strauch; Winterhärte: 9-10

Höhe und Ausbreitung: 1,5 m × 75 cm

Eignung als Schnittblume *Die hohen Ähren des Löwenohr tragen leuchtend orangefarbene Blüten in Scheinquirlen, die stockwerkartig an dem kahlen Stiel sitzen. In einem Arrangement aus Rohrkolben und Herbstlaub kontrastieren die kräftigen Farben des Löwenohr gut mit der purpurnen Dahlie 'Edinburgh' (siehe S. 82-83).*

Konditionierung *Brühen Sie die Stielenden ab und wässern Sie gründlich.*

Kultur *Diese empfindlichen Pflanzen können nur in sehr milden Klimaten im Freien überwintern. Für das Überwintern im Gewächshaus werden sie aus dem Boden gehoben, zurückgeschnitten und in Töpfe mit gut durchlässiger Gartenerde gesetzt. Wählen Sie einen sonnigen Standort mit gut durchlässigem nährstoffreichen Boden.*

PHYSALIS ALKEKENGI

Lampionblume

Staude; Winterhärte: 5-8

Höhe: 60 cm

Eignung als Schnittblume P. alkekengi *var.* franchetii *hat zarte grüne oder orangefarbene Früchte, die wie farbige Papierlampions herabhängen. Diese herbstliche Blattpflanze ist zauberhaft schön. Die Lampions sind oben hell und unten dunkel. So erwecken sie den Eindruck, als wären sie von innen beleuchtet. Zu empfehlen ist auch die Sorte 'Gigantea'. Sie hat größere Blätter*

und noch eindrucksvollere Lampions. 'Gigantea' paßt zu dem tief karmesinroten Bartfaden 'Blackbird', zu roten Fackellilien sowie zum kastanienbraunen, mahagoni- oder orangefarbenen Sonnenhut (siehe S. 80-81). Sie können die Lampionblume auch einfach mit königsblauem Enzian zusammenstellen.

Konditionierung *Entfernen Sie die Blätter. Die Lampions halten sich über viele Monate.*

Kultur *Die Lampionblume ist ideal für ungünstige Standorte, da sie in der Sonne oder im Halbschatten wachsen kann und keine besonderen Ansprüche an den Boden stellt. Allerdings neigt sie zum Wuchern und muß deshalb von weniger kräftigen Pflanzen ferngehalten werden.*

Die Vermehrung erfolgt im Teilung im Herbst bzw. Frühjahr, wobei die rankenartigen Wurzeln 8-10 cm tief eingepflanzt werden sollten. Auch die Aussaat im zeitigen Frühjahr ist möglich.

5 Sonnenhut (*Rudbeckia* 'Nutmeg')
6 Tithonie (*Tithonia rotundifolia*)
7 und 8 Gemeiner Schneeball (*Viburnum opulus*)
9 Skabiosenblütige Zinnie (*Zinnia*)
10 Zinnie (*Zinnia*, Gruppe Giant Cactus)

ROSA
Rose

Haupteintrag: Sommer; Rosa, S. 124. *Langlebige Hagebutten erhalten Sie von der Blutrose* (R. moyesii) *und der Hechtrose* (R. glauca). *Die Blutrose 'Geranium' bildet hohe Büsche mit langen Zweigen, die im Sommer hübsche silbrig-scharlachrote Blüten tragen; darauf folgen leuchtende Hagebutten, die sich sogar ohne Wasser über mehrere Wochen halten können. Ich stelle sie zusammen mit abgefallenem Laub und allem, was ich sonst noch im Garten finden kann. Damit fülle ich im ganzen Haus meine Vasen und Schalen. Sie lassen sich auch mit dem Perückenstrauch, mit Roteiche und den Beeren der Schneebeere zusammenbringen (siehe S. 82-83), ferner mit den Fruchtständen der Waldrebe, mit Eicheln oder Haselnüssen. Dieses Arrangement vervollständige ich dann mit vielerlei Blumen, die mir gerade passend erscheinen.*

Auch viele Kartoffelrosen (R. rugosa) *haben attraktive Hagebutten, die besonders gut zu kleinen Arrangements passen.*

RUDBECKIA
Sonnenhut

Haupteintrag: Herbst; Gelb, S. 146. *Die großblumige einjährige Sorte 'Nutmeg' ist in einer Vielzahl von kräftigen Orange- und Brauntönen erhältlich. Ich stelle sie in einem großen Krug auf meinen Küchentisch, wo sie äußerst reizvoll zur Geltung kommt. Die schokoladenfarbenen Blumen arrangiere ich zusammen mit der Sonnenblume 'Velvet Queen' zu einem dichten Strauß.*

TITHONIA ROTUNDIFOLIA
Tithonie

Eingeschränkt winterharte einjährige Pflanze
Höhe und Ausbreitung: 1,2 m × 60 cm

Eignung als Schnittblume *Zu empfehlen sind die leuchtend orangerote Sorte 'Fackel' oder die kräftigere 'Goldfinger'. Beide passen gut zu samtig blauem Salbei, tief karmesinroten Dahlien und Gladiolen.*

Konditionierung *Die großen Blüten können leicht abbrechen. Gehen Sie darum behutsam vor.*

Kultur *Tithonien gedeihen in der vollen Sonne auf durchlässigen Böden. Pflanzen Sie sie im Abstand von 30 cm.*

Die Vermehrung erfolgt im späten Frühjahr durch Aussaat unter Glas. Schützen Sie die Sämlinge vor Zugluft.

VIBURNUM
Schneeball

Haupteintrag: Winter; Rosa, S. 154 *Die glänzenden, der Roten Johannisbeere ähnelnden Beeren des Gemeinen Schneeball* (V. opulus) *sind rot, orangefarben und gelb ('Xanthocarpum'). Er eignet sich gut als Füllpflanze für Herbststräuße.*

ZINNIA
Zinnie

Haupteintrag: Herbst; Silber, Grün und Braun, S. 138. *Die struppigen Pflanzen der Gruppe Giant Cactus sehen aus wie die Hüte, die die Damen in den 50er Jahren bei Hochzeiten trugen. Auch die skabiosenblütigen Sorten sind immer eine gute Wahl.*

1 Paprika (*Capsicum annuum*)
2 Sonnenbraut (*Helenium* 'Butterpat')
3 Fackellilie (*Kniphofia* 'Yellow Hammer')
4 Rose 'Graham Thomas'
5 Rauher Sonnenhut (*Rudbeckia hirta* 'Green Eyes')

Gelb

CAPSICUM ANNUUM

Paprika

Eingeschränkt winterharte einjährige Pflanze
Höhe: 45 cm

Eignung als Schnittblume *Die Früchte des Spanischen Pfeffers sind in den Farben Orange, Rot und Gelb erhältlich. Sie können die Früchte mit Brombeeren, Schlehen und Lampionblumen zusammenbringen. Auch ein beliebiger Herbststrauß läßt sich mit dieser Pflanze gut auflockern.*

Konditionierung *Entfernen Sie alle Blätter; die Früchte können sich im Wasser länger als einen Monat halten. Es bietet sich auch an, sie an einem warmen, gut durchlüfteten Ort aufzuhängen und dann getrocknet einzusetzen.*

Kultur *Die Aussaat erfolgt im zeitigen Frühjahr unter Glas; dann werden die Pfänzchen vereinzelt und im Gewächshaus eingepflanzt. Wenn keine Fröste mehr zu erwarten sind, können sie an einer sonnigen Mauer oder einem anderen geschützten Platz ausgebracht werden.*

HELENIUM

Sonnenbraut

Haupteintrag: Herbst; Orange und Rot, S. 144. *Von der leuchtendsten Sorte, der gelben 'Butterpat', pflücke ich 90 cm lange Stiele, die ich mit Sonnenblumen und grünen oder roten Holzapfelzweigen arrangiere.*

KNIPHOFIA

Fackellilie

Staude, teilweise immergrün; Winterhärte: 5-9
Höhe: 90 cm-1,2 m

Eignung als Schnittblume *Die Blütenähren der Fackellilie gibt es in vielen kräftig leuchtenden Farben. Ich empfehle Ihnen die zarteren schmaleren Zwerghybriden, bei denen sich die Blüten an einer Ähre meist zur selben Zeit öffnen. Mir gefällt die Sorte 'Yellow Hammer' am besten. Sie hat gelbe Blüten und kontrastiert hübsch mit dem Bartfaden 'Blackbird'. Sie paßt auch gut zu gelbem Sonnenhut und den orangefarbenen Beeren des Gemeinen Schneeballs.*

Konditionierung *Entfernen Sie die unteren Blüten, wenn sie welk werden.*

Kultur *Fackellilien gedeihen in der vollen Sonne auf sandigen Böden, die im Sommer nicht austrocknen dürfen und vor allem gut durchlässig sein müssen. Staunässe im Winter ist der größte Feind dieser Pflanze. In kälteren Regionen sollten Sie im Spätherbst einen dicken Mulch auftragen. Die Vermehrung erfolgt durch Teilung im Frühjahr; allerdings entwickelt sich der Wurzelstock nur langsam (siehe S. 37).*

ROSA

Rose

Haupteintrag: Sommer; Rosa, S. 124. *Die neue Englische Rose 'Graham Thomas' hat große, tief bernsteinfarbene Blüten und ist überaus produktiv; sie blüht von der Mitte des Sommers bis zum späten Herbst.*

RUDBECKIA

Sonnenhut

Eingeschränkt winterharte einjährige Pflanzen und Stauden; Winterhärte: 4-9
Höhe: 60-90 cm

Eignung als Schnittblume *Die Blütenblätter des Sonnenhuts halten sich nur drei oder vier Tage. Diese Blume ist in Mahagoni-, Muskat-, Gelb- und Orangetönen erhältlich. Empfehlenswerte Sorten des einjährigen Rauhen Sonnenhuts* (R. hirta) *sind 'Green Eyes', die leuchtend gelbe Blüten und eine grüne Mitte aufweist, sowie 'Nutmeg' (siehe S. 145), die in einer Vielzahl von Brauntönen vorkommt. Eine etwas eigenwillige Sorte ist die 1,5 m hohe Staude* R. occidentalis *'Green Wizard'. Sie hat eine lakritzschwarze Mitte, die von nilgrünen Blütenblättern umgeben ist. Diese kühle Schönheit kommt am besten für sich alleine zur Geltung.*

Konditionierung *Entfernen Sie die unteren Blätter und wässern Sie gut.*

Kultur *Der Sonnenhut gedeiht in der Sonne, im Schatten, auf trockenen oder feuchten, sogar auf fast sumpfigen Böden. Solange Sie ihn regelmäßig pflücken, wird er weiterblühen. Die Vermehrung der Stauden erfolgt durch Teilung im Frühjahr (siehe S. 37), die der einjährigen Arten zur Mitte des Frühjahrs durch Aussaat unter Glas.*

❶ (*Ampelopsis glandulosa* var. *brevipedunculata*)
❷ Buntschopfsalbei (*Salvia viridis*)
❸ Enziansalbei (*Salvia patens*)

Blau und Purpur

AMPELOPSIS

Scheinrebe

Stauden, teilweise immergrün; Winterhärte: 5-9
Höhe: 5 m

Eignung als Schnittblume A. glandulosa *var.* brevipedunculata *weist drei- oder vierlappige Blätter auf und bringt im Herbst porzellanblaue Beeren hervor. Sie können diese Scheinrebe für sich alleine arrangieren, wobei Sie aber das Laub entfernen sollten, damit die Früchte besser zur Geltung kommen. Sie macht sich auch gut als Hintergrund für Sumpfsalbei, orangefarbene Zinnien und späte Ringelblumen. Sehr hübsch ist auch die kleinere Sorte 'Elegans', die kleine zartrosa getönte Blätter hat.*

Kultur *Die Scheinrebe, eine schnellwachsende Kletterpflanze, braucht viel Platz. Am besten gedeiht sie vor einer sonnigen Wand auf nährstoffarmen Böden. Die Vermehrung erfolgt durch Stecklinge Mitte des Sommers, durch Absenker oder durch Aussaat.*

ECHINOPS

Kugeldistel

Staude; Winterhärte: 3-9
Höhe: 1,2-1,8 m

Eignung als Schnittblume *Die stahlblaue, flaumige Kugel von* E. ritro *'Veitch's Blue' erinnert mich an die Bommel, die wir als Kinder an unseren Wollmützen trugen. Sie können die stachligen Knospen pflücken oder warten, bis sie in voller Blüte stehen. Ihre dichten, glänzenden Köpfchen wirken sehr massiv und verleihen jedem Arrangement Größe. Zusammen mit orangefarbenen Ringelblumen eignen sie sich gut für einen Krug in der Küche. In voller Länge arrangiere ich sie gern mit Sonnenblumen.*

Konditionierung *Entfernen Sie nur die leicht stachligen unteren Blätter.*

Kultur *Auch wenn einige Sorten im Halbschatten wachsen können, sollten Sie Ihren Kugeldisteln einen sonnigen Standort geben. Die Pflanzen gedeihen am besten auf nährstoffarmen Böden. Die Vermehrung erfolgt durch Teilung im Herbst oder durch Wurzelschnittlinge im Winter (siehe S. 41 und 43).*

GENTIANA

Enzian

Stauden und Gebirgsstauden; Winterhärte: 6-9
Höhe: G. triflora *45 cm;* G. asclepiadea *90 cm*

Eignung als Schnittblume *Die höher wachsenden Enzianarten sind fast ein Muß für jedes Herbstarrangement! Die Blüten der* G. triflora, *die paarweise entlang des Stiels sitzen, erstrahlen in klarem Blau. Einen hübschen Kontrast bilden sie zu orangefarbenen Dahlien und Seidenpflanzen; sie kommen in einem vielfarbigen Arrangement aus rosa und orangefarbenen Zinnien, gelbem Sonnenhut sowie Astern und Dahlien noch besser zur Geltung.*

Konditionierung *Entfernen Sie die unteren Blätter und legen Sie die Blumen vor dem Arrangieren über Nacht ins Wasser.*

Kultur G. triflora *bevorzugt feuchte, humose, gut durchlässige Böden in der vollen Sonne oder im Halbschatten. Dem Schwalbenwurzenzian sollten Sie einen feuchten, lehmigen Standort im Halbschatten geben.*

Die Vermehrung erfolgt im Herbst durch Aussaat, und zwar so, daß die Samen dem Frost ausgesetzt und nicht von Erde zugedeckt werden.

SALVIA

Salbei

Einjährige Pflanzen, empfindliche Stauden und Sträucher; Winterhärte: S. patens *9-10;* S. uliginosa *8-9;* S. × superba *5-9*
Höhe: S. patens, S. × superba *75 cm;* S. uliginosa *bis 1,5 m*

Eignung als Schnittblume *Die große Gattung des Salbei hat einfache doppellippige Blüten in angenehmen Farben und von formschöner Textur. Seine Jahreszeit ist in erster Linie der Herbst. Die zum Enziansalbei* (S. patens) *gehörende Sorte 'Cambridge Blue' ist hüsch blaßblau,* S. patens *'Chilcombe' blaß malvenfarben. Beide beginnen ihre Blüte im Sommer. Die großblumige 'Guanajuato' hat das ursprüngliche Königsblau. Auch der Sumpfsalbei* (S. uliginosa) *ist mit seinen himmelblauen Blütenähren ganz vorzüglich. Kultivieren Sie ferner* S. × superba, *der klebrige, purpurne Blüten hervorbringt. Zu den vielen geeigneten einjährigen Salbeiarten gehört der Buntschopfsalbei* (S. viridis), *der deutlich geäderte weiße, rosa oder blaue Hochblätter hat und 45 cm hoch wird.*

Konditionierung *Entfernen Sie beim Enziansalbei die unteren Blätter. Bei den anderen Arten sollten Sie die Stielenden abbrühen. Dann wässern Sie gut.*

Kultur *Geben Sie Salbei einen sonnigen, geschützten Standort. So wird er viele Blüten hervorbringen. Die meisten Arten benötigen im Sommer viel Feuchtigkeit; besonders die empfindlicheren Pflanzen verlangen gut durchlässige Böden. Schützen Sie die Wurzeln des Sumpfsalbeis im Winter mit Stroh.*

Zur Vermehrung der empfindlicheren Arten nehmen Sie im Spätsommer Stecklinge. Lassen Sie sie dann in einem frostfreien Frühbeetkasten oder im kühlen Gewächshaus überwintern. Wenn Sie die Elternpflanze aus dem Boden nehmen und im Winter zurücksterben lassen, wird sie im Frühjahr wieder austreiben. Damit Sie kräftige Pflanzen erhalten, sollten Sie den Enziansalbei wie eine eingeschränkt winterharte einjährige Pflanze behandeln und ihn jedes Jahr neu aussäen.

❹ Kugeldistel (*Echinops ritro* 'Veitch's Blue')
❺ Enzian (*Gentiana triflora*)
❻ Sumpfsalbei (*Salvia uliginosa*)

Winter

Viele der im Winter blühenden Pflanzen duften besonders stark – sie müssen einen kräftigen Duft hervorbringen, um so die wenigen Insekten zur Bestäubung anzulocken. Denken Sie nur an den exotischen Geruch der winterblühenden Heckenkirschen oder an den süß duftenden Seidelbast!

Winterblüten können von großer Grazie und Eleganz sein. Diese Eigenschaften kommen am ehesten zum Tragen, wenn sie kleine Sträuße arrangieren oder die eine oder andere Schönheit als Solitär zur Schau stellen. Beispielsweise kommen die feinen, spinnenartigen Blüten der Zaubernuß so am besten zur Geltung.

Ich lasse auch einige Frühjahrszwiebeln vortreiben, ebenso den Ritterstern, der im Winter gut im Haus blüht. Für den Floristen sind sie in der letzten produktiven Phase des Gartens eine willkommene Ergänzung. Als wir einst an einem Silvestertag in Schottland unsere Hochzeitsfeier ausrichteten, hat mein Mann alle Räume ausschließlich mit den duftenden Weihnachtsnarzissen 'Paper White' und 'Soleil d'Or' geschmückt.

Grün und Silber

ARUM

Aronstab

Knollige Staude; Winterhärte: 7-9
Höhe: 20-40 cm

Eignung als Schnittblume *Die Sorte 'Marmoratum' ist eine Kulturform des wildwachsenden Italienischen Aronstabs* (Arum italicum), *die dem Blumenfreund im Winter interessantes, hübsches Laub bietet. Wenn im Herbst fast alles zurückstirbt, zeigt sich diese Pflanze von ihrer besten Seite und läßt ihre Blätter sprießen.*

Der Aronstab hat breit pfeilförmige, cremefarben geäderte, leuchtende Blätter mit geschwungenem Rand; zusammen mit den Blättern des Alpenveilchens, mit duftenden Narzissen und winterblühenden Heckenkirschen können Sie sich ein duftendes Ensemble zusammenstellen (siehe S. 84-86).

Etwas Besonderes ist A. creticum, *von dem es blaßgelbe und weiße Sorten gibt. Im Frühjahr bringt diese Art einige aufsehenerregende, süßlich duftende phallische Blumen hervor – mit umhüllten Blütenscheiden, die mich an die Servietten in einem vornehmen Restaurant erinnern, und mit einem vorstehenden Kolben.*

Nur schwer erhältlich (aber für meine Begriffe noch schöner) sind die Arten A. palaestinum, A. rupicola (*syn.* A. conophalloides) *und* A. nigrum. *Sie zeigen im Sommer schokoladig purpurschwarze Blütenscheiden (die vergleichbare samtene, tief schwarzviolette Drachenwurz riecht leider nach verdorbenem Fleisch – sie würde sich für Arrangements sonst ganz hervorragend eignen).*

Kultur *Pflanzen Sie den Aronstab im Frühjahr oder Herbst in einer sonnigen oder halbschattigen Lage. 'Marmoratum' läßt sich auf feuchten, durchlässigen Böden leicht kultivieren. Wenn starker Frost zu erwarten steht, müssen Sie diese Sorte mit Laub abdecken.* A. creticum *ist anspruchsvoller und sollte besser in Töpfen gezogen werden. Schützen Sie Ihre Pflanzen vor starken Frösten und halten Sie sie im Sommer trocken.*

Die Vermehrung erfolgt durch Brutknollen, Aussaat oder Teilung im Herbst (siehe

❶ Italienischer Aronstab (*Arum italicum* 'Marmoratum', Blatt)
❷ Waldrebe (*Clematis cirrhosa* var. *balearica*)
❸ Gemeine Waldrebe (*Clematis vitalba*, Fruchtstand)

❹ Lorbeerseidelbast (*Daphne laureola*)
❺ Nieswurz (*Helleborus argutifolius*)
❻ Stinkende Nieswurz (*Helleborus foetidus*)
❼ Nieswurz (*Helleborus orientalis*)

S. 34, 35 und 41). Wenn Sie die Pflanzen ausgraben, müssen Sie bedenken, daß sie tief wurzeln. Die Sorte 'Marmoratum' sät sich leicht selbst aus, sobald sie einigermaßen etabliert ist.

CLEMATIS
Waldrebe
Haupteintrag: Frühjahr; Weiß, S. 99.
Eine der wichtigsten Komponenten für meine winterlichen Arrangements sind die Zweige der Gemeinen Waldrebe (C. vitalba, *siehe S. 88-89*). *Weniger starkwüchsig und für den Garten besser geeignet sind die Goldwaldrebe* (C. tangutica) *oder* C. *'Bill Mackenzie'. Beide können den Blumengestecken ein interessantes Aussehen verleihen. Ihre Fruchtstände scheinen sich länger zu halten als die der Gemeinen Waldrebe.*

Ich setze auch gerne die grünen, gefleckten Blüten von C. cirrhosa *var.* balearica *oder* C. cirrhosa *'Freckles' ein. Grundsätzlich liebe ich fast alle grünblütigen Pflanzen, aber im Winter schätze ich diese beiden ganz besonders – nicht zuletzt, weil es mir wie ein Wunder vorkommt, daß sie zu dieser Zeit des Jahres derart eifrig Blüten produzieren.*

Bei diesen Blumen ist keine besondere Konditionierung erforderlich. Doch empfehle ich, die empfindlichen Fruchtstände mit einem geruchlosen Haarspray zu behandeln, damit sie länger halten.

DAPHNE
Seidelbast
Haupteintrag: Winter; Rosa, S. 153.
Der abends am stärksten duftende Lorbeerseidelbast (D. laureola) *ist für den Winterstrauß eine hübsche Bereicherung. Entfernen Sie die unteren, größeren Blätter, damit die (übrigens etwas unterkühlt wirkenden) grünen Blüten besser zu sehen sind. Für ein kleines Arrangement sollten Sie ein paar kurze Zweige mit Nieswurz und Schneeglöckchen zusammenstellen. Die längeren Zweige arrangiere ich mit Weide und Waldrebe zu einem lockeren Strauß.*

HELLEBORUS
Nieswurz
Staude; Winterhärte: H. argutifolius, H. foetidus *6-9;* H. orientalis *4-8*
Höhe und Ausbreitung: 45-60 × 30-60 cm
Eignung als Schnittblume *Alle Arten eignen sich gut als Schnittblumen. Die Nieswurz ist wegen ihrer bezaubernden Form und der feinen grünen, rosa oder wolkig purpurnen Farbtöne die Attraktion im winterlichen Garten, natürlich auch für die Blumenarrangements (siehe S. 84-86).* H. orientalis *bringt becherförmige Blüten in verschiedenen Grün-, Rosa- (siehe S. 154), Weinrot-, Weiß- und Schwarztönen (siehe S. 158) hervor, manche davon hübsch gesprenkelt. Sie sollten Ihre Pflanzen auswählen, wenn sie in der Blüte stehen, damit Sie auch wirklich die gewünschten Farben bekommen.*

H. argutifolius *ist die kräftigste Art. Diese immergrüne Pflanze hat gesägte Blätter und zeigt von Mitte Winter bis zur Mitte des Frühjahrs offene, grüne Blüten; die kantigen, regelmäßig geformten Fruchtstände sind für jedes große Spätwinter- oder Frühlingsarrangement eine Bereicherung. Die Stinkende Nieswurz* (H. foetidus) *hat hübsche grüne, hängende Blüten, die aussehen, als habe man die Ränder der Blütenblätter in rote Farbe getaucht. Ihr unangenehmer Geruch tritt nur zutage, wenn ihre Blätter zwischen den Fingern zerrieben werden. Auf jeden Fall lohnt sich die süßlich duftende Sorte 'Gertrude Jekyll'.*
Konditionierung *Direkt nach dem Pflücken sollten Sie die unteren 2,5 cm der Stiele für einige Sekunden in heißes Wasser tauchen; so können sie drei bis vier Tage oder auch noch länger frisch bleiben.*
Kultur *Alle Arten sind leicht zu kultivieren. Die Nieswurz bevorzugt einen kühlen Standort im Schatten oder Halbschatten und kalkhaltige, humose Böden, die im Sommer nicht austrocknen. Pflanzen Sie sie im Herbst oder im zeitigen Frühjahr in gut vorbereitete Erde. Alle Arten, besonders aber* H. orientalis, *reagieren schlecht auf einen Standortwechsel. Lassen Sie die verschiedenen Sorten am besten getrennt wachsen, da sie sich sonst untereinander bestäuben können. Mitte des Frühjahrs sollten Sie einen Mulch aus gut verrottetem Stallmist oder Kompost auftragen, während des Sommers einen Flüssigdünger beigeben und im Herbst Knochenmehl.*

Ich empfehle Ihnen, H. argutifolius *vor starkem Wind und Frost zu schützen. Schneiden Sie bei der Nieswurz im Frühjahr alles Laub und die verbliebenen Blütentriebe zurück. Das beugt einem Befall durch die Blattfleckenkrankheit vor; außerdem schaffen Sie so Platz für neuen Wuchs.*

Die Nieswurz läßt sich im zeitigen Frühjahr durch Teilung vermehren. Ggf. können Sie auch die Sämlinge ausgraben. Der Wuchs dieser Sämlinge läßt sich noch forcieren, indem Sie den Platz unter den Elternpflanzen während der Blüte von allen anderen Pflanzen befreien.

SALIX
Weide
Sommergrüne Bäume und Sträucher
Winterhärte: 5-9
Höhe und Ausbreitung: S. daphnoides *7,5 × 7,5 m;* S. caprea *10 × 7,5 m; Arten von* S. alba *15 × 7,5 m;* S. × sepulcralis *var.* chrysocoma *12 × 12 m*
Eignung als Schnittblume *Ich schätze Weiden besonders wegen ihrer Kätzchen; sie zeichnen aber auch andere Merkmale aus, die dem Floristen ebenso wichtig sind. Aus ihren biegsamen jungen Ästen (bis zu zwei Jahre alt) lassen sich hübsche Kränze und Kugeln formen (siehe S. 88-89). Auch ihre Farbe und Form kann geschickt eingesetzt werden: Beispielsweise zeigen die leuchtend bunten Triebe der Dotterweide* (S. alba *ssp.* vitellina, *goldgelb) einen aufrechten Wuchs und passen so gut zu der goldenen Trauerweide* (S. alba *'Tristis'*).

S. × sepulcralis *var.* chrysocoma *hat dagegen einen eher fließenden Habitus – ein schöner Blickfang in einer einfachen Glasvase. Die Salweide* (S. caprea) *trägt vom späten Winter an Kätzchen; die weiblichen sind seidig grau, die männlichen grau mit gelben Staubgefäßen. Die Spitzweide* (S. acutifolia) *bringt silbrige, bis zu 8 cm lange Kätzchen hervor.*

Ebenso wegen ihrer Kätzchen schätze ich im Winter die kleinere Reifweide (S. daphnoides)*; dabei ist 'Aglaia' die beste Sorte – eine Weide von lockerem Wuchs mit anmutig geschwungenen Zweigen und einer flüssigen Form, die zu ruhigen, das Auge entspannenden Arrangements paßt. Sie läßt sich gut mit Ritterstern und Haselnuß zusammenstellen (siehe S. 87).*

Wenn Sie im frühen Winter einen Zweig der Salweide abschneiden, müssen Sie die schwarzen, handschuhähnlichen Hüllen der weiblichen Kätzchen entfernen. Im Laufe des Winters öffnen sich diese auch von alleine. Die leuchtenden prallen Kätzchen sehen aus der Ferne dann wie silberweiße Blüten aus; ihre purpurnen Zweige bilden mit den Kätzchen der Reifweide 'Aglaia' einen vorzüglichen Kontrast.
Kultur *Weiden gedeihen gewöhnlich an nahezu jedem feuchten Standort (Sal- und Reifweiden vertragen auch trockenere Böden). Die meisten Pflanzen dieser Gattung werden zu großen Bäumen; Sie können ihre Größe durch Rückschnitt aber auch gut unter Kontrolle halten. Weiden sollten sich ein paar Jahre etablieren dürfen, dann können Sie im zeitigen Frühjahr, direkt bevor die Pflanze wieder zum Leben erwacht, Zweige dort herausschneiden, wo Sie sich den neuen Wuchs wünschen. So erhalten Sie leuchtendere Zweige; allerdings gilt: Wenn Sie den Rückschnitt jedes Jahr vornehmen, werden Sie mit weniger Kätzchen Vorlieb nehmen müssen. Ich empfehle Ihnen darum, jedes Jahr nur die Hälfte der Triebe zurückzuschneiden – ein Kompromiß, der Sie gewiß zufriedenstellen wird.*

Bei Weiden bewurzeln sich die Stecklinge leicht. Stecken Sie diese im Sommer mindestens zur Hälfte in ausreichend feuchte Erde oder stellen Sie sie einfach in eine Flasche mit Wasser. Im Spätherbst oder zeitigen Frühjahr kommen sie dann in die Erde und entwickeln sich rasch zu neuen Bäumen und Sträuchern.

1 Salweide (*Salix caprea*)
2 Reifweide (*Salix daphnoides*)

❶ Kamelie (*Camellia japonica* 'Alba Simplex')
❷ Chinesische Zierquitte (*Choenomeles speciosa* 'Nivalis')
❸ Schneetröpferl (*Galanthus nivalis* 'Flore Pleno')
❹ Schneetröpferl (*Galanthus nivalis* 'S. Arnott')

Weiß

CAMELLIA
Kamelie
Immergrüne Sträucher und Bäume
Winterhärte: C. japonica, C. × williamsii *7-10*
Höhe und Ausbreitung: C. × williamsii *1,2 × 2,5 m;* C. japonica *3 × 8 m*
Eignung als Schnittblume *Manche Kamelien verlieren ihre Blütenblätter zu schnell und sind als Schnittblumen darum weniger geeignet. Ich bevorzuge die reinweißen Sorten,* C. japonica *'Alba Simplex' oder 'Devonia', und die geflammten halbgefüllten, zum Beispiel 'Tricolor'. Diese Sorten halten sich mit bereits geöffneten Knospen noch etwa eine Woche.*
Die kräftig roten und rosa Kamelien schätze ich weniger – sie erinnern mich zu sehr an die Plastikblumen auf südländischen Friedhöfen. Wenn Ihnen diese Farben aber sehr wichtig sind, können Sie Sorten von C. williamsii *einsetzen. Sie lassen sich einfach kultivieren, weisen die größte Winterhärte auf und sind am ehesten Sortenrein.*
Konditionierung *Schneiden Sie die Stiele ein, bevor Sie sie ins Wasser stellen.*
Kultur *Kamelien bevorzugen kalkfreie, humose, gut durchlässige Böden (pH-Wert 4,5-5,5). Auch wenn sie gelegentliche Windböen vertragen, sollten sie keinem ständigen Zug ausgesetzt sein. Am besten gedeihen sie an geschützten schattigen Orten, zum Beispiel an einer Mauer. Auf keinen Fall dürfen sie der Morgensonne ausgesetzt sein, weil ihre gefrorenen Blüten dann schnell auftauen und welken können.*

Pflanzen Sie Ihre Kamelien im Herbst oder im Frühjahr. Dabei sollten Sie ein Loch von der zweifachen Größe des Wurzelballens ausheben und es zum Teil mit Torf auslegen. Setzen Sie dann die Wurzeln hinein und füllen Sie das Loch mit der mit Torf vermischten Erde wieder auf.

In der Mitte des Frühjahrs sollten Sie auf dem Boden Blut- Fisch- und Knochenmehl ausbringen und dann einen Mulch aus Laubkompost auftragen. Um eine gute Blumenernte zu erzielen, müssen Sie zwischen der Mitte des Sommers und dem Frühherbst, wenn sich die Blütenknospen bilden, immer ausreichend wässern.

Kamelien lassen sich von der Mitte des Sommers bis zum frühen Winter durch Stecklinge vermehren.

CHOENOMELES
Zierquitte
Sommergrüner Strauch; Winterhärte: 5-9
Höhe und Ausbreitung: jeweils bis zu 3 m, die Pflanzen werden gewöhnlich erzogen
Eignung als Schnittblume *Die Sorten der Chinesischen Zierquitte* (C. speciosa) *gehören zu den am frühesten blühenden Pflanzen; sie blühen vom späten Winter bis zur Frühjahresmitte. Ich schätze besonders die reinweißen, großblumigen Sorten (z.B. 'Nivalis'). Wenn Sie Ihre Pflanze an einer Mauer erziehen, machen die prächtig prallen Blüten den Eindruck, als wären sie eigens an die Zweige gesteckt worden, um so den winterlichen Garten aufzuheitern.*
Kultur *Pflanzen Sie Zierquitten auf gut durchlässigen Böden an einem geschützten, warmen Standort. Am besten schützen Sie Ihre Pflanzen mit einem dünnen schwarzen Baumwollnetz, denn die Blütenknospen sind bei Spatzen und Staren sehr beliebt. Schneiden Sie die Seitentriebe direkt nach der Blüte auf zwei oder drei Augen zurück. So erhalten Sie einen kräftigen neuen Wuchs und im nächsten Jahr Blütentriebe. Bei einer Erziehung an der Mauer werden solche Triebe eingekürzt, die von der Mauer wegwachsen.*

CROCUS
Krokus
Haupteintrag: Winter; Gelb, S. 156.
Einer der hübschesten Winterkrokusse ist der durchscheinend weiße Silberlackkrokus (*C.* versicolor *'Picturatus'*). *Er hat fedrige, purpurne Äderchen und eine orangefarbene Mitte.*

GALANTHUS
Schneeglöckchen
Zwiebelpflanze; Winterhärte: 2-9
Höhe: 10-15 cm
Eignung als Schnittblume *Als Schnittblumen sehen Schneeglöckchen frisch und attraktiv aus. Sie sollten in Gruppen zusammengestellt werden; hübsch wirken sie in einem Arrangement mit Efeu.*

Das Schneetröpferl (G. nivalis) *ist die zierlichste Art. Die Sorte 'S. Arnott' zeigt leuchtende Hüllblätter, ist duftend und blüht lange. 'John Gray' und 'Atkinsii' weisen die größten Blüten auf, während sich die prächtige gefüllte 'Flore Pleno' in der Vase lange hält. Den ausgesprochenen Liebhabern von Schneeglöckchen lege ich auch die herbstblühende Art* G. reginae-olgae *ans Herz.*
Kultur *Diese winterharten, im Winter und zeitigen Frühjahr blühenden Zwiebelpflanzen brauchen Kälte zum Blühen und gedeihen deshalb dort am besten, wo die Winter besonders streng sind. Geben Sie ihnen einen feuchten, aber nicht staunassen, halbschattigen Standort; achten Sie darauf, daß die Zwiebeln im Boden nicht zu stark austrocknen.*

Die Vermehrung erfolgt vorzugsweise durch Brutzwiebeln, die Sie von der Pflanze kurz nach der Blüte, noch bevor das Laub welkt, ablösen können; gewöhnlich ist der beste Zeitpunkt dafür der späte Winter oder das zeitige Frühjahr. Heben Sie dazu die gesamte Pflanze aus dem Boden; dann nehmen Sie die Brutzwiebeln ab und pflanzen Sie diese in derselben Tiefe wie die Mutterpflanze wieder ein.

❺ Silberlackkrokus (*Crocus versicolor* 'Picturatus')
❻ Hyazinthchen (*Muscari azureum* 'Album')

❶ Hyazinthe (*Hyacinthus orientalis* 'Sneeuwitje')
❷ Lungenkraut (*Pulmonaria officinalis* 'Sissinghurst White')

HELLEBORUS
Nieswurz
Haupteintrag: Winter; Grün und Silber, S. 149. *Von* H. orientalis *sind die weißen Sorten leicht erhältlich. Diese hier hat die cremeweißen Blüten und die gelben Staubgefäße der Christrose* (H. niger).

HIPPEASTRUM
Ritterstern
Haupteintrag: Winter; Orange und Rot, S. 155. *Die Sorte 'White Dazzler' sieht aus wie eine Winterlilie. Stellen Sie sie für sich alleine in eine hohe Vase. Sie können sie auch mit einigen geflochtenen Zweigen bzw. Kätzchen zusammenstellen.*

HYACINTHUS
Hyazinthe
Haupteintrag: Frühjahr; Weiß, S. 101. *Die hübsche weiße Hyazinthe* (H. orientalis *'Sneeuwitje'*) *hat ein reineres, natürlicheres Aussehen als die üblichen prachtvolleren, auch stämmigeren Sorten.*

MUSCARI
Traubenhyazinthe
Zwiebelpflanze; Winterhärte: M. armeniacum, M. azureum *4-9;* M. macrocarpum *7-10*
Höhe: 15-20 cm
Eignung als Schnittblume *Das weiße Hyazintchen* (M. azureum *'Album'*) *sieht in Arrangements mit anderen weißen Zwiebelpflanzen sehr hübsch aus. Als tief kobaltblaue Art können Sie auch die Perlhyazinthe* (M. armeniacum) *kultivieren (siehe S. 159). An einem sonnigen Standort treten die dichten Blütentrauben oft schon vor der Schneeschmelze auf.*
Kultur *Setzen Sie die Zwiebeln an verschiedenen sonnigen Standorten im Herbst mit 8-10 cm Abstand 5-8 cm tief in den Boden, wobei sich eine Gruppenbepflanzung von 15 bis 20 empfiehlt. Traubenhyazinthen breiten sich rasch aus und können bereits im zweiten Herbst geteilt werden.*

NARCISSUS
Narzisse
Haupteintrag: Frühjahr; Gelb, S. 109. *'Paper White' ist für mich eine der Freuden des Winters. Sie sollten sie ab dem frühen Herbst im Abstand von jeweils zwei Wochen eintopfen, wobei die noch nicht gepflanzten Zwiebeln kühl und trocken lagern müssen. Dann haben Sie den ganzen Winter über herrlich duftende, frische Blumen.*

PULMONARIA
Lungenkraut
Haupteintrag: Winter; Blau und Purpur, S. 154. *Kombinieren Sie* P. officinalis *'Sissinghurst White', eine schöne reinweiße Sorte mit leuchtenden Blättern, am besten mit Schneeglöckchen und anderen frühblühenden Zwiebelpflanzen.*

SARCOCOCCA
Schleimbeere
Immergrüner Strauch; Winterhärte: 6-8
Höhe und Ausbreitung: S. humilis *60 cm;* S. hookeriana *var.* digyna *60-90 × 90 cm*
Eignung als Schnittblume S. humilis *verströmt einen herrlichen Duft. Sie hat tief dunkelgrüne, glänzende, lanzettförmige Blätter und kleine weiße Blütenbüschel, auf die im Frühjahr schwarzrote Beeren folgen.*
Kultur *Pflanzen Sie die Schleimbeeren im Herbst oder im Frühjahr auf nährstoffreichen, nicht zu trockenen Böden, und zwar im Schatten oder Halbschatten.*

Die Vermehrung erfolgt im Sommer oder frühen Herbst durch Teilung oder durch Stecklinge, die im Frühbeetkasten in sandiger Erde überwintern sollten.

VIBURNUM
Schneeball
Haupteintrag: Winter; Rosa, S. 154. *Der immergrüne Laurustinus* (V. tinus) *mit seinen großen, flachen, weißen oder rosa Blüten eignet sich als Hintergrund für große und kleine Arrangements.*

❸ Nieswurz (*Helleborus orientalis*)
❹ *Hippeastrum* 'White Dazzler'
❺ Narzisse 'Paper White'
❻ Schleimbeere (*Sarcococca humilis*)
❼ *Viburnum tinus* 'Eve Price'

Rosa

CARDAMINE

Schaumkraut

Haupteintrag: Frühjahr; Rosa, S. 104. *Die äußerst frühblühende Art* C. quinquefolia *wird zu dieser Jahreszeit jeder als eine willkommene Überraschung gutheißen. Sie können sie für sich alleine arrangieren, aber auch mit frühen Anemonen oder tiefblauem Lungenkraut zusammenstellen.*

CHOENOMELES

Zierquitte

Haupteintrag: Winter; Weiß, S. 151. *Meine Lieblinge sind die blaßrosa Sorten der Chinesischen Zierquitte* (C. speciosa). *Wie auch die kräftigeren roten Sorten, zum Beispiel 'Simonii', sehen sie in kleinen japanischen Arrangements überaus eindrucksvoll aus, wenn nur ein paar Zweige für sich alleine stehen.*

1. Schaumkraut (*Cardamine quinquefolia*)
2. Chinesische Zierquitte (*Choenomeles speciosa*)
3. Seidelbast (*Daphne odora* 'aureomarginata')
4. Alpenveilchen (*Cyclamen coum*)
5. Neapolitanisches Alpenveilchen (*Cyclamen hederifolium*, Blatt)

CYCLAMEN

Alpenveilchen

Knollenpflanze; Winterhärte: C. coum *6-9;* C. repandum *7;* C. hederifolium *5*
Höhe: 10 cm.

Eignung als Schnittblume *Ich bevorzuge zu dieser Zeit des Jahres als Schnittblume die tiefrosa Sorten von* C. coum, *bis dann im Frühjahr das ähnliche karmesinrote Alpenveilchen* C. repandum *herauskommt. Dessen Blüten duften nach Honig. Beide Arten bilden in kleinen Sträußen einen hübschen Kontrast zu leuchtend orangefarbenen und purpurnen Krokussen sowie purpurnem oder blauem Lungenkraut. Das Laub des Neapolitanischen Alpenveilchens* (C. hederifolium) *weist geschwungene Ränder sowie weiße Äderchen auf und erscheint nach den weißen oder rosa Herbstblüten.*

Kultur *Alpenveilchen bevorzugen lockere, gut durchlässige, humose Böden in halbschattigen, trockenen Winkeln unter Bäumen oder in den Spalten zwischen Steinen; nur* C. coum *benötigt etwas mehr Licht und einen feuchteren Boden. Wenn die Blätter verwelken, sollten Sie den letztjährigen Mulch entfernen und eine neue Schicht Stallmist oder Kompost auftragen. Der Zeitpunkt dafür ist beim Neapolitanischen Alpenveilchen der frühe Sommer und bei* C. coum *sowie* C. repandum *der Herbst.*

Alpenveilchen säen sich leicht selbst aus; es reicht darum, wenn Sie ein paar Knollen kaufen. Setzen Sie diese im Spätsommer oder im frühen Herbst 2,5 cm tief in den Boden (Abstand: 5-8 cm), und zwar mit der flachen Seite nach oben.

DAPHNE

Seidelbast

Immergrüner Strauch; Winterhärte: D. laureola, D. odora *8-9;* D. mezereum *3-7*
Höhe und Ausbreitung: D. mezereum *60 × 60 cm;* D. laureola *90 × 90 cm;* D. odora *1,5 × 1,5 m*

Eignung als Schnittblume D. odora *verströmt einen Duft, der wie eine perfekte Mischung aus Zitrone mit würzigem Weihrauch und Ingwer anmutet. Drei Zweige auf Ihrem Nachttisch reichen aus, um den Raum mit Wohlgeruch zu erfüllen. Dieser kompakte Strauch hat tiefrosa Knospen und blassere Blüten; sie stehen über Quirlen aus mittelgrünen Blättern. Der Kellerhals* (D. mezereum) *hat prächtige rosa Blüten und duftet ebenfalls, allerdings nicht so intensiv. Auch* D. × burkwoodii *'Somerset' ist recht hübsch (siehe S. 104).*

Kultur *Der Seidelbast mag keine Störungen, deshalb sollten Sie ihn jung anpflanzen, möglichst in Dreiergruppen, weil die einzelne Pflanze keinen starken Schnitt verträgt. Er gedeiht auf nährstoffreichen, durchlässigen, aber nicht zu trockenen Böden. Kellerhals und Lorbeerseidelbast* (D. laureola) *vertragen auch alkalische Bedingungen. Die meisten Arten lieben die volle Sonne, nur der Lorbeerseidelbast zieht einen kühlen, schattigen Standort vor.*

Sie sollten Seidelbast regelmäßig düngen. Die Vermehrung erfolgt im Sommer durch Stecklinge oder durch frische Samen.

HELLEBORUS
Nieswurz

Haupteintrag: Winter; Grün und Silber, S. 149. *Von* H. orientalis *gibt es hübsche rosa Sorten. Andere werden wegen ihrer »Sommersprossen« kultiviert.*

HYACINTHUS
Hyazinthe

Haupteintrag: Frühjahr; Weiß, S. 101. *Die ungewöhnliche rosa Sorte 'Jan Bos' ist mir im Garten etwas zu auffällig; aber gern arrangiere ich ein paar dieser Blumen in einer lindgrünen Schale.*

PRIMULA
Primel

Haupteintrag: Frühjahr; Gelb, S. 110. *Die hübschen rosa Primeln sind zusammen mit Primelhybriden und anderen frühen Zwiebelpflanzen wie geschaffen für ein leuchtend fröhliches Wintersträußchen.*

SARCOCOCCA
Schleimbeere

Haupteintrag: Winter; Weiß, S. 152. *Von dieser berauschend duftenden Gattung mag ich besonders die Art* S. hookeriana *var.* digyna. *Sie weist rote Stiele und rosenrosa Kelch- bzw. Blütenblätter auf.*

VIBURNUM
Schneeball

Sommer- und immergrüne Sträucher
Winterhärte: V. tinus *8-10;* V. × bodnantense, V. sargentii *7-8;* V. farreri *6-8;* V. carlesii, V. × burkwoodii *5-8;*
Höhe und Ausbreitung: V. carlesii, V. farreri, V. opulus *'Compactum' 1,5 × 1,5 m; Sorten von* V. × burkwoodii *2,5 × 2,5 m; Sorten von* V. × bodnantense *3 × 2 m;* V. tinus, V. sargentii *3 × 3 m*
Eignung als Schnittblume *Als Schnittblume betrachtet gehört diese Gattung das ganze Jahr über zu meinen zehn beliebtesten – selbstverständlich sind die im Winter blühenden Arten zu dieser Jahreszeit eine der Stützen des Gartens. Der immergrüne Laurustinus* (V. tinus, *siehe S. 152*) *bringt weiße oder rosa Blüten hervor. Diese Art läßt sich in Arrangements jeder Größe verwenden. In den kleineren Sträußen entferne ich allerdings ein paar Blätter, damit meine Kreation nicht zu kompakt wirkt. Die metallblauen Beeren aus dem vergangenen Jahr geben diesem hübschen Strauch noch eine zusätzliche Attraktivität.*

In größeren Gärten sind die winterblühenden Sorten von V. × bodnantense *sehr beliebt, zum Beispiel 'Dawn' (mit tiefrosa Knospen und helleren Blüten) oder 'Deben' (mit weißen, rosa überzogenen Blüten). Beide sind haltbare Schnittblumen, die sich gut auf dem Nachttisch machen. Der Winterduftschneeball* (V. farreri, *syn.* V. fragrans) *ist nicht so haltbar und verliert seine Blüten leicht. Auch von dem im Spätwinter und Frühjahr blühenden Osterschneeball* (V. × burkwoodii, *siehe S. 103*) *und Koreanischen Duftschneeball* (V. carlesii) *gibt es gefällig duftende Sorten.*
Kultur *Der Schneeball gedeiht auf allen nährstoffreichen, feuchten Böden; viele Arten vertragen auch saure oder alkalische Bedingungen. Pflanzen Sie ihn im Spätherbst in der Sonne oder im Halbschatten und tragen Sie im späten Winter einen Mulch auf. Gewöhnlich benötigt der Schneeball keinen Rückschnitt, doch wenn Sie sich Zweige für das Haus herausschneiden, sollten Sie darauf achten, die Formschönheit dieser Pflanze zu erhalten. Bei solch großen Sträuchern empfehle ich den Kauf einer Pflanze, weil es bei neu vermehrten Exemplaren mehrere Jahre dauert, bis sie ergiebig sind. Aber wenn Sie Geduld haben, können Sie im Sommer Stecklinge nehmen und diese in eine sandige Bodenmischung geben.*

1. Nieswurz (*Helleborus orientalis*)
2. Hyazinthe (*Hyacinthus orientalis* 'Jan Bos')
3. Schleimbeere (*Sarcococca hookeriana* var. *digyna*)
4. Primelsorte
5. Schneeball (*Viburnum × bodnantense* 'Dawn')
6. Osterschneeball (*Viburnum × burkwoodii*)

Orange und Rot

HAMAMELIS

Zaubernuß

Haupteintrag: Winter; Gelb, S. 157. H. × intermedia *'Diane' trägt leuchtend weinrote Blüten mit dunkleren Kelchinnenseiten. Die Sorte 'Jelena', die kräftigste Zaubernuß, wird 4,5-6 m hoch. Sie weist zierlichere braunrote Blüten mit orangegelben Spitzen auf.*

HIPPEASTRUM

Ritterstern

Empfindliche Zwiebelpflanze
Mindesttemperatur: 13 °C
Höhe: 30-60 cm

Eignung als Schnittblume *Diese stämmigen, empfindlichen Zwiebelpflanzen sind ausgezeichnete Schnittblumen. Ich bevorzuge die kräftig tiefroten Sorten 'Red Lion' und 'Clove' sowie die zierlichere hellgrüne Sorte 'Lemons and Lime'. Eine später im Frühjahr blühende Art ist* H. pratense, *die lebhaft orangescharlachrote Blüten hat. Die größeren Blüten (bis zu 15-20 cm im Durchmesser) passen sehr gut zu ein paar einfachen Haselnuß- oder Weidenzweigen (siehe S. 87). Die kleineren Blüten von* H. pratense *stehen am besten für sich alleine.*

Konditionierung *Den Ritterstern sollten Sie grundsätzlich nur pflücken, solange er noch in der Knospe steht. Denn seine großen Blüten bekommen schnell Druckstellen und verblassen dann an den beschädigten Stellen. Ritterstern kann sich bis zu drei Wochen halten; wegen der schweren Blüten knicken die Stiele aber häufig schon vor der Zeit ab. Um das zu verhindern, können Sie einen dünnen Rohrstock in den hohlen Stiel einführen und das Ende mit Baumwolle verschließen.*

Kultur *Ritterstern wird im Herbst gepflanzt. Die beste Bodenmischung für diese Zwiebelpflanzen besteht aus einem Teil gut verrottetem Stallmist, einem Teil Sand und zwei Teilen Laubkompost. Legen Sie zur Verbesserung der Entwässerung ein paar Tonscherben in einen Topf, der 5 cm größer sein soll als die Zwiebel. Dann pflanzen Sie diese so ein, daß die obere Hälfte frei bleibt. Am Anfang sollten Sie nicht zu stark wässern. Stellen Sie Ihre Pflanzen an einen warmen Ort, zum Beispiel nahe der Heizung, bis sie etwa 10 cm gewachsen sind; danach können Sie sie an einen kühleren Platz in die Sonne stellen.*

Sie sollten den Ritterstern von Ende Dezember bis September mit Flüssigdünger versorgen, regelmäßig wässern und alle zwei oder drei Jahre umtopfen.

Die im späten Frühjahr blühende Art H. pratense *hält man im Sommer etwas feucht. Sie hat im Winter ihre Ruheperiode. Die Pflanze erfordert nährstoffreiche, sandige Böden. Auch wenn sie in Töpfen am besten gedeiht, kann Sie in gemäßigten Klimaten auch im Schutz einer sonnigen Mauer kultiviert werden.*

Der Ritterstern benötigt drei bis vier Jahre, bis er ergiebig ist. Wenn Sie diese Wartezeit in Kauf nehmen wollen, können Sie ihn im Frühjahr durch Samen vermehren (oder im Herbst kleine Pflänzchen setzen).

PULMONARIA

Lungenkraut

Haupteintrag: Winter; Blau und Purpur, S. 159. *Das Korallenlungenkraut* (P. rubra *'Redstart') ist die aufrechteste der roten Sorten. Die Blüten sind von einem etwas trüben Rot, leben aber auf, wenn sie mit* P. officinalis *'Sissinghurst White' (siehe S. 152) oder weißen Krokussen zusammenstehen.*

1 Zaubernuß (*Hamamelis × intermedia* 'Jelena')
2 Ritterstern (*Hippeastrum* 'Red Lion')
3 Ritterstern (*Hippeastrum* 'Clove')
4 Korallenlungenkraut (*Pulmonaria rubra* 'Redstart')

Gelb

ACACIA
Akazie

Immergrüner Strauch oder kleiner Baum
Winterhärte: 9-10
Höhe und Ausbreitung: A. dealbata, A. longifolia *8 × 8 m (in mediterranen Klimaten in doppelter Höhe)*

Eignung als Schnittblume *Nicht viele von uns werden wie ich einen Platz zur Verfügung haben, der Akazien ausreichenden Schutz bieten kann. Ich gehöre aber zu den wenigen Glücklichen. Denn die vollen, flaumigen, primelgelben Blüten der Akazie bieten im tiefsten Winter einen wirklich überwältigenden Anblick! Eine Anzahl der nicht nur schön aussehenden, sondern auch wohlriechenden Zweige, in einem großen Krug arrangiert, kann die dunklen Wintertage wunderbar aufhellen. Die Silberakazie* (A. dealbata) *hat gefiederte silbrige Blätter und kugelförmige Blüten.*

Konditionierung *Entfernen Sie die unteren Blätter.*

Kultur *In gemäßigten Klimaten lassen sich Akazien an einem geschützten, windstillen Ort in der vollen Sonne pflanzen. Die meisten Arten bevorzugen feuchte, saure Böden, auch wenn* A. longifolia *etwas Kalk und Trockenheit vertragen kann. Wenn Sie nicht gleich eine entwickelte Pflanze kaufen wollen, müssen Sie mehrere Jahre warten, bis Sie eine ausreichende Ernte erzielen. Doch Akazien wachsen trotzdem schnell – Sie können sie im Sommer durch Stecklinge vermehren.*

CORNUS
Hartriegel

Meist sommergrüne Sträucher und Bäume
Winterhärte: 2-8 außer C. mas *5-8*
Höhe und Ausbreitung: C. mas *bis 5,5 × 5,5 m; C. alba 'Sibirica' und 'Elegantissima' bis 2,2 × 2,2 m;* C. stolonifera *'Flaviramea' bis 2 × 4 m*

Eignung als Schnittblume *Eine meiner liebsten Hartriegelarten als Schnittblume ist die Kornelkirsche* (C. mas). *Sie hat leuchtend gelbe Blütendolden im späten Winter. Hübsch sehen ein paar ihrer Zweige für sich alleine arrangiert aus, sie passen aber auch gut zur Zaubernuß. Wenn Sie ausreichend Platz haben, sollten Sie auch den Gelben Hartriegel* (C. stolonifera *'Flaviramea') anpflanzen. Er weist grünlichgelbe Triebe auf. Seine langen kahlen Wintertriebe taugen für ein großes Arrangement in einer einfachen Glasvase, auch als Grundlage für Kränze und Kugeln. Die frisch geschnittenen Zweige sind wie bei der Weide weich und biegsam.*

Konditionierung *Die Enden der Zweige, die wegen ihres Laubs geschnitten werden, sollten für eine Minute 2,5 cm tief in heißes Wasser getaucht und dann lange in lauwarmes Wasser gestellt werden.*

Kultur *Die meisten Hartriegelarten sind widerstandsfähig und gedeihen fast überall, aber die Kornelkirsche bevorzugt den sonnigen, geschützten Standort an einer Mauer.*

Sich selbst überlassen wächst der Hartriegel zu einem großen Strauch oder kleinen Baum heran. Durch Entwipfeln im späten Winter und regelmäßigen Rückschnitt läßt sich seine Größe aber kontrollieren. Wenn Sie ihn wegen seiner Triebe im Winter kultivieren, sollten Sie ihn im zeitigen Frühjahr alle ein oder zwei Jahre zurückschneiden, denn nur der neue Wuchs bringt die leuchtenden Farben hervor.

CORYLUS AVELLANA
Haselnuß

Sommergrüne Sträucher und Bäume
Winterhärte: 3-8
Höhe und Ausbreitung: C. avellana *4 × 6 m;* C. avellana *'Contorta' 5,5 × 5,5 m*

Eignung als Schnittblume *Die Haselnuß ist im Winter ein guter Lieferant für Zweige mit schönen Kätzchen, die am Baum nach und nach länger werden; ihren prachtvollen Höhepunkt erreicht die Haselnuß, wenn sich die Pollen entwickeln. Zuvor passen die Zweige hervorragend zur Reifweide und zum Rittersporn (siehe S. 87). Die Korkenzieherhasel* (C. avellana *'Contorta') hat gewundene Triebe und 5 cm lange gelbe Kätzchen – ein Juwel im Garten wie auch in der Vase.*

Kultur *Die Haselnuß sollte im Abstand von jeweils 3 m gepflanzt werden. Sie gedeiht in der Sonne und im Schatten. Schneiden Sie im zeitigen Frühjahr die mehr als zwei Jahre alten Triebe auf die Basis zurück. Der Baum bringt dann leicht erreichbare Zweige mit Kätzchen für den nächsten Winter hervor. Die Haselnuß läßt sich durch Samen vermehren, die 5 cm tief in die Erde gesetzt werden; zwei Jahre später können Sie die Jungpflanzen umsetzen.*

CROCUS
Krokus

Knollenpflanze; Winterhärte: C. tommasinianus, C. versicolor *'Picturatus' 5-9; Sorten von* C. chrysanthus *4-9; Sorten von* C. vernus *3-9*
Höhe: Sorten von C. chrysanthus *5-8 cm;* C. tommasinianus, C. versicolor *'Picturatus' 5-8 cm; großblumige Sorten von* C. vernus *9-10 cm*

Eignung als Schnittblume *Krokusse wirken immer strahlend und verströmen Zuversicht. Sie wissen im Haus ebenso wie im Freien zu bezaubern. Bei den ersten Sonnenstrahlen scheinen sie die eigene Freude über die Sonne und das Ende eines langen Winters widerzuspiegeln. Die kleinblumigeren Sorten des Balkankrokus* (C. chrysanthus), *die als erstes zu blühen beginnen, sind im Winter schöne Schnittblumen. Zu empfehlen ist 'Ladykiller', bei der die Außenseite der Blütenblätter tief purpurviolett ist und die Innenseite blaßlila.*

❶ Akazie (*Acacia longifolia*)
❷ Kornelkirsche (*Cornus mas*)
❸ Waldhasel (*Corylus avellana*, Kätzchen)

Ich liebe besonders die leuchtenden bronze-orangen Krokusse, zum Beispiel C. chrysanthus *var.* fuscotinctus *oder 'Brass Band', auch großblumigere Sorten wie den Gartenkrokus* (C. vernus *'Remembrance'*). *Die zierlicheren Wildkrokusse sollten Sie, in einem kleinen Glas hübsch arrangiert, dorthin stellen, wo ihre herrlichen safrangelben oder orangefarbenen Staubgefäße und Pollen am besten zur Geltung kommen. Alle großblumigen Krokusse lassen sich gut mit anderen Spätwinterblumen zusammenbringen, wirken aber auch für sich alleine, zum Beispiel in einer flachen Glasschale in der Mitte eines Tisches.*

Kultur *Herbstblühende Krokusarten sollten Sie im Sommer pflanzen, winter- und frühjahrsblühende im Spätsommer oder frühen Herbst, und zwar 5 cm tief mit einem Abstand von etwa 8 cm auf durchlässigen Böden oder kurzem Gras. Sie lieben die volle Sonne.*

Krokusse breiten sich von selbst aus. Sie können sie aber auch durch Aussaat im frühen Herbst vermehren (oder indem Sie Brutknollen abnehmen).

ERANTHIS

Winterling

Knollige Staude; Winterhärte: 4-7
Höhe: 5-10 cm

Eignung als Schnittblume *Die butterblumengelben, anemonenähnlichen Blüten mit grüner Halskrause aus Blättern wirken am besten, wenn sie für sich alleine in einem niedrigen Glas stehen oder zusammen mit getrockneten Buchenblättern in einer flachen Schale schwimmen (siehe S. 90). Im Sonnenlicht öffnen sie sich am weitesten, sehen aber auch unter einer Tischlampe sehr hübsch aus. Zu empfehlen ist die großblumige* E. × tubergenii *'Guinea Gold'.*

Kultur *Wie die Schneeglöckchen wird auch der Winterling am besten direkt nach der Blüte geteilt und gepflanzt, solange das Laub noch grün ist. Er bevorzugt humose, leicht feuchte, kalkhaltige Böden.*

HAMAMELIS

Zaubernuß

Sommergrüner Strauch; Winterhärte: 5-9
Höhe und Ausbreitung: 2,5-3 × 2,5 m

Eignung als Schnittblume *Die Zaubernuß hat spinnenartige Blüten, die mich an die Tentakel einer Seeanemone erinnern. Stellen Sie eine Vase mit drei Zweigen an einen Ort, wo Ihnen ihr schwacher, aber köstlicher Duft nicht entgeht.* H. × intermedia *'Pallida' ist die beste gelbe Sorte, doch 'Jelena' hat die schöneren Blüten.*

Kultur *Pflanzen Sie die Zaubernuß auf feuchten, gut durchlässigen, neutralen oder schwach sauren Böden. Die meisten Arten bevorzugen die Sonne,* H. × intermedia *verträgt aber auch leichten Schatten. Die Zaubernuß wächst nur langsam, kann aber im Herbst durch Absenker vermehrt werden.*

IRIS

Schwertlilie

Haupteintrag: Winter; Blau und Purpur, S. 158. *Die butterblumengelbe Gelbe Vorfrühlingsiris* (I. danfordiae) *paßt mit ihren innen grün getupften Blütenblättern gut zu der purpurvioletten Zwergschwertlilie* (I. reticulata, *siehe S. 158*).

LONICERA

Heckenkirsche

Haupteintrag: Sommer; Rosa, S. 123. L. × purpusii *ist eine weitere im Winter blühende Pflanze mit exotischem Duft. Mit ihrer anhaltenden Blüte übertrifft sie beide Eltern, nämlich* L. fragrantissima *und* L. standishii.

NARCISSUS

Narzisse

Haupteintrag: Frühjahr; Gelb, S. 109. *Stellen Sie ein paar hübsche kleine, leuchtend gelbe Narzissen der Sorte 'Tête-à-Tête' in einem Krug in die Mitte des Tisches, entweder für sich alleine oder zusammen mit gefüllten Schneeglöckchen und etwas Efeu*

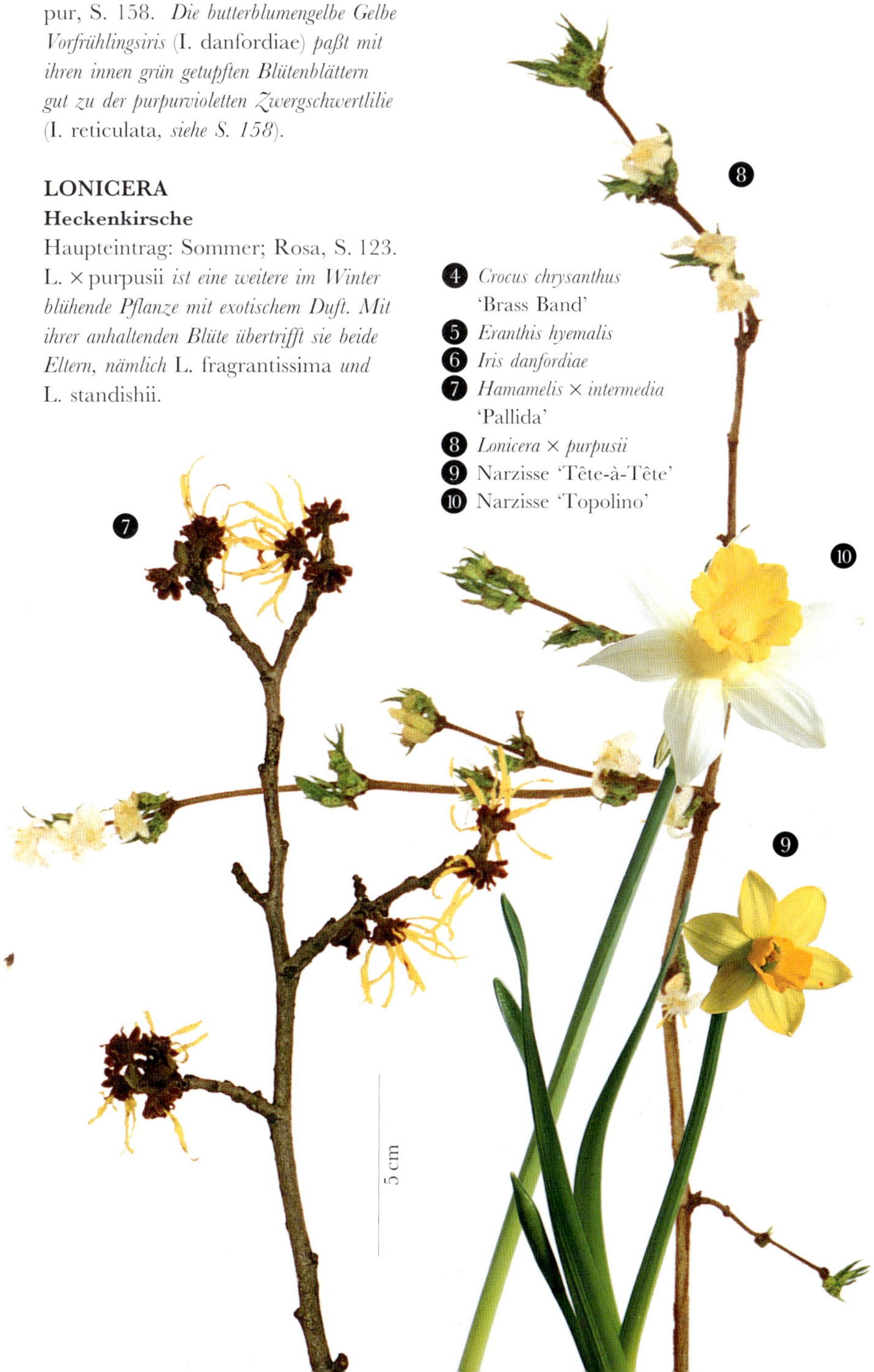

❹ *Crocus chrysanthus* 'Brass Band'
❺ *Eranthis hyemalis*
❻ *Iris danfordiae*
❼ *Hamamelis × intermedia* 'Pallida'
❽ *Lonicera × purpusii*
❾ Narzisse 'Tête-à-Tête'
❿ Narzisse 'Topolino'

Blau und Purpur

CROCUS
Krokus

Haupteintrag: Winter; Gelb, S. 156. *Der Gartenkrokus* (C. vernus *'Remembrance') hat große purpurne Blüten. In vielfarbigen Spätwintersträußchen sieht er besonders hübsch aus (siehe S. 93).*

HELLEBORUS
Nieswurz

Haupteintrag: Winter; Grün und Silber, S. 149. *Ich liebe die eleganten purpurnen, fast schwarzen Sorten von* H. orientalis. *Zu empfehlen sind davon 'Queen of the Night' und 'Philip Ballard'.*

IRIS
Schwertlilie

Stauden mit Zwiebeln oder knolligen Rhizomen; Winterhärte: 4-9
Höhe: I. reticulata *10-15 cm;* I. unguicularis *20 cm;* I. foetidissima *30-90 cm;* I. sibirica *50 cm-1,2 m; Barbata-Media-Gruppe 60-70 cm; Barbata-Elatior-Gruppe 80 cm-1 m*

Eignung als Schnittblume
Schwertlilien sind im Schnittblumengarten während des tiefsten Winters unentbehrlich. Die verschiedenfarbigen Sorten von I. unguicularis *bringen in großer Anzahl erlesene, frisch aussehende Blüten hervor, die sich gut für Sträuße auf dem Nacht- oder Schreibtisch eignen. Ich empfehle in Gruppenbepflanzung die prächtige, samtigpurpurne Sorte 'Mary Barnard', die Sie mit einigen Zweigen der Kornelkirsche oder mit der Zaubernuß zusammenstellen sollten. Geeignet ist auch die duftende blaßlila 'Walter Butt'. Sie kommt am besten zur Geltung, wenn eine oder drei Blumen in einem einfachen Glas alleine stehen. Sehr grazil ist die dunkelpurpurne, gelb geäderte Zwergschwertlilie* (I. reticulata), *die zum Ende des Winters erscheint. Im Frühjahr und im frühen Sommer erblühen die ersten Sorten aus der Gruppe der Hohen Bartiris (Barbata-Elatior-Gruppe). Wählen Sie aus der hohen bzw. aus der mittleren Gruppe (Barbata-Media) jeweils früh, Mitte des Jahres und spät blühende Sorten, und zwar mindestens eine weiße, eine blauviolette ('Jane Phillips', siehe S. 133), eine rote ('Ruby Mine', siehe S. 126), eine schwarze ('Sable') sowie eine purpurne. Im Herbst sollten Sie wegen ihrer interessanten Fruchtstände* I. foetidissima *kultivieren (siehe S. 144).*

Konditionierung *Stellen Sie die Blumen nach dem Pflücken in tiefes Wasser.*

Kultur *Abgesehen von* I. foetidissima *gedeihen alle Arten am besten in der vollen Sonne. Die Sibirische Iris* (I. sibirica) *benötigt einen nährstoffreichen, feuchten und sonnigen Standort.* I. unguicularis *bevorzugt eine geschützte Lage bei mageren, gut durchlässigen Böden. Pflanzen dieser Art dürfen Sie nicht düngen; Sie bekämen zwar hübsche Blätter, aber keine Blüten.*

Anders als die meisten Stauden sollten Sie Schwertlilien direkt nach der Blüte anpflanzen. Die Rhizome der Bartiris, von I. unguicularis *und von Zwergschwertlilien brauchen die pralle Sonne. Zum Anpflanzen graben Sie ein großes, flaches Loch, mit einer leichten Erhebung in der Mitte. Legen Sie das Rhizom auf diese Erhebung und verteilen Sie die Wurzeln anschließend gut. Die Anpflanzung erfolgt im Abstand von 15 cm – und zwar so,*

❶ Gartenkrokus (*Crocus vernus* 'Remembrance')
❷ Nieswurz (*Helleborus orientalis*)
❸ Zwergschwertlilie (*Iris reticulata*)
❹ Schwertlilie (*Iris lazica*)
❺ Schwertlilie (*Iris unguicularis* 'Mary Barnard')

daß die Blätter und Knospen möglichst viel Sonnenlicht abbekommen.

Wenn man die Schwertlilien alle drei Jahre aus dem Boden hebt, dann teilt und wieder einpflanzt, bringen sie mehr Blüten hervor. Bei der Rhizomiris erfolgt die Vermehrung durch Teilung im Spätsommer nach der Blüte. Teilen Sie dabei den Ballen in 8-10 cm große Stücke, wobei Sie die Enden mit einem Fungizid bestreuen. Die Wurzeln sollten um ein Drittel zurückgeschnitten und die Blätter gekürzt werden, um so Windschäden vorzubeugen. Anschließend können Sie die geteilten Rhizome wieder einpflanzen. Bei den zwiebelbildenden Arten, zum Beispiel bei der Zwergschwertlilie, erfolgt die Vermehrung durch Brutzwiebeln im Frühjahr nach der Blüte.

MUSCARI

Traubenhyazinthe

Haupteintrag: Winter; Weiß, S. 152.

Die tiefblaue duftende Perlhyazinthe (M. armeniacum) *paßt gut zu Schneeglöckchen oder in einen Spätwinterstrauß mit anderen kleinen Schmuckstücken.*

PULMONARIA

Lungenkraut

Staude; Winterhärte: 3-8
Höhe: 20-40 cm

Eignung als Schnittblume *Die prächtigen Sorten des Lungenkrauts sind attraktiver als die dumpf blaue oder rosa Wildform. Die meisten haben gefleckt grüne und weiße Blätter, behaarte Triebe sowie schlüsselblumenähnliche Blüten. Sie sollten wie bei der Nieswurz und anderen Blumen auch beim Lungenkraut unbedingt blühende Pflanzen kaufen, damit Sie tatsächlich die gewünschten Farben bekommen. Zu empfehlen sind die tiefblauen und purpurnen Sorten mit den großen Blüten und langen Stielen, zum Beispiel* P. longifolia. P. *'Frühlingshimmel' ist blaß malvenblau. Zu den roten Sorten gehört das Korallenlungenkraut* (P. rubra *'Redstart', siehe S. 155), zu den weißen das Echte Lungenkraut* (P. officinalis *'Sissinghurst White', siehe S. 152). Lungenkraut sieht für sich alleine immer gut aus, zum Beispiel als kleines Sträußchen.*

Kultur *Lungenkraut ist als Winterblume von unschätzbarem Wert, denn es wächst auch im Schatten. Wenn Sie es feucht halten, wird es sich schnell auch in die dunkelsten Ecken des Gartens selbst aussäen.*

ROSMARINUS

Rosmarin

Immergrüner Strauch; Winterhärte: 8-9
Höhe und Ausbreitung: 2 × 2 m

Eignung als Schnittblume *Rosmarin* (R. officinalis) *verwende ich das ganze Jahr über als Blattpflanze; am besten sieht die Pflanze aber im späten Winter und im Frühjahr aus, wenn sie von einem Schleier aus blauen Blüten überzogen ist. Rosmarin paßt mit seinen duftenden, kräftigen Blättern zu jedem Gesteck in der Mitte eines Tisches. Ich rate Ihnen zu der äußerst reichblühenden tiefblauen Sorte 'Sissinghurst Blue'. Sie können ihren sehr verzweigten Wuchs gut als Basis für frische weiße, gelbe, blaue oder grüne Arrangements einsetzen, auch für leuchtend bunte Sträuße mit Tulpen und Anemonen.*

Mit der aufrecht wachsenden, sehr winterharten Sorte 'Miss Jessopp's Upright' läßt sich eine Hecke um den Schnittblumengarten anlegen. Die Blüten über dem grünlichblauen Laub ergeben zusammen mit Lavendel und Heckenkirsche eine vorzügliche Kombination.

Konditionierung *Entfernen Sie die Blätter, die im Wasser stehen würden, und brechen Sie die Stielenden mit einem Hammer auf.*

Kultur *Rosmarin ist ein etwas empfindlicher Strauch, der darum einen Standort in der vollen Sonne oder an einer sonnigen, schützenden Mauer benötigt. Weit verzweigte alte Pflanzen können im Frühjahr stark zurückgeschnitten werden.*

Die Vermehrung erfolgt im Frühjahr durch Stecklinge.

SCILLA UND CHIONODOXA

Zwiebelpflanzen; Winterhärte: 3-9
Höhe: 10-25 cm

Eignung als Schnittblume *Diese beiden sehr ähnlich aussehenden Gattungen haben azurblaue Blütensterne, die im späten Winter und im zeitigen Frühjahr gut zu kleinen gemischten Sträußchen passen. Entscheiden Sie sich für Sorten mit leuchtend kräftigen Farben, beispielsweise für das Blausternchen* (S. siberica *'Spring Beauty')* oder C. forbesii. *Zu den rosa und weißen Sorten gehört* C. forbesii *'Pink Giant'.*

Um die beiden Gattungen unterscheiden zu können, müssen Sie sich die Blütenblätter genau betrachten. Sind sie voneinander getrennt, handelt es sich um Chionodoxa. *Wenn sie nahe der Mitte aber verschmelzen, haben Sie eine* Scilla *vor sich.*

Kultur *Diese Zwiebelpflanzen sind preiswert und werden schnell heimisch. Pflanzen Sie sie 5-8 cm tief an einem Standort, der im Sommer nicht vollständig austrocknet.* Scilla *bevorzugt die volle Sonne, nur das Blausternchen kann auch Halbschatten vertragen.* Chionodoxa *gedeiht in der Sonne oder im Halbschatten. Die Vermehrung geschieht bei beiden Gattungen durch Teilung im späten Sommer oder im Herbst.*

❻ Perlhyazinthe (*Muscari armeniacum*)
❼❽❾ Lungenkraut (*Pulmonaria*-Hybriden)
❿ Rosmarin (*Rosmarinus officinalis* 'Sissinghurst Blue')
⓫ Blausternchen (*Scilla siberica*)
⓬ *Chionodoxa forbesii*

Sträucher, Bäume und ganzjähriges Laub

Viele der hier vorgestellten Blattpflanzen werden in den Arrangements zum Aufbau der Grundstruktur verwendet. Es sind freilich auch ein paar Schmuckstücke darunter, zum Beispiel die Schönfrucht und der Spindelstrauch, die auch alleine zur Geltung kommen können.

ACER PLATANOIDES

Spitzahorn

Der Spitzahorn (**1**) *und die Sorte 'Crimson King'* (**2**) *sehen mit ihren hellgrünen oder gelben Blüten und roten oder leuchtend grünen neuen Blättern strahlend frisch aus. Sie können sie mit Frühjahrszwiebelpflanzen oder Anemonen zusammenstellen.*

AESCULUS HIPPOCASTANUM

Gemeine Roßkastanie

Die klebrigen Knospen der Roßkastanie (**3**) *entwickeln sich zu üppig grünen Blättern. Arrangieren Sie die Zweige für sich alleine, oder zusammen mit kräftigen, geflammten Blumen (z.B. die Papageientulpe).*

ALNUS

Erle

Im späten Winter sehen die grünlichen Kätzchen und kleinen Zapfen der Italienischen Erle (A. cordata, 4) *in jeder großen Vase gut aus. Sie können sie u.a. mit dem prächtigen Ritterstern zusammenstellen (siehe S. 87). Die gekräuselten leuchtend grünen Blätter entwickeln sich wie aus dem Nichts – eines morgens sind sie da.*

CALLICARPA

Schönfrucht

Die kleinen stecknadelkopfgroßen grünen Beeren der Schönfrucht (C. bodinieri, **5**) *sind von einer solchen Leuchtkraft und Schönheit, daß sie wie eine seltsame giftige Medizin anmuten. Am besten sehen sie im späten Herbst aus, wenn an den schlanken Zweigen nur noch die glänzend violetten Beeren zurückbleiben. In einer leuchtenden orangefarbenen oder türkisen Vase nehmen sie sich prächtig aus. Sie können aber auch mit orangefarbenen Dahlien sehr hübsch wirken. Die Beeren halten sich länger als einen Monat, bevor sie dann unansehnlich werden.*

CARPINUS BETULUS

Hainbuche

Ob Sie die Hainbuche (**6**) *mit ihren Frühlingskätzchen pflücken oder bis zum*

Sommer warten, wenn die Fruchtstände wie nach unten geneigte Pagoden herabhängen – Sie haben für jedes Arrangement allemal hübsches Laub. Schneiden Sie die Zweige lang ab und nehmen Sie die leuchtend lindgrünen Fruchtstände als Hintergrund für eine farbenfrohe Sommergirlande aus Mohn- und Kornblumen sowie Lavendel (siehe S. 64-67).

CHOYSIA

Orangenblume

Orangenblumen beschenken Sie stets mit hübschem, langlebigem Laub. Das gilt für die glänzend flaschengrüne C. ternata (**8**) *ebenso wie für die Sorte 'Sundance'* (**7**). *Letztere hat leuchtend gelbgrünes Laub.*

CORNUS ALBA

Weißer Hartriegel

Der Hartriegel ist für mich von unschätzbarem Wert. Bemerkenswert sind die besonders hübschen Farben, die der Weiße Hartriegel im Herbst zeigt (**10**)*; Sie können im Winter auch seine leuchtenden kahlen Triebe einsetzen. Die frischen weißgerandeten Blätter der Sorte 'Elegantissima'* (**9**) *sind im Sommer für ein grünweißes Arrangement wie geschaffen.*

DIPSACUS

Karde

Die stachligen Zweige von D. fullonum *(syn.* D. sylvestris*), mit grünen Knospen* (**11**) *oder mit blaß malvenfarbenen Blüten* (**12**)*, sind für sich alleine eine eindrucksvolle Erscheinung.*

ELAEAGNUS

Ölweide

Die Schmalblättrige Ölweide (E. angustifolia) *und die Silberölweide* (E. commutata, **13**) *wirken in Sommer- und Herbstarrangements gleichermaßen hübsch sowie elegant. Sie passen perfekt zu den Farbtönen Karmesinrot, Himmelblau und Orange.*

EUCALYPTUS

Eukalyptus, Fieberbaum

Es sind viele Arten des Fieberbaums (**1**) *erhältlich, die im Winter wertvolles Laub erbringen. Mit seinen Zweigen können Sie ein weißgrünes Arrangement gut aufhellen.*

EUONYMUS

Spindelstrauch

Das Pfaffenhütchen (E. europaea) *trägt im Herbst rosa Früchte* (**2**)*; wenn diese reifen, öffnen sich die herabhängenden Taschen und offenbaren in einer fleischig rosa Schale die hübschen orangefarbenen Samen. Arrangieren Sie beispielsweise viele lange Zweige für sich alleine – in einem Krug für die Mitte des Tisches.*

HEDERA

Efeu

Der zierliche Gemeine Efeu (H. helix *'Pedata'*, **5**) *ist meine liebste Pflanze in dieser Gattung. Sie können ihn im Winter bei einem Essen leger über den Tisch auslegen oder seine Ranken in einem Blumenstrauß arrangieren. Ausgesprochen hübsch sind im Herbst die glänzend schwarzen Beeren der Wildform.*

LIGUSTRUM

Liguster

Liguster hat kein sonderlich aufsehenerregendes Laub, zu empfehlen ist aber dennoch die goldene Sorte des Heckenliguster (L. ovalifolium *'Aureum'*, **3**) *oder die silberne Sorte 'Argenteum'. Beide eignen sich für den Hintergrund großer Arrangements (siehe S. 74-75).*

MALUS

Apfelbaum

Die weißlich getönten rosa Blüten der Sorte 'Ribston Pippin' (**6**) *sind für mich ein klassisches Frühlingssymbol. Arrangieren Sie einige der knorrig knotigen Zweige für sich alleine. Die Sorte 'John Downie' hat hübsche reinweiße Blüten. Im späten Sommer und Herbst kommen diese Obstbäume dann neuerlich zur Geltung – die Zieräpfel, zum Beispiel 'Golden Hornet'* (**7**) *oder sogar noch kleinere Sorten, passen ausgezeichnet zu den frühen Herbstblumen.*

PITTOSPORUM
Klebsame
P. tenuifolium *hat kleine, an den Rändern gewellte mattgrüne Blätter,* P. *'Garnettii'* (**4**) ist *eine panaschierte Hybride mit weiß getöntem rosa Blattrand. Beide sind im Winter eine wichtige Quelle für Laub. Die tief karmesinrote Sorte* P. tenuifolium *'Purpureum' gibt zu jeder Zeit des Jahres einen nahezu perfekten Hintergrund ab für lebhaftes Orange und Hellgrün.*

PRUNUS
Pflaume, Kirsche, Pfirsich, Mandel, Aprikose
P. *'Taihaku'* (**8**) ist *mein Lieblingsbaum im Frühjahr. Wenn die großen weißen Blüten in einer dichten Wolke aus weißem Konfetti ihre Blätter verlieren, wirkt dies auf mich wie ein Schneetreiben im Frühjahr. Die Süßkirsche* (P. avium) *hat kleinere Blüten* (**12**). *Sie ist ein hübscher Gefährte für jede nur denkbare Frühlingsblume. Zu empfehlen ist auch die Schlehe* (P. spinosa, **13**), *der mit seinen hübschen sternförmigen Blüten das Auge zu erfreuen weiß. Kombinieren Sie ihn mit dem Schokoladenbraun, Orange und Gelb von Sonnenhut, Sonnenblumen sowie Herbstdahlien.*

QUERCUS
Eiche
Die Amerikanische Roteiche (Q. rubra, **14**) *kommt mit ihren gemischten grünen, kastanienbraunen, orangefarbenen und roten Blättern im Herbst für sich alleine gut zur Geltung und macht sich auch mit großen Dahlien, Salbei sowie Gladiolen ganz ausgezeichnet. Ich lege Ihnen auch die leuchtend grünen Eicheln der Stieleiche* (Q. robur, **15**) *nahe. Sie passen in einem ungezwungenen Gesteck vorzüglich zu Zieräpfeln und Sonnenblumen (siehe S. 55).*

RHAMNUS
Kreuzdorn
Die weiß geränderte immergrüne, Schatten tolerierende Sorte R. alaterna *'Argenteovariegata'* (**9**) *gibt im Winter und zeitigen Frühjahr eine wertvolle Füllpflanze ab.*

RUTA GRAVEOLENS
Raute
Die Raute (**10**) *ist als Laublieferant in den mageren Zeiten des Jahres fast einzigartig. Beim Schneiden sollten Sie Gummihandschuhe tragen, weil die Raute Hautreizungen hervorrufen kann.*

SORBUS ARIA
Mehlbeere
Die stark geäderten silberblauen Blätter der Sorte 'Lutescens' (**16**) *vermögen im Frühjahr jedes gemischte Gesteck aufzulockern. Pflücken Sie die Zweige, wenn die Blattknospen noch geschlossen sind. So sind Sie Zeuge des wunderbaren Naturschauspiels, wenn diese Knospen sich nach und nach öffnen.*

SYMPHORICARPOS ALBUS
Schneebeere
Die Schneebeere (**11**) *ist ein hagerer Strauch mit milchweißen, häufig rosa getönten Beeren, die an den Enden biegsamer Zweige stehen. Sie sollten sie vom Herbst bis in den Winter hinein pflücken und damit die kräftigen Farben eines Arrangements auflockern.*

Index der Pflanzen

Seitenzahlen in *kursiver Schrift* beziehen sich auf Pläne und Abbildungen. Seitenzahlen in **Fettschrift** verweisen auf den Haupteintrag.

A

B

C

D

Danksagung der Autorin

Mein Dank gilt den vielen Menschen, die an der Entstehung dieses Buches beteiligt waren.

Als erstes geht mein Dank an Xar Sturges und Anna Ben, weil sie geheiratet haben. Denn auf ihrer Hochzeitsfeier ist mein Mann, Adam Nicolson, Frances Lincoln begegnet und hat ihr einreden können, daß ich die richtige Person wäre, wenn sie ein Buch über Schnittblumen herausgeben wolle.

Ich möchte auch den vielen Menschen danken, die mich so großzügig mit Pflanzen aus ihrem Garten versorgt haben. Einen Großteil, insbesondere für das Pflanzenverzeichnis, erhielt ich von meiner Mutterer, Faith Raven. Ich danke auch Robert und Jane Sackville-West, Simon und Antonia Johnson sowie Peter, Ian und Tony von Baker and Duguid in Nine Elms Market. Von Thompson and Morgan and Chiltern Seeds bekam ich die Samen für meine einjährigen Pflanzen. Ich darf auch Nipper Keeley nicht vergessen, von dem die viel bewunderten blauen Zwiebeln auf den Pfosten in meinem Schnittblumengarten stammen.

Wir durften in verschiedenen Privathäusern fotografieren. Mein Dank gilt erneut meiner Mutter, Faith Raven, meinem Schwiegervater, Nigel Nicolson, und dem früheren Verwalter in Sissinghurst, Paul Wood. Auch Hugh Raven, Jane Stuart-Smith und Pia Tryde erlaubten uns Einblicke in ihre Privatsphäre.

Bei der Arbeit an diesem Buch haben mir viele Menschen mit Ihrem Fachwissen geholfen. Von meiner Mutter und meiner Schwester, Anna Raven, habe ich viel gelernt, ebenso von Christine und Andrew Banbury, David Aitcheson und Sarah Cook; den meisten Dank schulde ich aber sicherlich Montagu Don.

Am Erscheinungsbild, dem Text und der Akkuratesse dieses Buches hat ein großartiges Team mitgewirkt. Tony Lord hat die Pflanzennamen überprüft und unnachgiebig meine Irrtümer beseitigt. Sally Cracknell, Trish Going, Akio Morishima und Caroline Hillier waren für das ansprechende Erscheinungsbild dieses Buches verantwortlich. Caroline hat mir bei den Fotografien die Hand geführt; ohne sie und Pia wären viele Fehler vorgekommen. Ähnliche Wunder haben Erica Hunningher, Jo Christian, Alison Freegard und Sarah Mitchell mit dem Text bewirkt. Besonders dankbar bin ich auch Penny Hobhouse, die sich bereit erklärt hat, das Vorwort zu verfassen.

Viele Angehörige und Freunde meiner Familie haben während der Arbeit an diesem Buch mit Rat und Tat zur Seite gestanden, die Kinder beaufsichtigt oder beim Kochen geholfen, wenn ich in Gefahr war, den Zeitplan nicht einhalten zu können. Ich bedanke mich bei Patricia Howie, Alex und Marion Kelsey, Chris Aston, meiner Agentin Sarah Lutyens, Louise Farman, und natürlich meinen guten Freunden Pots und Ivan Samarine, Aurea und Andrew Palmer sowie Sarah und Montagu Don.

Ganz besonders zu erwähnen sind die vielen Menschen, die mich von der Haus- und Gartenarbeit entlastet haben, damit ich mich auf das Schreiben konzentrieren konnte. Meinem Mann Adam, meiner Zwillingsschwester Jane Raven, Ken Weekes, Peter, Will und Feo Clark sowie Anna und der ganzen Familie Cheney gebührt mein ganz besonderer Dank.

Sarah Raven
Perch Hill, Juli 1996

Danksagung der Verleger

Die Verleger danken Valerie Hill für die gezeichneten Pläne und die Illustrationen auf den Seiten 16-21, 24-25 und 28-29. Ihr Dank gilt auch den folgenden Personen, die am Entstehen dieses Buches beteiligt waren: Joanna Chisholm, Jonathan Folland, Celia Levett, Peggy Sadler, Richard Schofield und Caroline Taylor.

WINTERHÄRTEGRADE

Die Grade der Winterhärte sind ungefähre Richtwerte darüber, welche Tiefsttemperatur eine Pflanze vertragen kann. Ihre Winterhärte hängt von vielen Faktoren ab: der Tiefe der Wurzeln, dem Wassergehalt beim Einsetzen von Frost, der Dauer des kalten Wetters, dem Wind und der Länge des vergangenen Sommers (sowie seinen Temperaturen). Die Werte basieren auf den Angaben des amerikanischen Landwirtschaftsministeriums und gelten für das Klima in Westeuropa. In Regionen mit heißeren und/oder trockeneren Sommern können einige Pflanzen auch tiefere Temperaturen überdauern; ihre Winterhärte kann um ein oder seltener zwei Grade tiefer liegen.

°CELSIUS	GRADE
unter -45	1
-45 bis -40	2
-40 bis -34	3
-34 bis -29	4
-29 bis -23	5
-23 bis -18	6
-18 bis -12	7
-12 bis -7	8
-7 bis -1	9
-1 bis +4	10